高等职业教育铁道交通运营管理专业教材

铁路调车工作

石　瑛　李昌宇◎主编

中国铁道出版社有限公司

2024年·北　京

内 容 简 介

本书是高等职业教育铁道交通运营管理专业教材,主要包括铁路调车站场设备及调车作业规定、铁路调车通信信号使用、铁路调车作业基本技能、铁路调车作业流程及技术要求、铁路调车安全与综合训练五个项目。本书采用项目—任务的编写体例,每个任务设置任务描述、任务导入、知识准备、任务实施、任务评价、学生思考反馈等模块,引导学生更好地完成工作任务。

本书适合作为高等职业院校铁道交通运营管理专业教材,也可供从事铁路调车工作的干部、职工学习、参考。

图书在版编目(CIP)数据

铁路调车工作 / 石瑛,李昌宇主编. -- 北京 : 中国铁道出版社有限公司, 2024. 12. -- (高等职业教育铁道交通运营管理专业教材). -- ISBN 978-7-113-30962-6

Ⅰ. U292. 2

中国国家版本馆 CIP 数据核字第 20249YE561 号

书　　名:铁路调车工作
作　　者:石　瑛　李昌宇

责任编辑:悦　彩　　**编辑部电话**:(010)51873206　　**电子邮箱**:sxyuecai@163.com
封面设计:刘　莎
责任校对:苗　丹
责任印制:高春晓

出版发行:中国铁道出版社有限公司(100054,北京市西城区右安门西街8号)
网　　址:https://www.tdpress.com
印　　刷:河北宝昌佳彩印刷有限公司
版　　次:2024年12月第1版　2024年12月第1次印刷
开　　本:787 mm×1 092 mm 1/16　**印张**:13.25　**字数**:268千
书　　号:ISBN 978-7-113-30962-6
定　　价:42.00元

前 言

近年来，随着我国铁路的快速发展，铁路调车工作的技术装备也在快速升级，运输组织模式、作业方式、作业规章发生了一定变化，为了适应铁路企业对专业技术技能人才的需求，编写了本书。本书遵循现场岗位技能标准和作业程序，将铁路调车工作的新技术、新规章、新技能融入其中。本书内容重点突出调车长、连结员岗位需求，与铁路现场调车作业的操作步骤、业务程序一致，能够增加学生对铁路调车工作的了解，提高专业技能水平。本书中，制动员是指连结员岗位中负责执行《铁路调车作业》(TB/T 30002—2020)制动员技术作业的人员；信号员是指助理值班员岗位中负责执行《铁路接发列车作业》(TB/T 30001—2020)信号员技术作业的人员。

本书内容包括铁路调车站场设备及调车作业规定、铁路调车通信信号使用、铁路调车作业基本技能、铁路调车作业流程及技术要求、铁路调车安全与综合训练五个项目，共18个任务，分别为铁路调车站场设备认知，调车工作基本要求，调车作业计划的布置与准备，调车作业的其他规定；使用无线调车灯显设备、辨识信号显示，使用调车手信号；使用人力制动机，使用铁鞋，车辆排风、摘结软管、调整钩位，观速、观距、上下车；平面牵出线调车作业，停留车作业，编组列车作业，简易驼峰调车作业，半自动化驼峰调车作业，自动化驼峰调车作业；调车安全控制与动车组调车，中间站平面调车综合训练。

本书各任务通过"任务导入"内容引出本任务所需理论知识，同时可借助仿真设备、视频、微课等手段使学生了解实际生产过程，提高团结合作精神，养成岗位责任意识，学会基本操作技能，完成相应学习任务，达到学习目标。

本书由南京铁道职业技术学院石瑛、李昌宇任主编，北京局集团公司冯军华任副主编，上海局集团公司南京东站孙永山任主审。具体编写分工如下：项目一、项目五由李昌宇、辽宁铁道职业技术学院孙冲编写，项目二由石瑛、冯军华、柳州铁道职业技术学院何啟健编写，项目三由石瑛编写，项目四由石瑛、柳州铁道职业技术学院张艳军编写。

本书编写过程中得到了铁路兄弟院校的大力支持，得到了上海局集团公司、北京局集团公司、哈尔滨局集团公司等有关单位的大力支持，在此一并表示感谢。

由于编写水平和编写素材有限，书中难免有疏漏之处，恳请广大读者批评指正。

编　者

2024年8月

前言

目录

项目一　铁路调车站场设备及调车作业规定

项目描述

本项目将明确铁路站场的主要设备及运用情况，通过学习，应能够了解有关调车设备的基本原理和使用方法，掌握相关调车作业基本规定及注意事项，明确调车安全作业标准，同时培养爱国爱路情怀，提高遵章守纪、团结合作的职业素养，以达到铁路企业对调车作业过程中人身安全和作业安全的基本要求。

学习目标

通过学习，培养遵章守纪、爱岗敬业的职业道德；培养安全责任意识和爱国爱路的家国情怀；了解铁路调车站场设备的用途及分类，掌握调车作业基本规定，明确调车作业人员职责、作业计划的布置与作业前准备、信号和进路的确认与显示及调车作业的相关限制要求。

思维导图

本项目思维导图如图 1-1 所示。

任务一　铁路调车站场设备认知

任务描述

本任务主要结合《铁路技术管理规程（普速铁路部分）》[以下简称《技规（普速铁路部分）》]介绍铁路车站、线路、机车车辆等设备在调车作业过程中的基本要求及限制，并融入相关思政元素，培养爱国爱路、严谨认真的职业素养。

任务导入

郑州北编组站（即郑州北站）是贯通我国华北、华东、西北、西南的重要交通枢纽，承担着南来北往、东来西去的货运列车分解、编组重任，日均办理货物列车 2 万余辆，平均不到 8 min 就接发一趟列车，是亚洲最大的货运编组站，被誉为“路网心脏”。

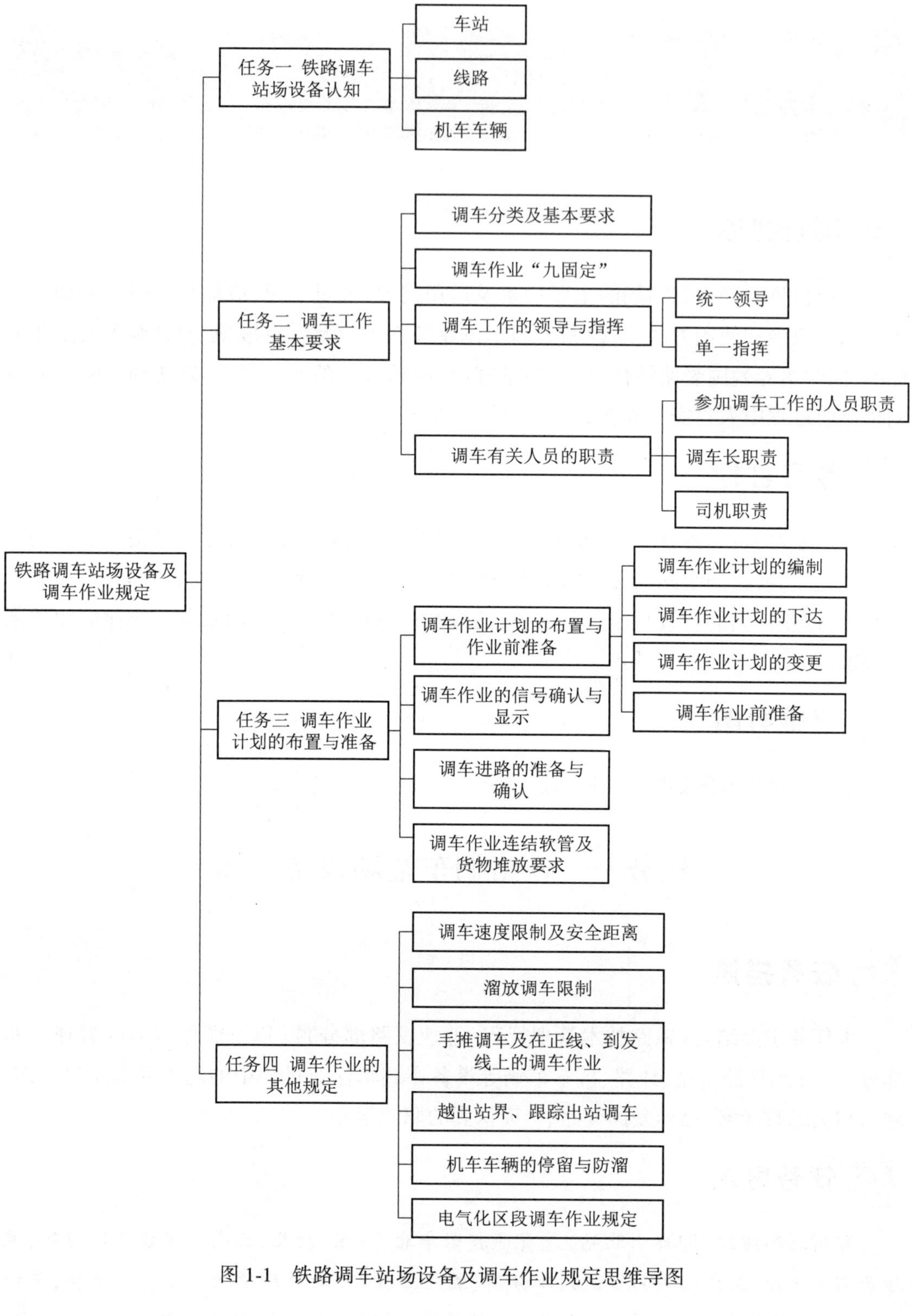

图 1-1 铁路调车站场设备及调车作业规定思维导图

郑州北站是我国第一个双向纵列式三级八场半自动化的特大编组站，该站南北长6 000余米，东西宽800余米，占地约5.3 km^2，有“十里站场”之称。全站共有道岔898组，信号机828架，各种线路228条，线路总长度约454 km，其中站线151条，总长度约390 km。郑州北站被称为全国设计布局最科学的编组站，有“编组站教科书”之称，其站场布局如图1-2所示。

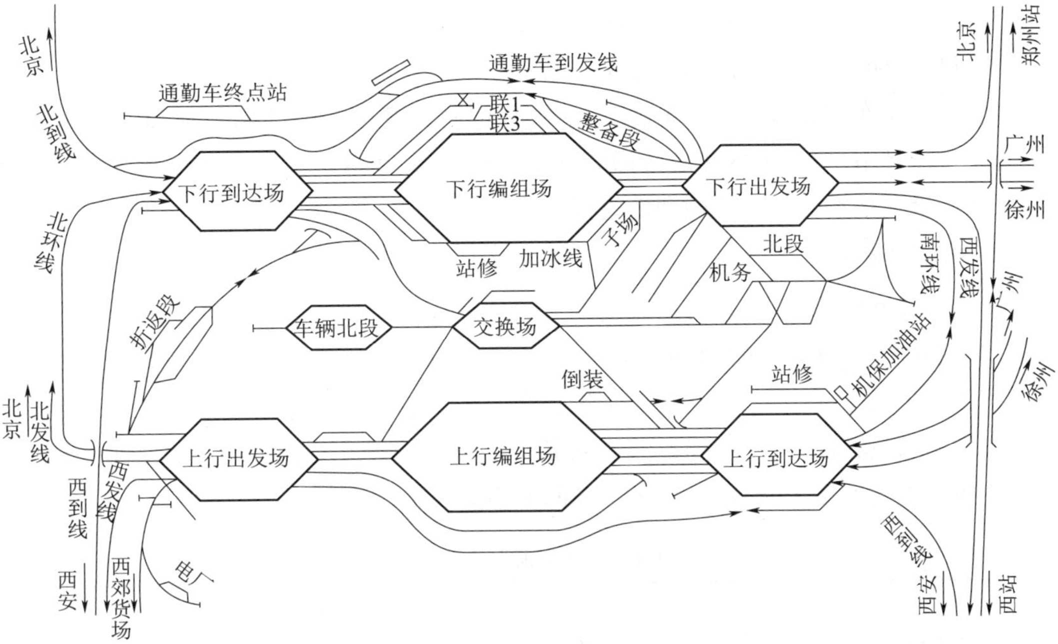

图1-2 郑州北站站场布局

请思考：

郑州北站有哪些特点？车站内具备哪些调车设备？

知识准备

一、车站

1. 车站分类

车站是交通运输生产的基地。旅客乘降、货物承运、列车到发及解编、机车和乘务组的整备和换乘、列检和货物检查，都在车站办理，车站集中了与行车有关的技术设备。

根据车站所担负的任务和在国家政治上、经济上的地位，车站分为六个等级：特等站、一等站、二等站、三等站、四等站和五等站。

车站按其技术作业的不同分为中间站、区段站和编组站。

车站按其业务性质的不同分为客运站、货运站和客货运站。

2. 车站的组织管理机构

运输生产由三个部门负责:运转部门由运转主任领导,货运部门由货运主任领导,客运部门由客运主任领导。总工程师负责全站的技术工作,总会计师负责全站的财会工作。其中,车站的接发列车工作由车站值班员指挥,车站的调车工作由调车长指挥,车站的货运工作由车站货运调度员指挥,客运工作由客运值班员指挥。

建立和健全各种工作的岗位责任制是保证车站良好生产秩序的主要措施。每个工作人员都应有明确的分工,严格遵守车站的各项生产管理制度,如对号交接班制度、班工作总结制度、站车交接办法、设备施工、维修登记制度及运输分析考核制度等。每项工作、每个生产环节、每件工具和设备都应有专人负责,并在日常生产中各尽其责而又相互配合,共同保证运输生产安全顺利地进行。

3. 车站的设置

车站应设在线路平道、直线的宽阔处。

车站必须设在坡道上时,其坡度不应大于1‰;在地形特别困难的条件下,会让站、越行站可设在不大于6‰的坡道上,且不应连续设置,并保证列车的起动。

车站必须设在曲线上时,到发线有效长范围内不得设在反向曲线上,其曲线半径不得小于该区段内的最小曲线半径,车站平面最小曲线半径见表1-1。

表1-1 车站平面最小曲线半径

路段设计行车速度/($km \cdot h^{-1}$)	最小曲线半径/m		
	区段站	中间站、会让站、越行站	
		一般	困难
80	800	600	600
120		1 200	800
160	1 600	2 000	1 600
200	2 000	3 500	2 800

其中,高速铁路中间站、越行站应设在直线上。

4. 站场设备

车站根据业务性质、运量大小及技术作业的需要,设置下列主要设备:

(1)到发线。

(2)调车线。

(3)牵出线。

(4)机车运转整备线、车辆站修线及救援列车停留线、自轮运转特种设备停留线等。

(5)办理货物装卸作业的车站,应有货物装卸线,并根据需要设置高架货物线、换装线、轨道衡线、货车洗刷线、油罐列车整备线、机械冷藏车加油线及特殊危险货物车辆停留线。

(6)机务段所在地车站,应设有机车出入段专用的机车走行线和机待线。

(7)与动车组运用所(以下简称动车所)、动车段相连接的车站,应设动车组走行线(当设有专用的机车走行线并具有相同进路时,可以合设)。

(8)动车组长期停放的车站应设动车组存车线。

(9)通信、信号、联锁、闭塞设备。

(10)编组站、区段站应根据作业需要,修建简易驼峰、半自动化驼峰或自动化驼峰,设置车辆减速器、减速顶、加速顶等调速设备。

(11)根据接发列车、调车作业的需要设置隔开设备等安全设施。

(12)调车作业繁忙的车站,应设置站场扩音设备、站场无线通信设备、货运票据和调车作业通知单传递(输)装置,车场内线路间、牵出线和推峰线调车人员经常走行区域应填平(不得高于道床),并设有排水和高架照明设备,车场间应有硬路面的通道。

(13)列车预确报、现在车管理等信息系统设备。

(14)无线调车灯显设备、无线调车机车信号和监控系统(STP)。

(15)货物列车尾部安全防护装置(以下简称货物列车列尾装置)主机的维修、检测设备等。

(16)编组站、区段站和开行动车组列车的客货共线线路入口车站应设超偏载检测装置、轨道衡、超限检测仪、货车装载视频监控设备等货运安全检测设备。

(17)机车乘务组、动车组司机及随车机械师、客运乘务组进行中途换乘作业的车站,应配备值班室、休息室和必要的配套设施。

(18)有货物列车列检作业的编组站到发线间地面应具备方便作业条件。

二、线路

1. 铁路线路分类

铁路线路分为正线、站线、段管线、岔线及特别用途线。

(1)正线。

连接车站并贯穿或直股伸入车站的线路为正线。

(2)站线。

站线是指站内除正线以外的到发线、调车线、牵出线、货物线及站内指定用途的其他线路。

到发线是供接发旅客和货物列车的线路。

调车线是用于车列解体和编组的线路。

牵出线是用于在调车作业时将车辆牵引出去的线路。

货物线是办理货物装卸等货运业务的线路。

站内指定用途的其他线路主要有机车走行线、机待线、禁溜线、峰下迂回线、存车线、站内机车整备线、站修线、专用铁路交接线。

(3)段管线。

段管线是指机务、车辆、工务、电务、供电等段专用并由其管理的线路。比如机务段内机车整备线、机车转头用的三角线和转盘线,车辆段内车辆检修作业用的线路及公务、电务段内停留轨道车及其他车辆的线路。

(4)岔线。

岔线是指在区间或站内接轨,通向路内外单位的专用线路。

(5)特别用途线。

特别用途线指为保证行车安全而设置的安全线和避难线。

安全线是为防止列车或机车车辆从一进路进入另一列车或机车车辆占用的进路而发生冲突的一种安全隔开设备。

避难线是在长大下坡道上能使失控列车安全进入的线路。

2. 线间距

区间及站内两相邻线路中心线间的距离为线间距。线间距又称“股道间距”。线间距应符合有关限界规定,符合行车组织需要以及人身安全和作业安全要求。

现有铁路双线区间,两正线中心线间的最小距离为 4 000 mm;车站内相邻两股到发线中心线间最小距离规定为 5 000 mm;若两相邻股道均通行超限货物列车、且线间设有高柱信号机时,则线间最小距离为 5 300 mm。在车站内,由于作业人员需要在两线间走动,同时调车作业上下车频繁,两站线之间距离不得小于 4 600 mm,刨除两侧限界 3 400 mm 之外,还有 1 200 mm 供调车人员走动;在调车作业繁忙的车站,牵出线与其相邻线至少要保证 6 500 mm。

直线部分铁路线间距见表 1-2。

表 1-2 铁路线间距

序号	名称		线间最小距离/mm
1	区间双线	$v \leq 120$ km/h	4 000
		120 km/h$<v\leq$160 km/h	4 200
		160 km/h$<v\leq$200 km/h	4 400
2	三线及四线区间的第二线与第三线		5 300
3	站内正线		5 000

续上表

序号	名　称				线间最小距离/mm
4	站内正线与相邻到发线	无列检作业			5 000
		有列检作业或上水作业	$v \leqslant 120$ km/h	一般	5 500
				改建特别困难	5 000
			120 km/h$<v \leqslant$160 km/h	一般	6 000
				改建特别困难	5 500
			160 km/h$<v \leqslant$200 km/h	一般	6 500
				改建特别困难	5 500
5	到发线间或到发线与其他线				5 000
6	站内线间设有高柱信号机时，相邻两线（含正线）均需通行超限货物列车				5 300
7	站内线间设有高柱信号机时，相邻两线（含正线）只有一条通行超限货物列车				5 000
8	牵出线与其相邻线		调车作业繁忙车站		6 500
			改建困难或仅办理摘挂取送作业		5 000

注：线间有建（构）筑物或有影响限界的设施，最小线间距按建筑限界计算确定。既有线列车最高运行速度提速到140～160 km/h 时，可保持 4 m 线间距。

3. 道岔

道岔是一种使机车车辆从一股道转入另一股道的线路连接设备。常用的道岔种类有普通单开道岔、对称道岔、三开道岔、交叉渡线和交分道岔等。

车站内最常见的是普通单开道岔，它由转辙器、连接部分、辙叉及护轨三个单元组成，如图 1-3 所示。转辙器包括基本轨、尖轨和转辙机械。按照操纵方式的不同，有集中操纵的道岔和人工扳动的道岔。

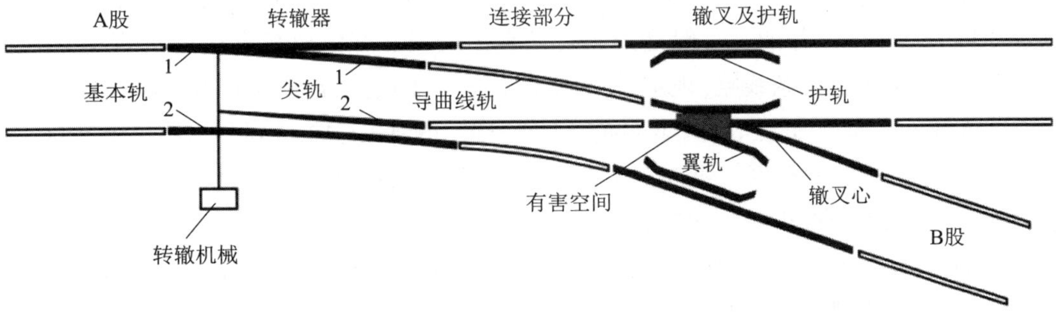

图 1-3　普通单开道岔

4. 调车区

在调车工作繁忙、配线较多的车站，配有两台及以上调车机车同时作业时，为充分发挥调车机车和调车设备能力，保证调车作业安全，应根据调车作业性质、车流特点和车站配线等情况，划分调车机车的作业区域，即调车区。每个调车区，在同一时间内，原则上只准一台调车机车进行作业(驼峰有预推进路除外),这样可避免调车机车相互干扰,有利于调车人员熟悉作业区域设备条件,特殊情况下需两台及其以上机车同时作业时,调车领导人要合理确定作业顺序,作业中加强与调车指挥人、司机联系,掌握作业进度,作业顺序发生变化时必须联系彻底。

(1)调车区的划分原则。

①保证每台调车机车在作业时互不干扰。

②使各台调车机车、驼峰、牵出线及编组线负担的任务均衡合理。

③减少重复作业,加速编组解体,充分挖掘设备潜力,提高车站通过和改编能力。

④保证行车和调车作业安全。

(2)横向、纵向划区的规定。

①横向划分调车区。

在调车场中部特设分界标或利用固定建筑物作为调车区的分界线,两端各为一个调车区,两调车区之间应设立不少于20 m安全区。为了保证重点作业和适应不同作业的需要,通常把分界线划在靠近担负编组或辅助工作的一端,尽量使担负解体或主体调车一端保证有较长的线路。有的车站由于线路短,不宜经常用固定分界线方法划分调车区,而是规定当线路上有停留车时,就以该线内停留车为分界标,两端调车作业均不准触动该分界车。只有当线路空闲时,才以固定的分界标为界。在横向划区的调车场任何一端调车时,越过分界线或触动分界车均为越区作业。越区作业时,须取得对方同意。

②纵向划分调车区。

调车(编发)场的任何一端都有两条以上的牵出线或驼峰溜放线,且分别配有固定的调车机车,共同担负车场一端的调车工作,或调车(编发)场两端各有一台机车因设备、车流等原因分线束划区作业。一般是按照每条牵出线或驼峰溜放线直接接通的线束来划分,每个调车区分配几条线路,规定一定的工作任务,固定一台调车机车,这样便于各台调车机车平行作业。如某站调车场共有24条股道,可将1～12道划分为第一调车区,13～24道划分为第二调车区。纵向划区时,在本区管辖的线路上可以进行溜放、推送和连挂。越区作业时,应取得对方同意。

纵向划区的优点是便于掌握调车线的使用,避免同一线路两端同时作业而产生的不安全因素;其缺点是对于线路少、车流方向多的车站,将会产生线路不足,增加重复改编作业等问题。纵向划区适用于调车线较多的车站。

(3)越区、转场作业。

越区作业是指调车机车由本调车区到其他调车区进行取送车辆作业;转场作业是指由调车场去到达场或另一个调车场的转线作业。越区、转场作业不仅要经过较多线路和道岔,有时还需跨越正线,涉及各调车区和车场之间作业的安排。越区或转场作业前没有做好联系和防护,不但影响调车效率,还会危及行车安全和人身安全。调车机车越区作业的联系和防护办法，应在《车站行车工作细则》（以下简称《站细》）内规定。

越区转场作业时，调车领导人事先应将越区（转场）的时间、地点、辆数及相关事项与进入区或场的调车领导人联系，取得同意后向本区有关人员下达计划进行布置。越区进入或经由场区的扳道人员，应按本区（场）调车领导人的布置，停止相抵触的作业，确认线路空闲，并准备进路。越出区的扳道人员，在接到进入区进入准备妥当或同意转场的通知后，方可通知本区调车指挥人指挥越区转场作业。划分调车区（场）的车站，不论有无固定信号设备，均应制定越区（转场）的联系办法，并纳入《站细》。

三、机车车辆

1. 机车分类

机车是牵引或推送铁路车辆运行，而本身不装载营业载荷的自推进车辆。铁路机车是担负铁路运输牵引任务和完成各项调车工作主要的动力设施，机车分类如图 1-4 所示。

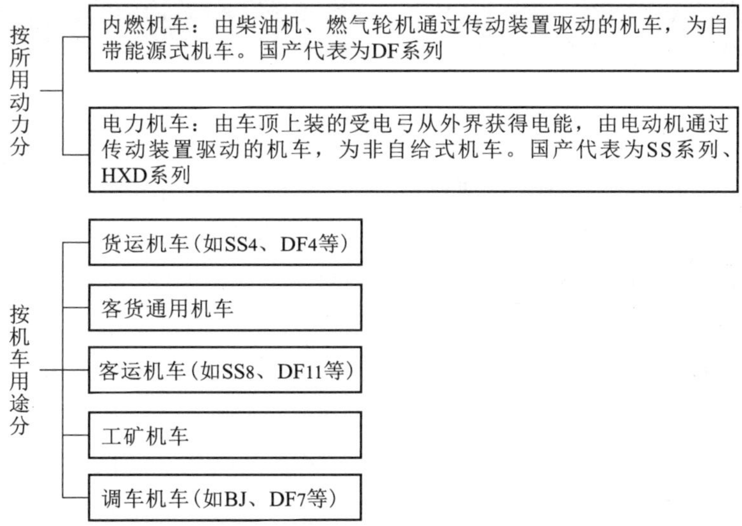

图 1-4　机车分类

（1）机车按牵引动力分为内燃机车、电力机车两大类。

①内燃机车：一般是以柴油为燃料，内燃机为动力，将热能转变成机械能，并通过传动装置使机车运行的一种机车，如图 1-5 所示。

②电力机车：是一种非自给式机车。它是由受电弓从外界获得电能，由电动机通过传动装置驱动的机车。它的代表机型是韶山（SS）系列、和谐（HXD）系列，如图 1-6 所示。

（2）机车按用途分为货运机车、客运机车、调车机车、客货通用机车、工矿机车。

（a）　　（b）

图 1-5　内燃机车

（a）　　（b）

图 1-6　电力机车

机车应有识别的标记：路徽、配属局段简称、车型、车号、最高运行速度、制造厂名及日期。在机车主要部件上应有铭牌，在监督器上应有检验标记。电气化区段运行的机车应有“电化区段严禁攀登”的标识。内燃机车燃料箱上应标明燃料油装载量。

2. 调车机车

调车机车是指用于列车编组、解体、转线及车辆取送等调车作业的机车，是调车工作的基本动力。

调车机车主要在站内进行调车作业，故不需要较高的构造速度，但因频繁地起动和停车，时常需要通过较小半径的曲线，故要求机车操纵灵活、固定轴距小、有较大的起动加速度、制动性能良好；调车机车由于需要在短距离内起动牵引或推送车组，同时为胜任大编组调车任务，故要求有良好的瞭望条件和一定的牵引力；由于经常在夜间作业，头尾灯照明要求亮度好；此外，还要求便利调车人员安全上下车等。

3. 车辆

铁路车辆是铁路运输部门用以运输旅客和货物的运载工具。它没有动力装置，需要把车辆连挂在一起，由机车牵引运行。车辆按用途分为客车、货车及特种用途车。

(1)客车。

客车主要包括以下种类：

①运送旅客用的车辆，如硬座车(YZ)、软座车(RZ)、硬卧车(YW)、软卧车(RW)等。

②为旅客服务的车辆，如餐车（CA）、行李车（XL）等。

③特种用途的车辆，如邮政车（UZ）、公务车（GW）、卫生车（WS）、医务车（YI）、实验车（SY）、维修车（EX）、文教车（WJ）等。

客车车辆在调车作业中限制很多，如禁止通过驼峰（21型、22型除外），禁止溜放，客车与货物列车的连挂受限，防溜通常不能使用自带的人力制动机，一般需要使用木止轮器。如客车中有旅客乘坐，则调车速度上也受控制。

（2）货车。

货车主要是运送货物的车辆，按用途可分为通用货车、专用货车。敞车（C）、棚车（P）、平车（N）称为通用货车；只适用于装一种或少数几种性质相近货物的，如罐车（G）、冷藏车（B）、矿石车（K）、长大货物车（D）等，称为专用货车。

（3）特种用途车。

特种用途车是具有特殊用途的车辆，如试验车、发电车、轨道检查车、检衡车、除雪车、救援车等。

铁路车辆还可按轨距不同分为准轨车、宽轨车和窄轨车；按产权所属关系分为路用车（所有权属于铁路部门的车辆）和厂矿自备车等；按车辆具有的轴数分为四轴车、六轴车和多轴车；按制作材料分为钢骨车和全钢车等。

车辆应有识别的标记：路徽、车型、车号、制造厂名及日期、定期修理的日期及处所、自重、载重、容积、换长等；车辆应有车号自动识别标签；客车及固定配属的货车上应有所属局段的简称；客车还应有车种、定员、最高运行速度标记；罐车还应有容量计表标记；电气化区段运行的客车、机械冷藏车等应有“电化区段严禁攀登”的标识。

4. 货车种类

（1）敞车（C）。

敞车俗称高边车，是具有端、侧壁而无顶棚的货车，主要供运送煤炭、矿石、矿建物资、木材、钢材等大宗货物用，也可用来运送重量不大的机械设备，如图1-7所示。若在所装运的货物上蒙盖防水篷布后，还可承运怕雨淋的货物。因此敞车具有很大通用性，在货车组成中数量最多，占货车总数的50%以上。

敞车车体不高，对视线遮挡小，人力制动机效果较好，上下车较方便，电气化区段调车限制较小。当货物高出车帮时，调车人员应注意货物的窜动。当敞车加盖篷布后，注意不要拉拽篷布绳索。

（2）棚车（P）。

棚车具有顶棚、车墙及车窗，可防止雨水浸入车内，主要用于运送怕日晒雨淋、雪侵的货物，包括各种粮谷、日用工业品及贵重仪器设备等。一部分棚车还设有烟囱、床托等装置，必要时可运送人员和马匹，如图1-8所示。

图 1-7　敞车

图 1-8　棚车

棚车的车体一般较高,平面溜放时选择棚车上的人力制动机效果较好,同时可获得较好的瞭望条件,但上下车时间较长,电气化区段严禁登上棚车(在区间和中间站禁止登上棚车、敞车)使用人力制动机及进行其他作业,以防触电。

(3)平车(N)。

平车主要用于装运原木、钢材、建筑材料等长型货物和集装箱、机械设备等,只有地板而没有侧墙、端墙和车顶,如图 1-9 所示。有些平车装有高 0.5～0.8 m 可以放倒的侧板和端板,需要时可以将其立起,以便装运一些通常由敞车运输的货物。

平车设有通过台,可以不翻越车钩穿过车列。平车的人力制动机效果最差,瞭望不好,且车梯扶手矮,动态上下车不方便。

(4)罐车(G)。

罐车车体呈罐形,主要用于装运各种液体、液化气体和粉末状货物等。这些货物包括汽油、原油、各种黏油、植物油、液氨、酒精、水、各种酸碱类液体、水泥、氧化铅粉等,如图 1-10 所示。罐车的调车特点类似于平车,作业很不方便;调车人员严禁进入罐车内部。

图 1-9　平车

图 1-10　罐车

(5)冷藏车(B)。

冷藏车主要用于运送易腐货物或对温度有特殊要求的货物,如肉类、鲜鱼冰果、蔬菜等。外形似棚车,周身遍装隔热材料,侧墙上有可密闭的外开式车门,如图 1-11 所示。车内有降温装置,可使车内保持需要的低温;有的车还有加温装置,在寒冷季节可使车内保持高于车外的温度。

其中,机械冷藏车机械多、管路多,带有发电和冷藏机组,按组编列,调车作业应限速,禁止溜放。

(6)集装箱车(X)。

集装箱车只具有车底架,但比平车底架强度大,设有防止箱门意外开启的门止挡,专门用于装运集装箱,如图 1-12 所示。集装箱车是我国铁路发展的主力货车车型,是铁路物流产业的支柱型车辆。我国铁路在集装箱车不足的条件下,也采用敞车运送国内铁路标准箱和部分国际标准集装箱。

图 1-11　冷藏车

图 1-12　集装箱车

集装箱车结构比较简单,其调车作业特点类似于平车,但换长要比普通平车长。绝大部分集装箱车为减少自重,底板为镂空骨架式,调车人员上车时要注意脚下。

(7)长大货物车(D)。

长大货物车专供运送运输质量特大或长度特长的货物,一般载重为 90 t 及其以上,长度在 19 m 以上,无墙板。有的车中部凹下(凹底平车)或设有落下孔(落下孔车),便于装载高大货物充分利用限界高度。其中,凹底平车如图 1-13 所示。长大货物车禁止溜放调车。

(8)汽车运输车(J)。

汽车运输车是一种具有端门、侧墙和车顶等结构的封闭式车辆,主要用于运输小型汽车、轻型客车、SUV 等乘用车,如图 1-14 所示。

图 1-13　凹底平车

图 1-14　汽车运输车

(9)毒品车(W)。

毒品车全钢结构,具有顶棚,顶棚上装有隔热顶板,主要用于装载整车有毒农药和放射性矿石、矿砂等。外形与棚车无异,车体为土黄色或标有黄色色带,如图 1-15 所示。调车人员严禁进入毒品车内部。

(10)矿石车(K)。

矿石车主要用于装运矿石和石砟,如图 1-16 所示。为卸货方便,有的车体下部做成漏斗形,设底开门;有的整个车体能借液压或空气压力的作用向一侧倾斜,并可开此边侧门。

图 1-15　毒品车

图 1-16　矿石车

(11)散装粮食车(L)。

散装粮食车主要用于装运玉米、小麦、大豆等散粒粮食类货物,如图 1-17 所示。

(12)散装水泥车(U)。

散装水泥车主要用来装运散装水泥,密封式车体,如图 1-18 所示。

图 1-17　散装粮食车

图 1-18　散装水泥车

5. 货车结构

一般货车均由车体、转向架、车钩缓冲装置、制动装置、货车内部设备五个基本部分组成。

(1)车体。

车体是供装载货物的部分,由底架、侧墙、端墙、车顶等部分组成。

(2)转向架。

转向架的作用是支承车体,并引导车辆沿轨道行驶,保证列车能顺利地通过弯道。我国车辆的走行装置多数由两台相同并独立的二轴转向架组成,此外还有三轴、四轴和五轴等多轴转向架。

(3)车钩缓冲装置。

车钩缓冲装置由车钩、缓冲器、钩尾框、从板等零部件组成,安装于车底架中梁的两端。其作用是:连接机车车辆,传递牵引力或制动力,缓和冲击。其中,缓冲器可以承担重车状态下的撞击力,是连挂速度的决定因素,我国铁路连挂速度为 5 km/h。

根据铁路运输生产的需要,为了实现挂钩或摘钩,使车辆连接或分离,车钩具有三种位置,也就是车钩三态,如图 1-19 所示。

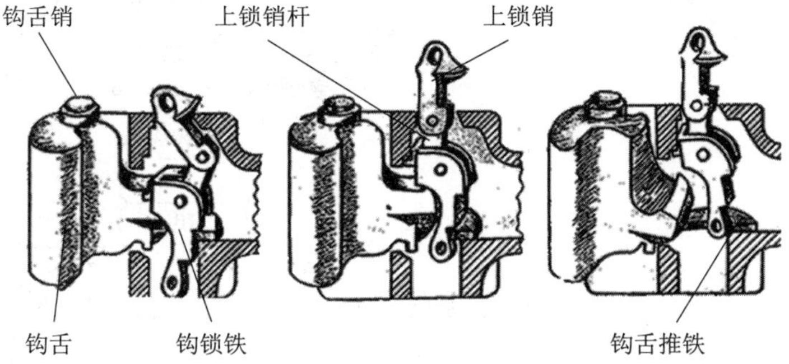

(a) 闭锁位置　(b) 开锁位置　(c) 全开位置

图 1-19　车钩三态

①锁闭位置——车钩的钩舌被钩锁铁挡住不能向外转开的位置。两个车辆连挂在一起时车钩就处在这种位置,以保证列车运行时各车钩不能任意分离。

②开锁位置——钩锁铁被提起,钩舌只要受到拉力就可以向外转开的位置。摘钩时,只要其中一个车钩处在开锁位置,就可以把两辆连挂在一起的车分开。

③全开位置——钩舌已经完全向外转开的位置。当两车需要连挂时,只要其中一个车钩处在全开位置,与另一辆车钩碰撞后就可连挂。

(4)制动装置。

制动装置是使列车减速、停车和保证列车安全运行不可缺少的装置。我国广泛使用闸瓦摩擦式制动装置或盘形制动装置。闸瓦(或闸片)压紧车轮踏面(或制动盘),阻止车辆或列车运行的作用称为制动;对已制动的列车或机车解除或减弱其制动作用称为缓解。从施行制动的瞬间起,到车辆或列车速度降为零的瞬间止,车辆或列车所走行的距离称为制动距离。我国车辆的制动装置一般包括空气制动机、基础制动装置和人力制动机三部分。

①空气制动机。

空气制动机又叫作自动制动机,是利用压缩空气来产生并控制制动力的设备。车辆空气制动机所需压缩空气是由机车总风缸供给的。列车中车辆的制动、缓解作用,由机车司机操纵制动阀来实现。列车在起动前,当司机将制动阀放在缓解位置,总风缸的压缩空气经过制动主管进入副风缸(增压缓解,也称充风缓解);列车需要制动时,通过制动主管减压,引导副风缸将压缩空气导入制动缸,引发制动(减压制动,也称放风制动),如图 1-20 所示。

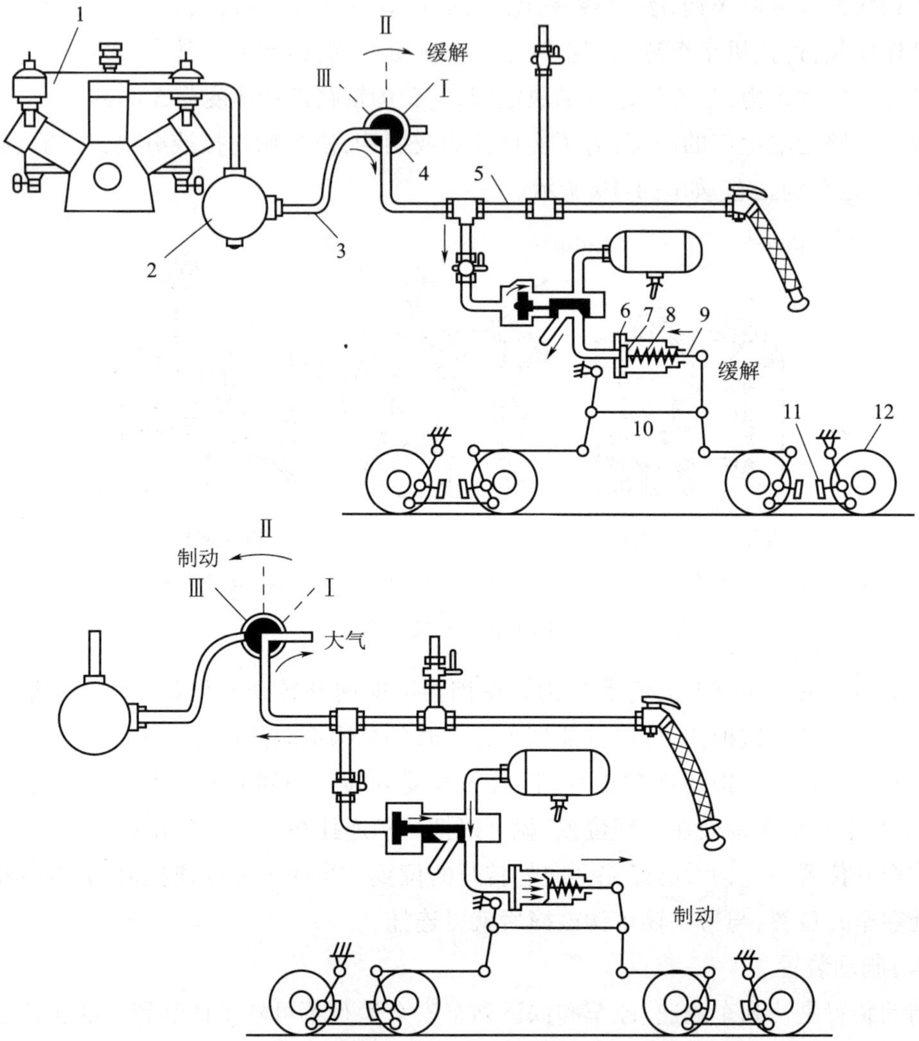

1—空气压缩机;2—总风缸;3—总风缸管;4—制动阀;5—制动主管;6—制动缸;7—制动缸活塞;8—制动缸缓解弹簧;9—制动缸活塞杆;10—基础制动装置;11—闸瓦;12—车轮。

图 1-20　列车制动装置系统

②基础制动装置。

基础制动装置设在车底架下部以及转向架上,是指从制动缸活塞推杆至闸瓦之间一系列杠杆、拉杆、制动梁等传动部分(也包括闸瓦间隙自动调整器)所组成的装置,其作用是把充入制动缸的压力空气在活塞上产生的推动力增大若干倍以后均匀地传给各个闸瓦（或闸片），使之压紧车轮踏面或制动盘从而阻止车轮转动而产生制动作用。

③人力制动机。

人力制动机一般安装在每辆车的一位端，以人力作为产生制动力原动力的部分。它是用人力转动的手轮或手把，以代替压缩空气作用于制动缸活塞推力带动基础制动装置动作，使闸瓦压紧车轮，产生制动作用的一种装置，如图1-21所示。由于人力制动机产生的制动力比空气制动时的制动力小得多，制动过程也较缓慢，因此，只有在不能使用空气制动机的情况下才使用人力制动机。人力制动机一般在进行调车作业时使用，用于调速和停车，提高调车效率，保证调车作业安全；当列车或车辆停留在线路上时，用于防止车辆发生溜逸。

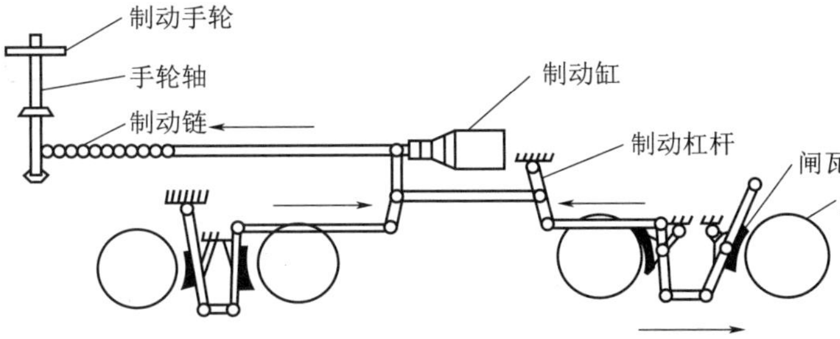

图1-21 人力制动机工作原理

（5）货车内部设备。

货车内部设备是为了货物装卸方便、运载安全和特殊要求安装的设备。例如，冷藏车有升、降温设备，罐车有装、卸油设备和安全装置，自卸车有手动、液压或风动卸车设备等。一般货车车内设备要比客车少得多。

任务实施

任务单：

统一着装前往实习站场，学习过程中遵守课堂要求，相互配合、互帮互助，熟悉铁路车站的设备和线路情况，区分铁路线路的种类，口述各种线路的用途，掌握道岔的组成，能够确定铁路车辆各部分名称及用途。

实施要点	完成情况记录
1. 口述铁路线路种类及用途	
2. 能够熟知道岔的分类及结构	
3. 能区分调动不同货车的注意事项	
4. 能够确定车辆各部分名称及用途	

任务评价

任务测评	评分标准	本人自评得分（20%）	小组互评得分（20%）	教师评价得分（60%）	综合得分
知识点掌握（30分）	1. 了解铁路车站、线路、机车车辆的分类及特点 2. 了解相关设备在调车中的注意事项				
技能点运用（40分）	1. 掌握调车相关设备的使用方法及注意事项 2. 掌握人身安全和作业安全基本环节				
职业素养（30分）	1. 熟悉铁路在国民经济中的重要作用 2. 遵守作业安全、人身安全规定 3. 团结合作，有序分组，按时完成任务				
综合评价					

学生思考反馈

思考总结	
心得分享	

任务二　调车工作基本要求

任务描述

通过本任务，应能够掌握铁路调车中的各项基本规定，做到坚持统一领导与单一指挥，牢记人身安全与作业安全的注意事项，树立安全责任意识，培养遵章守纪和爱岗敬业的职业道德。

任务导入

事故描述：×年×月×日 8:16，××局集团公司××机务段司机使用 CRH2A 型动车组担当××高速铁路××次列车，在××动车所检 3 线出库时，越过关闭的 D_5 信号机，将 3 号道岔挤坏，构成铁路一般 D3 类事故。

请思考：

调车作业有哪些要求？

知识准备

从铁路运输生产过程来看，车辆在车站停留时间约占车辆周转时间的70%左右，货车在一次周转过程中，一般要进行5～6次调车作业，如图1-22所示。因此，调车作业质量的好坏、效率的高低、调车安全程度，对完成车站的装卸工作、缩短车辆停留时间、加速车辆周转等各项指标有很大的影响，与行车安全、实现编组计划及列车运行图有着直接关系。

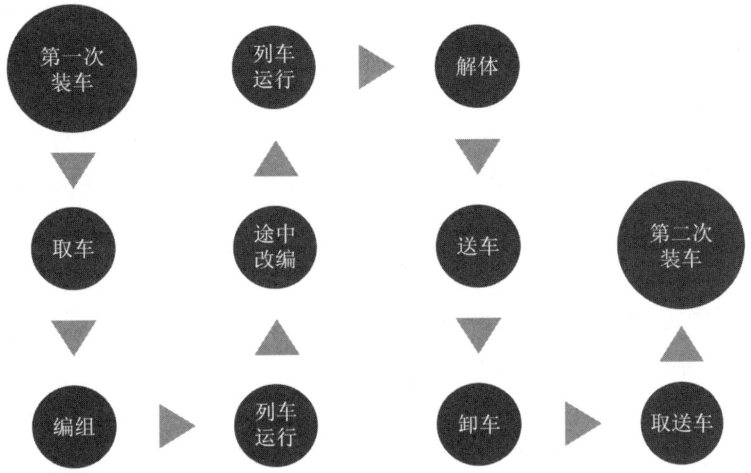

图1-22 货车一次周转过程的作业流程

一、调车分类及基本要求

在铁路运输生产过程中，除列车在车站的到达、出发、通过以及在区间内运行外，凡机车车辆进行一切有目的的移动统称为调车。为解体、编组列车，摘挂、转场、整场、调移、取送车辆以及机车的对位、转线、出入段等目的而使机车车辆在站线或其他线路上移动的作业，是铁路行车工作的基本内容之一。

1. 调车分类

调车按其目的不同可分为解体调车、编组调车、摘挂调车、取送调车和其他调车。

(1)解体调车：将车列或车组中的车辆按一定要求(如重车按去向，空车按车种，不良车按检修地点等)分解到各指定线路内的调车。

(2)编组调车：根据列车编组计划、列车运行图和有关规章制度和特殊要求，将车辆选编成车列或车组。

(3)摘挂调车：为列车补轴、减轴、换挂车组及车辆甩挂等作业。

(4)取送调车：为装卸货物、检修、洗刷消毒车辆等目的，向指定地点送车或取回车辆的作业。

(5)其他调车:车列和车组转场、货车的检衡、场内车辆整理等调车,以及在站线上放行机车等。

2. 调车基本要求

为认真贯彻安全运输的要求,车站应坚持把安全生产放在最核心、最重要、最突出的位置,牢固树立大运输、大安全的观点,提高安全工作的使命感和责任感,在安全生产中应发挥核心作用,调车工作是在动态中进行的,作业组织复杂,多工种联合动作,时常面对恶劣天气,多变的环境影响因素诸多。多年来,调车事故在行车事故中所占比重最大,反映了调车安全的重要性和必要性,在调车工作中,必须认真执行规章制度,落实作业标准,遵章守纪,防止一切可能发生的事故,做到安全生产。

二、调车作业"九固定"

调车作业由调车机车乘务组及车务系统多工种共同完成。为使参加作业人员熟悉调车技术设备及工具的性能、数量及存放地点,便于及时操作和使用,对调车设备及工具等须固定使用人员和存放地点。

调车工作要固定作业区域、线路使用、调车机车、人员、班次、交接班时间、交接班地点、工具数量及其存放地点。

1. 固定作业区域

在调车繁忙、配线较多的车站,有两台及其以上调车机车时,应根据线路配置和作业分工情况,将站内线路划分成不同调车区域,每台调车机车的活动范围固定在一定区域内,以避免作业的相互干扰,按分工进行相对固定的作业,便于作业人员熟悉和掌握本区域设备情况和作业规律,有利于提高调车工作效率和保证调车作业的安全。

2. 固定线路使用

根据车站线路配置和车流情况,分别对每一条与调车作业有关的线路固定其用途,以便在不同的线路上分别集结、停留不同种类和不同去向的车辆,使解编作业更加有秩序地进行,较少重复作业、缩短调车行程,有利于提高调车计划效率和保证安全生产。

3. 固定调车机车

调车机车机身短、轴距小、起停快,为了解机车性能、特点(如换长、功率、制动性能等),掌握调车技术,在技术站固定调车机车有利于作业安全和提高效率。作固定替换用的调车机车及小运转机车,应符合调车机车的条件(有前后头灯、扶手把、防滑踏板等)。

4. 固定人员和班次

参加调车工作的人员包括调车人员、机车乘务人员、扳道人员等,由于单位、工种不同,人员组合时相对固定(俗称"对班"),有利于各工种间的相互了解、密切配合、协调作业。

5. 固定交接班时间和地点

按照有关规定固定交接班时间及地点,可以避免相互等待,有利于压缩非生产时间,便于管理。

6. 固定工具数量及其存放地点

配备数量足够、质量良好的调车工具是安全调车的基本物质保障，调车工具主要指无线调车灯显设备、铁鞋、铁鞋叉、信号旗(灯)等。数量和地点固定，便于日常使用和保管，当发生损坏或短少时，也便于及时发现和补充，消除安全隐患，保证正常作业需要。

三、调车工作的领导与指挥

调车工作是一项由多工种联合行动的复杂工作，作业组织复杂，作业方法灵活多变，影响因素比较复杂。为安全、迅速、高质量地完成调车工作，所有参加铁路调车作业的人员，必须实行统一领导与单一指挥。

1. 统一领导

车站的调车工作，由车站调度员(未设车站调度员的由调车区长，未设调车区长的由车站值班员)统一领导。分场(区)时，各场(区)的调车工作由负责该场(区)的车站调度员或该场(区)的调车区长领导。

驼峰调车区长不得超越自己的职权去领导其他场(区)的作业。车站调度员、调车区长在领导调车工作中，在有占用正线到发线和机车走行线及影响接发列车进路的调车工作时，必须与车站值班员联系，并取得其同意后，方可进行。占用正线到发线调车与接发列车作业相互干扰，因联系不彻底或盲目越过警冲标，有造成列车冲突的可能。

其中，高速铁路车站的调车作业由列车调度员(由车站负责办理调车进路时为车站值班员或车务应急值守人员)担当调车领导人。分场时的调车工作，由负责该场调车进路的列车调度员(车站值班员或车务应急值守人员)领导。

动车段(所)调车工作的领导及指挥由铁路局集团公司规定。

2. 单一指挥

为保证调车作业的秩序与安全，在同一时间内，一台调车机车的调车作业计划的执行、作业方法的拟定和布置，以及调车机车行动的指挥，只能由调车指挥人一人指挥。

调车作业由调车长单一指挥。利用本务机车进行调车作业时，可由车站值班员或助理值班员担任指挥工作。遇有特殊情况，可由经鉴定、考试合格取得调车长资格的胜任人员代替。

如果一个调车组配有两名调车长时，对每台担当调车作业的机车在同一班次，不得轮流指挥，必须更换指挥人时，应按各铁路局集团公司有关规定办理。在调车作业中，所有调车有关人员，调车组、扳道组、机车乘务组都必须服从调车指挥员的指挥。

动车组自走行调车作业、机车及自轮运转特种设备转线等作业由司机负责，不另设调车指挥人。

四、调车有关人员的职责

铁路调车工作必须加强领导，建立和健全各级岗位责任制，努力提升调车人员素质，才能保证安全、高效地完成铁路调车任务。

1. 参加调车作业的人员职责

车站的调车工作,应按车站的技术作业过程及调车作业计划进行。参加调车作业的人员应做到:

(1)及时编组、解体列车,保证按列车运行图的规定时刻发车,不影响接车。明确接发车与调车的关系,编组要保证按时发车,解体要不影响接车。

及时编组列车就是按规定的时间标准完成编组任务,从而保证列车按运行图规定的时刻正点发车。因此,车站的编组列车顺序及其列车编完时间,应该按照列车运行图规定的各次列车发车时间去安排。在不妨碍正常接车和解体的条件下,正确安排编组列车计划,不要过早地将编组完了的列车转入到发线,以免待发时间过长,影响到发线的合理运用。

及时解体列车就是到达列车完成技术作业后,应尽快进行解体作业。这样既可减少占用到发线时间,又可保证正常接发其他列车,同时为中转车流接续和作业车的送车创造条件。除从编组解体方面保证列车接发以外,从行车组织的角度,还要严格执行在正线、到发线上调车作业的有关规定,保证调车作业不影响接发列车。

(2)及时取送客货作业和检修的车辆。

及时取送客货作业和检修的车辆,有助于快速取送旅客列车车体,保证车辆技术检查和客运整备作业所需要时间。及时出入库,保证旅客列车安全正点始发,有助于货物装卸及检修作业,能缩短车辆停留时间和非生产时间,加速车辆周转。

(3)充分运用调车机车及一切技术设备,采用先进工作方法,用最少的时间完成调车任务。

一方面要发挥调车人员的积极性,各工种间密切配合,协同动作,不断提高劳动生产率;另一方面,要经济合理地运用调车机车及一切技术设备,采用先进工作方法,周密计划,合理安排;做到快编、快解、快取、快送。尽可能组织平行作业,充分发掘设备潜力,压缩各种非生产时间,提高作业效率,最大限度地发挥调车机车和技术设备的效能,这是对调车工作的一项基本要求,也是衡量车站行车组织工作水平的一个重要标志。

(4)认真执行作业标准,保证调车有关人员的人身安全及行车安全。

其中,高速铁路车站、动车段(所)的调车工作,应按列车运行图、车站或动车段(所)的技术作业过程及调车作业计划进行,调车作业人员须停车上下。参加调车作业有关人员应做到:①及时办理动车组出入段(所)、转线及车底取送等作业,保证按列车运行图的规定时刻发车,不影响接车。②充分运用一切技术设备,采用先进工作方法,用最少的时间完成调车任务。③认真执行作业标准,保证调车有关人员的人身安全及行车安全。

2. 调车长职责

调车长直接参与到调车作业计划的执行中,是调车作业的指挥人,一批调车作业能否安全有效地完成,调车长负有重大责任。

调车长在调车作业前，必须亲自并督促组内人员充分做好准备，认真进行检查。在作业中应做到：

(1)组织调车人员正确及时地完成调车任务。

调车长根据调车作业通知单，制定具体的作业方法，合理分配调车作业任务，连同注意事项亲自向参加调车作业的有关人员传达清楚。“正确”是指调车长应组织调车人员严格按照调车作业通知单的要求及其相关技术规范进行作业，做到不混线、不堵门、安全防溜与摘挂等；“及时”是指调车长应在调车作业通知单的规定时间内完成调车作业，不影响接发车。

(2)正确及时地显示信号（发出指令），指挥调车机车的行动。

调车作业中，相关调车人员之间的联系与沟通是依靠信号来传递的。调车长显示的信号是机车乘务人员及其他调车人员的行动依据。“正确”是指调车长信号的显示方式与内容要标准无误；“及时”是指调车长在发出信号及传递信号时，根据距离、速度、作业方法、天气情况等因素，做到打好提前量，不错过时机。

(3)负责调车人员的人身安全和行车安全。

在调车作业中，调车长应照顾到所有参加调车作业人员的安全。从负责调车组着装检查、试验电台到落实每一项作业标准，监督调车人员不准违章作业，强化标准作业等，以确保调车作业中的人身安全和作业安全。

3. 司机职责

司机在调车作业中应做到：

(1)组织机车乘务人员正确及时地完成调车任务。

(2)负责操纵调车机车，做好整备，保证机车质量良好。

(3)时刻注意确认信号，不间断地进行瞭望，认真执行呼唤应答制，正确及时地执行信号显示（作业指令）和调车速度的要求，没有信号（指令）不准动车，信号（指令）不清立即停车。

(4)负责调车作业的安全。

任务实施

任务单：

模拟司机在“任务导入”事故案例中的行为，根据铁路车站的信号设备和道岔情况，分析事故原因，明确调车有关人员岗位职责及违章操作的危害，遵守作业安全、人身安全规定。

实施要点	完成情况记录
1. 会判断不同类型的调车流程	
2. 熟知调车有关人员岗位职责	
3. 明确调车安全的重要性	

任务评价

任务测评	评分标准	本人自评得分（20%）	小组互评得分（20%）	教师评价得分（60%）	综合得分
知识点掌握（30分）	1. 了解铁路调车的概念及分类 2. 了解调车工作的基本要求				
技能点运用（40分）	1. 掌握调车作业“九固定”及注意事项 2. 掌握调车工作的领导与指挥及参与调车有关人员的职责				
职业素养（30分）	1. 树立安全责任意识，培养遵章守纪和爱岗敬业的职业道德 2. 遵守作业安全、人身安全规定 3. 团结合作，有序分组，按时完成任务				
综合评价					

学生思考反馈

思考总结	
心得分享	

任务三　调车作业计划的布置与准备

任务描述

通过本任务，应能够掌握铁路调车工作中关于调车作业计划的布置与传达、调车信号的确认与显示，以及调车作业中连结软管、货物堆放等规定，践行严谨认真、吃苦耐劳的职业精神。

任务导入

事故描述：×年×月×日 7:25 左右，××物流分公司专用铁路调车作业，调车长在推进车列前部第一位车辆负责引导，距停留车辆约 20 m 处发现线路内有停留车，显示停车信号不及时，与原中线停留的 5 辆车发生调车冲突（此时速度约为 20 km/h），走行 13.6 m

后停车,造成车钩破损。

请思考:

调车进路的准备与确认要求有哪些?

知识准备

一、调车作业计划的布置与作业前准备

1. 调车作业计划的编制

调车领导人应正确及时地编制、布置调车作业计划。布置调车作业计划,应使用调车作业通知单。中间站利用本务机车调车,应使用有示意图的调车作业通知单(示意图可另附)。使用无线调车灯显设备的车站,调车作业计划布置方法,由铁路局集团公司规定。调车作业通知单、调车示意图如图 1-23 所示。

××站调车示意图

20　年　月　日　　　　编制人:

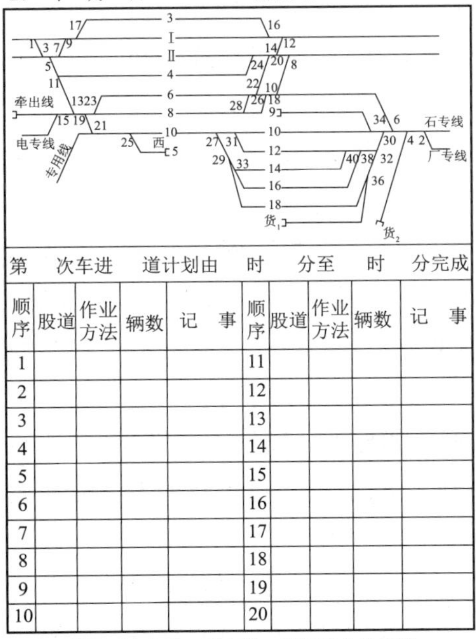

第　次车进　道计划由　时　分至　时　分完成									
顺序	股道	作业方法	辆数	记　事	顺序	股道	作业方法	辆数	记　事
1					11				
2					12				
3					13				
4					14				
5					15				
6					16				
7					17				
8					18				
9					19				
10					20				

注:使用后由车站、列车段、机务段负责烧毁。

(a)调车示意图

××站调车作业通知单

===========

第 L001　　号　　20×-07-20　09:26

第　××　次车　　取送

1 调　　　　××号机车

\-----------------------------------

顺序	股道	方法	辆数	代号	记事
1	5	0	0		
2	×10	0	0		
3	8	+	10	5545570	电
4	×10	0	0		
5	12	-	10	5545123	
6	14	0	0		
7	12	+	10	5545123	开 ×× 园
8	S3	-	10	5545570	高
9	S2	0	0		
10	S3	+	10	5545570	高、上站
11	12	-	10	5545123	
12	×10	0	0		
13	5	+	0		等

=====================

计划由:09:30至12:00完成作业

编制人:××　　调车长:××

注意事项:注意安全

严格执行要道还道制度

专用线作业,加强线路车辆检查

严格执行停上停下

(b)调车作业通知单(一)

调车作业通知单(乙)

年　月　日　第　号

第　次车编组/解体/摘挂　站　正				
顺序	股道	作业方法	辆数	记　事
1				
2				
3				
4				
5				
6				
7				
8				
9				
10				
11				
12				
13				
14				
15				
16				
17				
18				
19				
20				
21				
22				
23				
24				
25				
26				
27				
28				
29				
30				
31				
32				

计划由　时　分至　时　分完成作业

编制人

(c)调车作业通知单(二)

图 1-23　调车作业通知单、调车示意图

列车在到达线路内拉道口、对货位、直接后部摘车、本务机车(包括重联机车、补机)摘挂及转线、企业自备机车进入站内交接线整列取送作业,可不使用调车作业通知单。

自轮运转特种设备调车作业是否需要使用调车作业通知单由铁路局集团公司规定。

2. 调车作业计划的下达

调车领导人与调车指挥人必须亲自交接计划。由于设备原因,亲自交接计划确有困难,以及设有调车作业通知单传输装置的车站,交接办法在《站细》内规定。

调车指挥人应根据调车作业计划制定具体作业方法,连同注意事项,亲自向司机交递和传达;对其他有关人员,应亲自或指派连结员进行传达。具体传达办法,在《站细》内规定。

调车指挥人确认有关人员均已了解调车作业计划后,方可开始作业。未设调车组的中间站利用本务机车作业时,由车站值班员向扳道员传达。动车段(所)调车工作的计划编制及下达办法由铁路局集团公司规定。

3. 调车作业计划的变更

变更计划主要指变更股道、辆数、作业方法及取送作业的区域或线路。随意变更计划,既不安全,也影响效率。但调车作业涉及的因素较多,且多为多变的因素,产生计划变更是难免的。变更计划应用书面方式重新按规定程序下达。

一批作业(指一张调车作业通知单)不超过三钩或变更计划不超过三钩时,可用口头方式布置(中间站利用本务机车调车除外),有关人员必须复诵。变更股道时,必须停车传达。仅变更作业方法或辆数时,不受口头传达三钩的限制,但调车指挥人必须向有关人员传达清楚,有关人员必须复诵。

驼峰解散车辆,只变更钩数、辆数、股道时,可不通知司机,但调车机车变更为下峰作业或向禁溜线送车前,须通知司机。

中间站利用本务机车调车时,无论变更钩数多少,都应重新填写附有示意图的调车作业通知单。岔线调车时,如遇实际情况与原计划不符,准许调车指挥人根据实际情况,自行制定作业计划,但在作业完了后,必须及时向调车领导人汇报计划变更情况和车辆停留情况。

高速铁路车站调车时,如需变更调车作业计划,调车领导人应通知调车指挥人(无调车指挥人时为司机)停止作业,重新编制调车作业计划并下达,待司机和有关人员清楚无误后,方可继续作业。

动车组、路用列车及机车、自轮运转特种设备需转线时,司机根据需要向列车调度员(车站值班员或车务应急值守人员)提出申请。列车调度员(车站值班员或车务应急值守人员)可不编制书面调车计划,但须将作业办法、内容和注意事项向司机传达、布置清楚,并听取复诵无误,在准备好进路后,通知司机开始作业。

4. 调车作业前准备

调车作业必须做好下列准备：

（1）提前排风、摘管，核对计划，确认进路，检查线路、道岔（集中联锁区除外）、停留车及车辆防溜等情况。

车列溜放解体前应事先进行排风、摘管工作，防止车辆在溜放途中因"放风制动"原因而自动抱闸，造成车辆堵门甚至撞车追尾事故；提前摘管为防止作业中因停车摘管，降低调车作业效率；提前核对计划，确保有关人员均已了解调车作业计划，防止传错、抄错或看错，出现任务无人干或抢着干等情况，责任落实到人；确认进路是否正确，检查线路是否空闲及有无障碍物，确认停留车的位置、防溜措施是否到位、车组间距离、车辆状况，车辆上下有无异物等。在货物线、段管线、岔线等地点甩挂、取送车辆时，还要派人通知装卸、检修作业等人员注意，并须确认线路两旁的货物堆放距离是否符合规定，以免发生调车和人身伤亡事故。

（2）人力制动机的选闸、试闸，系好安全带。

采用人力制动机进行制动，要事先做好选闸、试闸工作，保证溜放的车组有足够的制动力，能够及时减速、停车；调车人员务必系好安全带，在登上人力制动机踏板时，将安全带挂钩挂在指定位置以保证拧闸时的人身安全。

（3）准备足够的良好制动铁鞋和防溜器具。

铁鞋制动时，根据溜放车组的空、重及辆数多少，事先准备好足够的符合标准的制动铁鞋及防溜器具，以有效控制溜行车组的调车速度及与停留车之间的安全距离。

（4）无线调车灯显设备试验良好。

无线调车灯显设备是调车作业人员之间相互沟通联系的主要设备，为保证作业安全和提高作业效率，调车作业前应对无线调车灯显设备进行试验（也称试机），无线调车灯显设备试验良好，方可进行调车作业。

中间站调车必须在每批作业前对无线调车灯显设备进行认真试验。部分设有调车组的中间站，应在列车到达前的规定时间叫班，作业人员应提前到岗，按要求做好准备，并应重点了解列车运行情况、停车情况及作业重点要求。不能因作业量小、作业简单或其他原因，晚叫班或只部分人员到岗，造成准备不足或缺员作业。

其中，高速铁路调车作业必须做好下列准备：①提前核对计划及相关调度命令，确认进路。②进行车辆摘挂、转线的作业，提前检查线路、道岔（集中联锁区除外）、停留车及车辆防溜等情况。③准备足够的良好防溜器具。④无线调车灯显设备试验良好。

二、调车作业的信号确认与显示

（1）信号确认与显示的原则。

因调车作业涉及工种较多、相互配合密切、室外作业地点空旷且受环境影响大等特点，相关作业人员的行动指令需通过无线调车灯显设备、信号旗（灯）等设备进行传递，以确保调车作业的安全高效。

调车作业时,调车人员必须正确及时地显示信号;机车乘务人员要认真确认信号,并回示。

推进车辆连挂时,要显示十车、五车、三车的距离信号,没有显示十车、五车、三车的距离信号,不准挂车,没有司机回示,应立即显示停车信号。

铁路现场将 11 m 视为一车距离,十车、五车、三车表示推进车辆前端距被连挂车辆的距离分别为 110 m、55 m、33 m,连挂车辆距离停留车位置如图 1-24 所示。在连挂车辆作业时,由于司机瞭望条件差,需由调车人员在车辆前端负责瞭望,并将十车、五车、三车距离信号通过调车长传递给司机,司机需分别鸣笛回示,并将车速控制在不超过 17 km/h、12 km/h、7 km/h,以保证在规定速度内安全连挂。由于信号的传递需要时间,为防止超速连挂,传递距离信号时打好提前量。

图 1-24 连挂车辆距离停留车位置

(2)试拉制度。

推送车辆时,要先试拉。车列前部应有人瞭望,及时显示信号。试拉是为确认车辆间的连接状态,防止车辆在推进或牵引走行中脱钩。在同一线路内连续连挂作业时,可以不停车连挂,无须每钩都进行试拉,但要确认连挂状态,车组间距超过十车时须试拉,最后一组一般不采用连续连挂的方法进行,并要认真采取防溜措施,避免车辆溜出警冲标,造成严重后果。本务机每钩连挂好都要试拉再接风管。

(3)当调车指挥人确认停留车位置有困难时,应派人显示停留车位置信号。

(4)调车人员不足 2 人,不准进行调车作业。

三、调车进路的准备与确认

1. 调车进路的准备

准备调车进路时,按下列规定:

(1)在扳动道岔、操纵信号时,应执行"一看、二扳(按、点击)、三确认、四显示(呼唤)"制度。

(2)扳道人员扳动道岔准备调车进路时,先确认道岔开通位置,再扳向所需位置。

(3)确认分管区域内调车进路上的道岔开通位置正确后还道。

(4)扳道人员在显示道岔开通信号时,应先显示股道号码信号(有股道号码表示器装置除外)。

(5)使用无线调车灯显设备时,准许以语音通话方式办理要还道。

(6)作业中,扳道人员应按调车作业计划的作业钩序进行扳道;扳道员、信号员、驼峰值班员(作业员)在每钩调车作业计划完成后,应立即抹销。

高速铁路上调车信号机因故障不能开放时,进路准备人员应将相关道岔操纵至所需位置并单独锁闭,在调车进路准备妥当后通知调车指挥人(司机)准许越过故障的调车信号机。

2. 调车进路的确认

在调车作业中,单机运行或牵引车辆运行时,前方进路的确认由司机负责;推进车辆运行时,前方进路的确认由调车指挥人负责,如调车指挥人所在位置确认前方进路有困难时,可指派调车组其他人员确认。

没有看到调车指挥人的起动信号,不准动车(但单机返岔子或机车出入段时,可根据扳道员显示的道岔开通信号或调车信号机显示的允许运行的信号动车)。无扳道员和调车信号机时,调车指挥人确认道岔开通正确(如为集中操纵的道岔,还须与操纵人员联系)后,向司机显示起动信号。

非集中区调车作业时,要认真执行要道还道制度。扳道员之间的要道还道办法及集中区与非集中区间的作业办法,在《站细》内规定。连续溜放和驼峰解散车辆时,第一钩应实行要道还道制度(集中联锁设备除外),从第二钩起,按调车作业通知单的要求扳动道岔。

动车组调车作业时原则上采用自走行方式,并应执行下列规定:

(1)司机应在动车组运行方向的前端操作,前方进路的确认由动车组司机负责。在不得已情况下必须在后端操作时,应指派随车机械师或其他胜任人员站在动车组运行方向的前端指挥,发现危及行车或人身安全时,应立即使用紧急停车按钮(紧急制动装置)或通知司机停车。后端操作时,速度不得超过 15 km/h。

(2)禁止连挂其他机车车辆(救援机车、附挂回送过渡车、动车组无动力调车时的调车机车、公铁两用牵引车除外)调车。

四、调车作业连结软管及货物堆放要求

1. 调车作业连结软管规定

由于在调车作业中需要频繁摘、挂车辆,一般情况下,被调动的车列(组)都是在排

风、掐管状态下，主要依靠机车制动力减速停车，但有时因特殊作业性质、地形困难、带车数过多等原因，单靠机车制动力不足以保证作业安全，此时需连结一定数量的软管以增加车列(组)的制动力。

转场或在超过 2. 5‰坡度的线路上调车时(驼峰作业除外)，10 辆及以下是否需要连结软管及连结软管的数量，11 辆及以上必须连结软管的数量，以及以解散作业为目的的牵出是否需要连结软管，由车站和机务段根据具体情况共同确定，并纳入《站细》。动车组调车作业必须连结全部软管。

2. 货物堆放要求

在线路两旁及站台上堆放货物时，为不影响调车人员安全通行、显示信号及上下车等，做出如下规定：

线路两旁堆放货物，距钢轨头部外侧不得小于 1. 5 m。站台上堆放货物，距站台边缘不得小于 1 m，如图 1-25 所示。货物应堆放稳固，防止倒塌。不足上述规定距离时，不得进行调车作业。

图 1-25　货物堆放要求

任务实施

任务单：

分岗模拟“任务引入”中调车长、连结员牵引过程中的事故过程，学习过程中遵守课堂要求，根据信号传递及发送过程、线路停留车情况，分析事故原因，明确调车有关人员岗位职责及违章操作的危害。

实施要点	完成情况记录
1. 明确调车作业前准备事项	
2. 熟知调车信号的确认、显示原则	
3. 熟知调车进路的确认分工	
4. 明确调车安全的重要性	

任务评价

任务测评	评分标准	本人自评得分（20%）	小组互评得分（20%）	教师评价得分（60%）	综合得分
知识点掌握（30分）	1. 了解调车作业计划的布置相关规定与作业前准备工作 2. 了解调车信号的确认与显示原则				
技能点运用（40分）	1. 能够正确执行调车作业计划的相关规定 2. 会根据调车信号、调车进路、连结软管等规定进行调车作业				
职业素养（30分）	1. 践行严谨认真、吃苦耐劳的精神 2. 遵守作业安全、人身安全规定 3. 团结合作，有序分组，按时完成任务				
综合评价					

学生思考反馈

思考总结	
心得分享	

任务四　调车作业的其他规定

任务描述

通过本任务，应能够掌握铁路调车中速度限制及安全距离规定、溜放调车限制、手推调车及在正线和到发线上的调车作业、越出站界、跟踪出站调车、机车车辆的停留与防溜和电气化区段调车作业规定。牢记安全责任重于泰山，践行工作中严谨认真、一丝不苟的敬业精神。

任务导入

事故描述：×年×月×日，×编组站驼峰处，在指挥调车作业过程中，调车长因疏忽，在调车作业通知单中未看到禁溜标识，传达及执行计划时调车人员未发现存在问题，误将禁溜车送上驼峰，在溜放调车途中因该车辆重心过高造成车辆侧翻。

请思考：

调车过程中对溜放调车有哪些限制？

知识准备

一、调车速度限制及安全距离

调车作业要做到安全、迅速、准确，就必须正确掌握调车速度。调车速度是根据调车作业的特点，调车时所经过线路、道岔的允许速度，调动特殊构造的车辆或装载特殊货物车辆的速度要求，以及保证调动车列运行中的安全而规定的。作业中还应根据带车多少、调车人员技术水平、气候条件和溜放距离远近等条件，由司机和调车指挥人员共同掌握。

进行调车作业的司机，必须严格按照《技规（普速铁路部分）》、《铁路技术管理规程（高速铁路部分）》[以下简称《技规（高速铁路部分）》]、《铁路调车作业》等有关规章规定的限制速度和调车指挥人的信号操纵机车，在任何情况下，不准超速作业。调车指挥人除了注意观速、观距，及时准确地显示信号外，还要准确掌握速度，不准超过规定，若发现司机超速危及安全时，必须立即显示停车信号。

调车作业要准确掌握速度及安全距离，并遵守下列规定：

（1）在空线上牵引运行时，不准超过 40 km/h；推进运行时，不准超过 30 km/h。

动车组后端操作时，不准超过 15 km/h。调车作业中的车辆大多处于排风状态没有制动力，当机车与车辆连挂在一起时，调车车列的减速、停车均主要依靠机车本身的制动力，车辆的惯性对机车的冲击力较大。此外，车站内分布较多道岔，部分线路曲率较大，同时调车需频繁起停及跨越线路，调车速度过快易造成制动距离过长甚至撞车事故。

当机车在前方牵引运行时，司机相比其他调车人员来说瞭望条件最好，所以由司机负责掌握调车速度，运行速度不准超过 40 km/h，该速度为调车的最高速度。当机车在后方推进运行时，司机瞭望条件差，由调车指挥人负责瞭望前方进路并观速观距，如调车指挥人所在位置确认前方进路有困难时，可指派调车组其他人员在车列的前端负责瞭望，再将信号传递给调车指挥人，司机需依靠调车指挥人中转信号操控机车。由于中转信号需要时间，为防止司机因制动不及时带来安全隐患，故降低推进运行的速度，规定不准超过 30 km/h。

（2）调动乘坐旅客或装载爆炸品、气体类危险货物、超限货物的车辆时，不准超过 15 km/h。

为保证旅客生命财产安全与乘坐时的舒适度，防止易燃易爆等危险货物在高速调车或紧急制动时被引燃，以及因超限货物窜动导致的意外事故，要严格控制调车速度，不准超过 15 km/h。调动装载超限货物的车辆时，调车领导人应提前将相应作业限制通知调车组及其他作业人员，以确保作业安全。

(3) 距停留车位置十、五、三车(110 m、55 m、33 m)时，速度分别不应超过 17 km/h、12 km/h、7 km/h，接近被连挂的车辆时，不准超过 5 km/h。

在进行连挂作业时，速度过快易造成机车与车辆间(单机挂车)或车辆与车辆间(带车连挂)的冲击力过大，轻则导致车钩或其他部位损坏，甚至因撞击力较大使得车门弹开、货物窜出或受损，重则酿成事故，应严格控制连挂速度，距待挂车辆越近，速度越慢，直至安全连挂。

调车组人员在车列前端判断与待挂车辆距离(110 m、55 m、33 m)并分别向调车指挥人传递距离信号(十车、五车、三车)，司机根据调车指挥人的距离信号(十车、五车、三车)控制车速(不超过 17 km/h、12 km/h、7 km/h)。由于中转信号需要时间，所以尽量打好提前量。单机挂车时，司机瞭望条件好，因此可自行控制连挂速度，此时调车人员无需向司机显示距离信号。为平稳连挂，保证车辆及货物完整，接近被连挂的车辆时，不准超过 5 km/h。

(4)推上驼峰解散车辆时的速度和装有加、减速顶的线路上的调车速度，在《站细》内规定。经过道岔侧向运行的速度，由工务部门根据道岔具体条件规定，并纳入《站细》。

(5)在尽头线上调车时，距线路终端应有 10 m 的安全距离；遇特殊情况，必须近于 10 m 时，要严格控制速度。

尽头线末端一般均设有车挡或端部站台，取送车时，因机车在另一端，在制动距离掌握上稍有不慎，则可能与车挡或端部站台碰撞而造成事故，故规定有 10 m 的安全距离。遇必须在端部站台装卸货物或因货位紧张利用安全距离内的线路进行装卸作业要求车辆进入 10 m 之内时，必须严格控制速度。为保证作业安全，在接近车挡或尽头站台 10 m 以内取、送车辆时，距车挡、尽头站台等适当距离处应一度停车，再以不超过 3 km/h 的速度连挂，或靠近尽头站台。

(6)电力机车、动车组在有接触网终点的线路上调车时，应控制速度，距接触网终点标应有 10 m 的安全距离；遇特殊情况，必须近于 10 m 时，要严格控制速度。

在电气化铁路区段，为避免电力机车、动车组因调车速度过高，制动不及时冲出接触网终点标，挂坏机车和接触网等设备，进入到无电区，因此规定距接触网终点标应有 10 m 的安全距离。

(7)旅客未上下车完毕，除本务机车、补机摘挂作业外，不得进行旅客列车(车底)的连挂作业。

(8)遇天气不良等非正常情况，应适当降低速度。由调车指挥人根据天气情况、非正常情况，如邻线线路施工或发生事故，其人员和机械工具随时可能侵入本线限界时，允许调车领导人向调车人员提出限制速度的要求，以确保调车作业安全。

二、溜放调车限制

在解体时采用溜放调车法的效率明显高于推送调车法，但由于溜出去的车组与机车分离后,主要依靠人力制动机或铁鞋、减速器等设备实现减速或停车,调速手段没有依靠机车制动力进行制动可靠,因此为保证溜放调车作业安全,对某些车辆、线路等提出一些限制。

禁止溜放的车辆、线路及其他限制:

(1)装有禁止溜放货物的车辆。

此类货物主要包括易燃易爆危险品、超限超长货物、贵重精密货物或易碎品等。由于使用人力制动机或铁鞋、减速器等设备制动时,易因晃动较大、闸瓦摩擦生热产生高温甚至火星,损坏货物、引燃引爆危险品,故禁止溜放,只能采用推送调车法。

(2)非工作机车、铁路救援起重机、大型养路机械、机械冷藏车、凹型车、落下孔车、客车、动车组和特种用途车。

上述车辆因构造或用途比较特殊,如重心较高、车身较长导致走行不便,机械冷藏车内部精密仪器较多,客车、动车组等如发生冲撞造成车辆损坏后果很严重,故禁止溜放。对上述禁止溜放的车辆,发站应在车辆两侧"票插"内揭挂"禁止溜放"或"限速连挂"表示牌。调车领导人应在调车作业通知单上注明"禁止溜放"或"限速连挂"符号,以便作业中掌握。

(3)乘坐旅客的车辆及停有该车辆的线路,停有动车组的线路。

为确保旅客生命财产安全,严禁溜放乘坐旅客的车辆,同时禁止向停有该车辆的线路及停有动车组的线路溜放调车,防止发生人员伤亡事故及动车组损坏。

(4)超过2.5‰坡度的线路(为溜放调车而设的驼峰和牵出线除外)。

2.5‰坡度指线路有效长内的平均坡度。由于溜出的车组在上述坡度的线路上受到重力加速度的作用,使车组逐渐加速,若制动不及时可能造成冲突、脱轨、挤岔子等事故。

(5)停有正在进行技术检查、修理、装卸作业车辆及无人看守道口的线路。

正在检修的车辆,车下和附近常有检修作业的人员和工具;正在装卸的车辆,车内外有工人和起重、搬运机具工作,如溜放调车制动不及时,冲进作业区可能造成事故和人身伤亡;无人看守的道口,行人、车辆横越线路频繁,溜放调车不易控制速度,遇意外情况会造成伤亡事故。

(6)停有装载爆炸品、气体类危险货物车辆的线路。

一旦溜放调车调速不当造成撞车,可能发生爆炸或毒气泄漏等严重后果,上述车辆应固定线路停留,两端到处开通临线并加锁。

(7)停留车辆距警冲标的长度,容纳不下溜放车辆(应附加安全制动距离)的线路。

车辆在线路上停留时,为防止与临线机车车辆发生侧面冲撞,应停于警冲标内方。当停留车辆距警冲标的长度不够容纳溜放车辆,将造成压标或压岔子,危及临线作业安全。

(8)中间站正线、到发线及与其衔接而未设隔开设备的线路。

中间站股道少,咽喉区短,一旦制动不当,车辆溜进区间,极易与列车发生冲突,造成严重后果。

(9)调车组不足 3 人时,禁止溜放作业。

溜放调车作业必须有一人指挥机车,一人提钩作业,一人实施制动,至少需三人。

(10)不准采用牵引溜放法调车。

采用牵引溜放法是指调车机车牵引车列快速运行,途中摘钩,机车加速与车辆拉开距离后扳动道岔,使机车与车列进入不同股道。这种调车方法对司机、调车人员、扳道员相互的配合要求较高,倘若速度大小、提钩时机、扳道时机掌握不当,都可能造成严重后果,因此不准采用。

除上述情况外,遇有降雾、暴风、雨、雪等不良气候或照明不足、确认信号和停留车位置有困难时,车辆人力制动机失效而又不具备使用铁鞋等制动条件时,制动人员不足或使用人力制动机未配挂安全带时,为保证作业安全,均不得溜放调车。

三、手推调车及在正线、到发线上的调车作业

1. 手推调车规定

手推调车一般是在缺乏动力的情况下,按有关规定,利用人力或其他机械设备短距离移动车辆达到调移或对货位等目的。手推调车是一种辅助调车形式,但在一些中间站,由于缺少调车动力,手推调车经常被采用。

手推调车,须取得调车领导人的同意,人力制动机作用必须良好,有胜任人员负责制动。手推调车速度不得超过 3 km/h。下列情况,禁止手推调车:

(1)在正线、到发线及超过 2.5‰坡度的线路上(确需手推调车时,须经铁路局集团公司批准),这里 2.5‰坡度指的是线路的实际坡度。

(2)在停有动车组的线路上。

(3)遇暴风雨雪或夜间无照明时。

(4)接发列车时,与接发列车进路没有隔开设备或脱轨器的线路,向能进入接发列车进路的方向。

(5)装有爆炸品、气体类危险货物的车辆。

(6)电气化区段,接触网未停电的线路上,对棚车、敞车类的车辆。

(7)动车组禁止手推调车。

2. 在正线、到发线上的调车作业

站内正线、到发线主要是办理列车通过和接发列车的。

在正线、到发线上调车时,要经过车站值班员的准许。在接发列车时,应按《站细》规定的时间,停止影响列车进路的调车作业。车站值班员是接发列车的指挥者,掌握列车运行情况及正线、到发线运用,对列车运行情况应当心中有数。

接发旅客列车时,与接发列车进路没有隔开设备或脱轨器的线路,不准向能进入接发列车进路的方向调车。本务机车在停留线路内摘挂、列车拉道口时除外。

车站值班员要认真掌握机车出入段的经路。有固定机车走行线时,出入段机车必须走固定走行线。机车固定走行线上禁止停留机车车辆。没有固定走行线或临时变更走行线时,应通知司机经路(集中联锁的车站除外),司机按固定信号或扳道员显示的允许运行的信号行车。

有特殊困难的车站,确需调车时,制定安全措施,由铁路局集团公司批准。

在高速铁路的正线、到发线上调车时,须经过列车调度员(车站控制时为车站值班员)准许。接发列车时,应按《高速铁路行车组织细则》规定的时间,停止影响列车进路的调车作业和对列车运行安全有影响的其他作业。调车作业中,应执行钩钩联系制度:每钩作业前,司机(调车指挥人)应主动向列车调度员(车站负责办理调车进路时为车站值班员或车务应急值守人员)请求进路;进路准备妥当后,列车调度员(车站值班员或车务应急值守人员)方可通知司机(调车指挥人)。

四、越出站界、跟踪出站调车

1. 越出站界调车

越出站界调车是指利用空闲区间(闭塞分区),越过进站信号机或站界标进行调车作业。

越出站界调车时,双线区间正方向,必须区间(自动闭塞区间为第一个闭塞分区)空闲;单线自动闭塞区间,闭塞系统必须在发车位置,第一个闭塞分区空闲,经车站值班员口头准许并通知司机后,方可出站调车。

单线半自动闭塞区间和双线反方向出站调车时,须有停止使用基本闭塞法的调度命令,与邻站办理闭塞手续,并发给司机出站调车通知书。

其中,高速铁路的越出站界调车规定:

(1)越出站界调车时,必须区间(自动闭塞区间正方向为第一个闭塞分区)空闲,单线区间闭塞系统必须在发车位置;由列车调度员发布准许越出站界调车的调度命令后,方可进行。

(2)越出站界调车期间,相邻站(线路所)禁止向该区间放行列车。越出站界调车作业完毕,司机或调车指挥人应报告列车调度员(车站负责办理调车进路时为车站值班员或车务应急值守人员)。车站值班员、车务应急值守人员应及时报告列车调度员,列车调度员通知两端站(线路所)后方可组织行车。

(3)需在未设调车信号机的线路上调车作业时,根据需要可按越出站界调车作业办理,办理列车进路(进、出站信号机常态为灭灯时,应点灯),由列车调度员发布准许越出站界调车的调度命令,司机根据调度命令和进、出站信号机的显示进行调车作业。

2. 跟踪出站调车

跟踪出站调车是指在单线区间和双线正方向线路上,按有关规定,跟随在出发列车后面越过进站信号机或站界标进行的调车作业。

跟踪出站调车，只准许在单线区间及双线正方向线路上办理，并须经列车调度员口头准许，取得邻站值班员承认的电话记录号码，发给司机跟踪调车通知书。在先发列车尾部越过预告、接近信号机（或靠近车站的第一个预告标）或《站细》规定的间隔时间后，方可跟踪出站调车，但最远不得越出站界 500 m。

遇下列情况，禁止跟踪出站调车：

（1）出站方向区间内有瞭望不良的地形或有长大上坡道（站名表由铁路局集团公司公布）。

（2）先发列车需由区间返回，或挂有由区间返回的后部补机。

（3）一切电话中断。

（4）降雾、暴风雨雪时。

（5）动车组调车作业。

跟踪调车作业完毕，车站值班员确认跟踪调车通知书收回后，向邻站发出电话记录号码。列车虽已到达邻站，但跟踪调车通知书尚未收回时，禁止办理区间开通手续。

五、机车车辆的停留与防溜

1. 机车车辆的停留

警冲标是用来指示机车车辆停车时，不准向道岔方向或线路交叉点方向越过，以防止停留在该线上的机车车辆与邻线上的机车车辆发生侧面冲突的标志。

机车车辆必须停在警冲标内方。调车作业中，车辆临时停在警冲标外方时，一批作业完了后，应立即送入警冲标内方。因特殊情况需在警冲标外方进行装卸作业时，须经车站值班员、调车区长准许，在不影响列车到发及调车作业的情况下方可进行，装卸完了后，应立即送入警冲标内方。

安全线及避难线上，禁止停留机车车辆；在超过 6‰坡度的线路上，不得无动力停留机车车辆。

装载爆炸品、气体类危险货物的车辆及救援列车，必须停放在固定的线路上，两端道岔应扳向不能进入该线的位置并加锁；临时停留公务车线路上的道岔也应扳向不能进入该线的位置并加锁。集中操纵的道岔可在控制台上进行单独锁闭。

其中，有动车组以外的旅客列车上线运行的高速铁路，在动车组运行时段，除动车组、旅客列车车底及本务机车外，车站正线、到发线不应停留其他机车车辆。特殊情况下确需在到发线停留时，由铁路局集团公司制定相应安全措施；仅运行动车组列车的高速铁路，在动车组运行时段，车站正线、到发线不应停留动车组以外的其他机车车辆。特殊情况下确需在到发线停留时，由铁路局集团公司制定相应安全措施。

2. 机车车辆的防溜

溜逸是指停留在线路上的机车车辆，由于未采取止轮措施或止轮措施不当，导致车辆的自然移动。车辆溜逸可能造成车辆溜入区间或其他作业地点撞车、撞人，后果十分

严重,因此防溜工作至关重要。其中,防溜器具揭示符号规定如下:

(1)人力制动机——⊗。

(2)铁鞋(止轮器)——或。

(3)人力制动机紧固器—— $1 或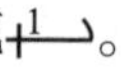。

(4)停车器——‖。

(5)防溜枕木——。

注:符号中数字根据实际使用的器具编号填记。

编组站、区段站在到发线、调车线以外的线路上停留车辆,不进行调车作业时,应连挂在一起,并须拧紧两端车辆的人力制动机,或以铁鞋(止轮器、防溜枕木等)牢靠固定。因装卸车对货位等情况,不能连挂在一起时,应分组做好防溜措施。

中间站停留车辆,无论停留的线路是否有坡道,均应连挂在一起,拧紧两端车辆的人力制动机,并以铁鞋(止轮器、防溜枕木等)牢靠固定。因装卸车对货位等情况,不能连挂在一起时,应分组做好防溜措施。一批调车作业中临时停留的车辆,须拧紧两端车辆的人力制动机或以铁鞋(止轮器)止轮。

编组站和区段站的到发线、调车线是否需要防溜以及作业量较大中间站执行上述规定有困难时,由铁路局集团公司规定。

动车组无动力停留时,有停放制动装置的动车组,由司机负责将动车组处于停放制动状态;动车组无停放制动装置或在坡度为20‰以上的区间无动力停留时,由司机通知随车机械师进行防溜,防溜时使用止轮器牢靠固定。动车段(所)内动车组防溜办法由铁路局集团公司规定。

重联动车组在设置止轮器防溜时,仅设置前列。

如需在同一股道内停留两列不重联的动车组时,两列动车组间应间隔不小于20 m的安全防护距离(动车段、动车所内的股道除外),并分别做好防溜。

车辆在高速铁路车站停留时,应连挂在一起,拧紧两端车辆的人力制动机,并以铁鞋牢靠固定。特殊情况下分组停放时,应分别采取防溜措施。一批作业中临时停留的车辆,须拧紧两端车辆的人力制动机或以铁鞋止轮。调车作业实行"谁作业、谁防溜(撤除)"的原则,防溜措施的设置和撤除由调车人员(机车及自轮运转特种设备为司机,其他无调车人员的为设备使用单位人员)负责。

六、电气化区段调车作业规定

电气化铁路的调车工作在一些主要环节上,如领导指挥、计划、联系、检查确认、信号、速度等与非电气化铁路的规定、办法基本相同。但是由于牵引供电设备的影响,在某些调车作业方法上和个别环节上,也必须做一些相应地改变或限制。正确了解和掌握电气化铁路调车工作的特点和限制,对于提高调车效率,保证作业安全具有重要作用。

电气化铁路车站,特别是编组站、区段站和调车作业量较大的中间站、货运站、客运站,由于调车活动范围广,而调车线和大部分的货物线、专用线均未挂接触网,电力机车无法进入这些线路进行调车作业。所以,电气化铁路车站一般均采用内燃机车作为调车机车。当利用电力机车调车时,调车领导人须在“调车作业通知单”中注明接触网终端地点。如利用正线调车而区间停电时,调车作业计划中还应注明“区间停电”字样。调车作业计划还应注明线路“有电”“无电”字样。调车人员必须确认隔离开关开闭状态后方准作业,避免将电带入无电线路。

1. 电气化区段调车人身安全规定

电气化铁路车站接触网导线,在最大弛度时距离钢轨顶面的最小距离,在编组站、区段站和个别较大的中间站为 6 200 mm;在一般的中间站为 5 700 mm。接触网带电部分有 25 kV 的高电压,为了保证调车人员人身安全,除牵引供电专业人员可按规定的程序和措施,使用各种绝缘工具进行带电作业外,其他任何人员(包括携带的物件)与接触网带电部分均应保持 2 000 mm 以上的安全距离,以防触电。在雷、雨、风雪天气严禁在接触网下打伞;接触网下通过或作业时,严禁携带导电物品;禁止使用金属制作的手信号旗杆。

2. 禁止使用人力制动机制动的车辆

根据我国铁路调车作业人员的高度(包括举起手持信号旗高出头部的高度、各种货车人力制动机踏板台的高度),为了保证调车人员与接触网带电部分保持 2 000 mm 的安全距离,在带电的接触网线路上进行调车时,禁止登上棚车(在区间或中间站禁止登上敞车和棚车)行走或使用人力制动机制动;在敞车、平车上使用人力制动机制动时,不准踏在高于人力制动机踏板台的车帮上或货物上。

根据上述规定,编组站、区段站和个别较大的中间站,禁止在接触网最低高度为 6 200 mm 的线路上溜放棚车;在一般的中间站上,即使具备了溜放调车的其他条件,也因接触网最低高度为 5 700 mm,亦禁止溜放棚车、敞车。这种情况下,只能允许采用推送调车法进行调车。电气化区段,接触网未停电的线路上,对棚车、敞车类的车辆禁止手推调车。

为了保证在接触网有电的线路上使用人力制动机制动的安全,有的铁路局集团公司规定使用人力制动机前,应事先在无接触网的牵出线上做好人力制动机的检查、选择和试验,禁止在接触网有电的情况下跨越车辆,显示各种手信号。溜放前,应注意检查接触网导线是否完好,有无线头、绳索等物件挂在导线上面。如有危及人身安全的情况,应立即通知接触网工区,并停止该线上的一切调车作业,必要时应设置防护。

3. 电力机车推送车辆进入无电区的作业方法

我国电气化铁路车站的站线和专用线,尚有一部分未挂接触网导线。例如,采用各种跨线式和旁置式起重机进行装卸作业的货物线,设有漏斗式的线路,以及为了防止电力机车受电弓与接触网导线发生闪烙(火花)而危及安全的油库线等,一般都不设接触网,大多数采取两头或一头挂网的办法。对于这些未挂接触网或接触网因故临时停电的线路,由电力机车担当调车作业时,可采用“长竿钓鱼”的方法,进入无电区进行调车作业。

所谓“长竿钓鱼”,是指电力机车顶着一定数量的车辆作为“隔离车”,使车辆进入无电区进行摘挂或配对货位,而电力机车本身并不进入无电区,始终保持在接触网供电的条件下进行调车作业的一种方法,如图 1-26 所示。

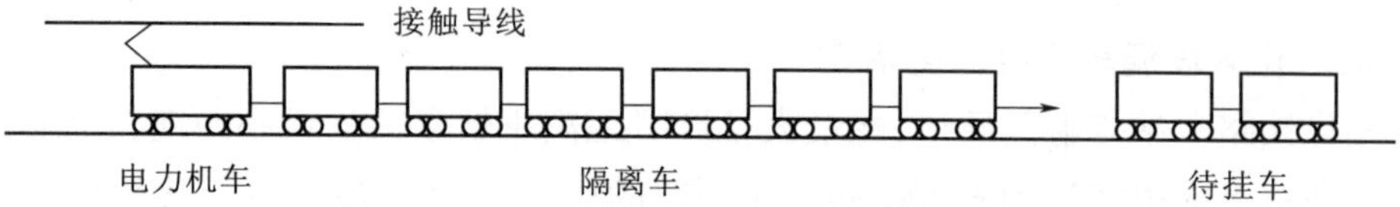

图 1-26 “长竿钓鱼”调车作业方法

采用“长竿钓鱼”的调车方法存在一些不安全因素,而且有可能增加了调车作业中机车的带车数,延长调车作业时分,一般不宜采用。只有当电力机车须进入无电区摘挂车辆或担当事故救援等特殊情况下方可采用,并应注意以下几点:

(1)要有足够数量的车辆作“隔离”,保证“隔离车”进入无电区作业时,电力机车与接触网终点标或区分绝缘器仍有 1～2 车的安全距离,严防电力机车进入无电区。

(2)调车领导人应亲自或通过调车指挥人向司机和参加调车作业的有关人员口头传达安全注意事项,并在调车作业通知单(示意图)的附注栏内记明“无电区”字样,以提醒注意。

(3)调车指挥人应亲自或提前派人检查线路和停留车情况,必要时应派人显示停留车位置,如股道内正在进行货物装卸或接触网检修等作业时,应通知有关人员停止作业,确认作业人员和机具撤离至安全地点后,方可进入该线进行调车作业。

任务实施

任务单:

分岗模拟任务引入中调车长、连结员传达计划过程,学习过程中遵守课堂要求,根据计划内容、注意事情等情况,分析事故原因,明确调车有关人员岗位职责及违章操作的危害。

实施要点	完成情况记录
1. 明确调车速度规定	
2. 熟知禁止溜放的车辆、线路及其他限制	
3. 掌握传达计划的注意事项	
4. 明确调车工作中“一点不差、差一点也不行”的重要性	

任务评价

任务测评	评分标准	本人自评得分（20%）	小组互评得分（20%）	教师评价得分（60%）	综合得分
知识点掌握（30分）	1. 了解调车速度限制及安全距离规定 2. 了解溜放调车的限制、手推调车的规定 3. 掌握机车车辆停留与防溜规定、电气化区段调车限制				
技能点运用（40分）	1. 能在安全调车速度和距离范围内进行调车作业 2. 能判断是否符合溜放调车、越出站界、跟踪出站条件 3. 能正确对停留车辆采取相应防溜措施				
职业素养（30分）	1. 明确安全责任重于泰山的职业责任感 2. 养成细心、耐心的习惯，具有良好的沟通能力				
综合评价					

学生思考反馈

思考总结	
心得分享	

国民经济大动脉

自豪的中国高速铁路

《“十四五”铁路标准化发展规划》（以下简称《规划》）指出，“十四五”时期是我国全面建成小康社会、实现第一个百年奋斗目标之后，乘势而上开启全面建设社会主义现代化国家新征程、向第二个百年奋斗目标进军的第一个五年，也是加快交通强国建设、推动铁路高质量发展的关键时期。标准是经济活动和社会发展的技术支撑，是国家基础性制度的重要方面。标准化在推进国家治理体系和治理能力现代化中发挥着基础性、引领性作用。

“十四五”时期铁路标准化工作发展主要目标是，到2025年，铁路标准体系谱系化、一体化水平显著提升，铁路标准体系进一步优化整合，更加系统完备、协调完善。标准更加先进适用，发布实施铁道国家标准和铁道行业标准200项以上，团体标准和企业标准质量显著提升。更好满足铁路建设发展、安全运营等实践需要。参与国际标准化活动能力不断增强，主持及参与国际标准数量进一步上升，国际影响力和贡献度大幅提升，适用国际标准转化率达到95%以上。标准化基础不断夯实，工作体制机制更加健全，标准化技术机构管理更加规范，标准化专业人才满足发展需要。标准实施监督机制更加完善，实施成效更加显著。

《规划》明确，"十四五"时期铁路标准化工作聚焦四大主要任务，一是构建铁路标准体系新格局。从优化装备技术标准子体系、提质工程建设标准子体系、健全运输服务标准子体系三方面推进政府主导制定标准，鼓励团体标准、企业标准创新发展。二是强化重点领域标准制修订。围绕"装备技术、工程建设、运输服务"领域设置三个专栏，提出机车车辆、勘测、运输组织等17个方面重点标准。三是深化铁路标准化交流合作。提出积极参与国际标准制修订，开展国际标准化宣传，跟踪国际标准动态，加强标准翻译管理等四方面任务。四是加强铁路标准化基础研究。从安全管理、系统装备、基础设施、安全防灾、绿色低碳等了方面开展核心技术研究，推动标准化与科技创新互动发展。

头脑风暴

读完上述材料，你有何感想？

____

____

____

复习思考题

1. 车站按其技术作业的不同可分为哪几种？
2. 铁路线路可分为哪几类？
3. 在进行越区、转场作业时有哪些规定？
4. 铁路机车按所用动力可分为哪几类？调车机车有哪些特点？
5. 铁路货车中的哪几类统称为通用货车？
6. 一般货车由哪五个基本部分组成？
7. 什么是调车？调车按其目的可分为哪几类？
8. 调车作业"九固定"有哪些？
9. 铁路调车必须实行统一领导与单一指挥，其中调车指挥人是谁？
10. 调车作业中，调车长职责有哪些？
11. 中间站利用本务机车调车时，变更调车作业的规定是什么？
12. 调车中十、五、三车的距离信号分别代表距离停车位置（或停留车位置）多少米？
13. 在调车作业中，推进车辆运行时，前方进路的确认由谁负责确认？

14. 在线路两旁堆放货物,距钢轨头部外侧不得小于多少米?站台上堆放货物,距站台边缘不得小于多少米?

15. 在空线上牵引运行时,速度不准超过多少?推进运行时,速度不准超过多少?

16. 距停留车位置十、五、三车时,速度分别不应超过多少?

17. 在尽头线上调车时,距线路终端应有多少米的安全距离?

18. 调车组不足几人时,禁止溜放作业?

19. 手推调车,须取得调车领导人的同意,人力制动机必须作用良好,由胜任人员负责制动。手推调车速度不得超过多少?

20. 什么叫越出站界调车?越出站界调车有哪些规定?

21. 编组站、区段站在到发线、调车线以外的线路上停留车辆,不进行调车作业时,应怎样防溜?

22. 电气化区段调车时,在一般的中间站上,禁止溜放哪几种的货车?

项目二　铁路调车通信信号使用

项目描述

本项目将了解铁路调车作业中通信信号设备种类和意义，了解无线调车灯显设备功能，明确无线调车灯显、手信号、信号表示器的显示意义等，掌握无线调车灯显设备的使用方法和技术要求，掌握铁路调车手信号的操作标准和技术要求，培养遵章守纪、团结合作的职业精神，具备调车岗位的职业能力。

学习目标

通过学习，培养遵章守纪、爱岗敬业的职业道德；培育安全责任意识和爱国爱路的家国情怀。了解铁路调车作业中通信信号设备种类和意义，掌握无线调车灯显设备的使用要求、使用方法、常见故障的处理，会使用无线调车灯显设备，能处理常见故障。掌握调车手信号、信号表示器的显示意义，掌握常用手信号使用方法和要求，明确连结员、调车长相关岗位的基本技术要求。

思维导图

本项目思维导图如图 2-1 所示。

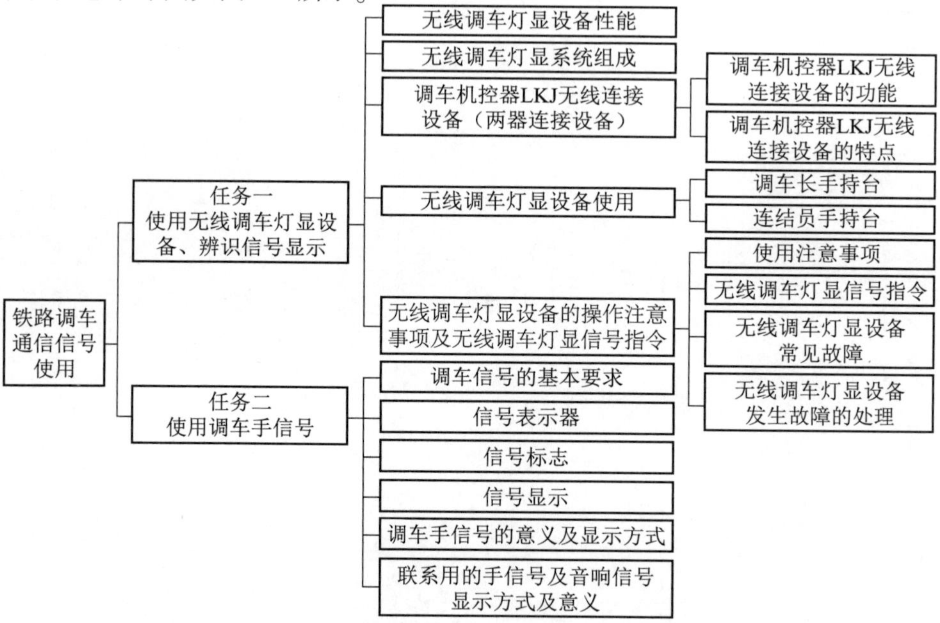

图 2-1　铁路调车通信信号使用思维导图

任务一 使用无线调车灯显设备、辨识信号显示

任务描述

无线调车灯显设备的应用提高了调车作业效率、减轻调车人员的劳动强度，已成为铁路调车的主要工具。调车作业人员应了解无线灯显调车设备功能，掌握无线调车灯显设备的使用方法和技术要求，明确信号显示意义。

任务导入

调车作业准备：某站线路示意如图2-2所示，调车组利用0001号调车机车执行1号调车作业计划，计划5钩：7+1西出、5道过磅、4+12、3-2、4-11完开。

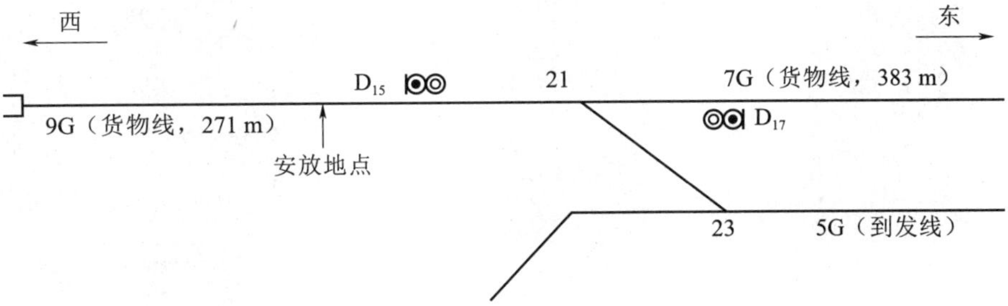

图2-2 某站线路示意

调车作业要求：进行准备工作，检查线路、无线灯显调车设备使用、按照岗位要求进行试机，显示股道号码，按要求设置防护信号。

知识准备

一、无线调车灯显设备性能

无线调车灯显设备应用于调车作业，不仅从根本上改变了使用灯、旗的传统作业方式，实现了调车指挥的重大变革，而且对保证调车作业安全、提高调车作业效率、减轻调车人员的劳动强度发挥了很大作用。无线调车灯显设备已成为铁路调车的主要工具。

采用无线调车灯显设备，并使用规定频率，其显示方式须符合有关要求，无线调车灯显设备应与列车运行监控装置配合使用。对灯显以外的作业指令，采用通话方式，无线调车灯显设备发生故障时，改用手信号调车。无线调车灯显设备，无线调车机车信号和监控系统的使用、维修及管理办法由企业规定。

二、无线调车灯显系统组成

无线调车灯显系统由机车设备、移动设备、固定设备和附属设备组成。这些设备之间的联系主要依赖于手持台(图 2-3)。

1. 机车设备

机车设备以机车控制器(图 2-4,以下简称机控器)为核心,分为固定式和便携式,完成调车指令的识别、显示。主屏显示调车作业灯显、文字,同时可兼容作业单,在推进状态下,即使调车组与区长及司机之间通话,机控器仍然可以接收并响应任一调车人员发出的调车指令。外围设备包括司机话盒、显示器和外接扬声器。

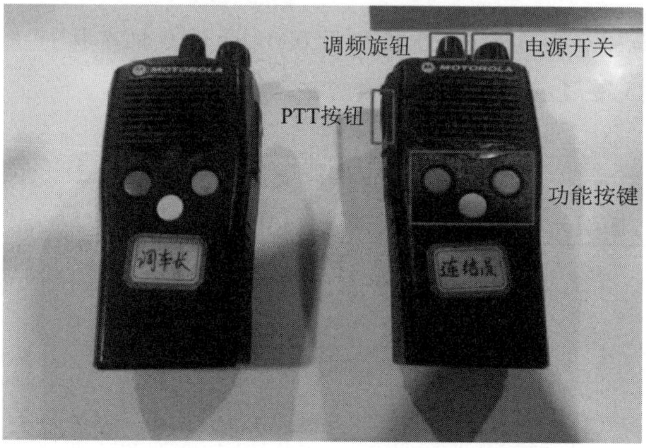

图 2-3　手持台

图 2-4　机控器

(1)固定无线调车灯显设备机控器安装、拆除的规定。

驻站调机使用的机控器及附属设备由司机负责保管,机车入段检修前,由机务段通知车站拆卸机控器及话盒,其他固定在机车上的附属设备暂由机务部门保管。机车厂修前,机务段应提前通知车站,车站应及时拆卸所有无线调车灯显设备并在机车出厂后按原位安装调通。

固定替班调车机车上的灯显附属设备,由铁路局集团公司指定的车站负责安装,机务段负责保管。附属设备与机控器、机控器与机车监控装置的连接由车站负责。替班调车机车作业完毕后,有关车站应将机控器及话盒取回。替班机车厂修前,机务段应通知负责安装的车站并安排机车到站进行拆卸。

(2)便携机车控制器安置、连接的规定。

未安装无线调车灯显设备机控器的机车,担当调车作业时可使用便携机控器。作业开始前由调车指挥人将便携机控器送上机车,安置在适当位置与列车运行监控装置连接,并试验良好后方可作业;作业完了后由调车指挥人取回。在作业中变更机车运行方向需要移动、重新连接机控器时,由机车乘务员将便携机控器移至需要位置,车站负责连接。

2. 移动设备

移动设备主要包括调车长及连结员专用手持台。手持台主要用于调车人员向机车发送指令,从而指挥机车行动,还可以实现调车组人员与司机之间的通话。

3. 固定设备

固定设备以调车区长控制器为核心,解决调车区长与调车组之间的联系问题,由主机、话盒、天线及馈线组成。

三、调车机控器 LKJ 无线连接设备(两器连接设备)

1. 调车机控器 LKJ 无线连接设备的功能

调车机控器 LKJ 无线连接设备,主要完成平调机控器和调车机车之间的 LKJ 通信连接,解决调车作业过程中,LKJ 连接的通信状态不能自动监测和自动维护的问题,对安全隐患进行了有效控制,满足了调车作业的需求,提高了作业效率。

例如,在调车状态下,列车运行监控装置收到铁路无线调车灯显设备限定信号,需按信号控制速度。信号分为三类:

紧急停车类信号包括紧急停车,收到信号如速度不为零,立即实施紧急制动。

停车类信号包括停车和故障停车。停车信号,又分为接近连挂时的停车信号和非接近连挂时的停车信号两种情况。

非停车类信号包括推进、启动。连接溜放十车、五车、三车对十车、五车、三车信号,收到信号后,机车需在设定的距离前将速度控制到限制速度以下,否则输出制动指令。

2. 调车机控器 LKJ 无线连接设备的特点

(1)机控器调车信令通过无线传输,以无线数据发送给机车 LKJ 接线盒。

(2)机控器与机车 LKJ 连接可靠性实时监测,自动维护,通信链路异常告警。

(3)可以广泛适用于已在运输生产中的机控器机型和调车机车。

四、无线调车灯显设备使用

无线调车灯显设备正常时停用手信号,对灯显以外的作业指令采用通话方式。调车人员应该正确及时发出信号指令和用语,做到用语标准、吐字清晰。使用无线调车灯显设备指挥调车作业时,应执行单一指挥的原则,指挥机车的调车指令和用语只能由调车长发出。调车长于接班前后(作业前)应该认真组织调车组、司机等有关人员对无线调车灯显设备信令、通话等功能进行试验。

作业前,应该旋转电源开关打开手持台,按压手持台左侧的 PTT 按钮可以进行通话,按下红、黄、绿组合按键发送指令。

1. 调车长手持台

调车长是调车工作的指挥人,要通过手持台向调车组人员发布指令,同时与调车相关人员保持联系。

(1)手持台功能。

①具有发起和接收调车组成员通话功能。

②具有发起呼叫区长功能。

③具有在空闲、通话状态下向机控器发送调车信令并接收回示功能。

④具有在空闲、通话状态下向机控器发送测机信号功能。

⑤具有低电压报警功能。

(2)使用方法。

①标签上标有调车长标识,开机后,在手持台开机提示音结束后,手持台会语音报读“×调调车长”。

②停车信令。一般情况下按一下红键即可发出。除停车情况下,在操作过程中任何时候按住红键 1.5 s 也可发出停车信令。

③按键错误提示音。与指令表不符的按键操作都是错误指令,当出现错误指令时,手持台会发出“嘟……嘟……嘟”的错误提示音,其作用是提示按键错误,清除错误按键记忆。

④需要按住按键保持一定时间的信令。如起动:绿(2 s),需按住按键,直到听到信令发射提示音后再松开按键,这样才能发出相应的正确指令,否则会出现按键错误提示音或发出不符信令。

⑤组合键信令。须按两次或两次以上按键的信令为组合按键信令。发组合按键信令时,每次按键时间及两次按键之间的间隔时间长都不得超过 2 s,否则会出现按键错误提示音或发出不符信令。

⑥测机信号。调车长手持台发出机车行进指令后(推进、连结、溜放、十车、五车、三车、减速),每隔 5 s,会自动发出一个测机信号,这是手持台保持与机车联络的信号。如果机控器 15 s 内(3 次测机信号时间)收不到测机信号,则信号灯熄灭,同时提示“注意×号”,调车长听到后应马上补发相应的信令;机控器 20 s 内(4 次测机信号时间)收不到测机信号,则红 1 灯闪亮,同时提示“×号故障停车”。造成故障停车的原因主要有:

a. 调车手持台或信令板损坏。

b. 调车手持台与信令板之间连接器松动。

c. 手持台电池电量用尽。

d. 调车手持台与机控器距离太远或测机信号被干扰及屏蔽。

e. 人员频繁通话与测机信号冲突。

⑦距离信号。十车、五车、三车、一车(若设置有一车)为距离信号,只能按十、五、三、一顺序发送,也可不经过十车信号而直接发送五车或三车信号,或不经过十车、五车而直

接发送三车信号，但不能逆序发送或重复发送，只有发送停车、推进、连结、溜放这些信号后才可重新发送。

⑧机车行进期间，若制动员发送紧急停车指令后，调车长的信号将被封锁，但这时调车长应按一下红键，以停发测机信号，节省电池电量并保证调车组人员通话畅通。

2. 连结员手持台

连结员在调车工作中要接收指令，并发布与自身岗位标准相关的信令。

(1)手持台功能。

①具有发起和接收调车组成员通话功能。

②具有接收机控器回示功能。

③具有在调车长手持台发送测机信号的情况下，在推进领车时向机控器发送测机信号功能。

④具有在任何工作状态下发送紧急停车调车信令功能。

⑤具有解锁自身发送的紧急停车信令功能。

⑥具有低电压报警功能。

(2)使用方法。

①标签上标有制动员标识，开机后，在手持台开机提示音结束后，手持台会语音报读“×调×号”。

②连结员手持台不能发送行车指令，它只有两个键起作用，只能发送紧急停车和解锁指令。

③紧急停车指令。按住红键约 0.5 s，即可发紧急停车指令，机控器接收后，红 1 灯、红 2 灯同时点亮，语音提示两遍“紧急停车×号×号”。接收到紧急停车指令后，机控器将封锁调车长的一切指令，即调车长再发送的指令无效。

④按住解锁键 1 s，将发送解锁指令。语音回示两遍“×号解锁”。

⑤每个班次中的连结员人员编号不得相同。

⑥谁发的紧急停车指令，必须由谁来解锁，不同编号的连结员手持台无法互相解锁。若不同编号的连结员都发过紧急停车指令后，必须都解锁，机控器的红 2 灯信号灯才熄灭。这时，调车长的指令才会起作用。

⑦编号查询。司机若要查询未解锁连结员人员编号，只需连续按两下司机话盒通话键，机控器即可报出。

⑧连结员发送完紧急停车指令后，每隔 10 s 手持台会发出“嘟……嘟”的提示音，表示此连结员还没有发送解锁指令。

四、无线调车灯显设备的操作注意事项及无线调车灯显信号指令

调车长、连结员使用专用手持台需按照操作发送相应指令，司机收到指令后对车组进行控速。

1. 使用注意事项

(1)使用无线调车灯显作业时,取消手信号显示。调车人员应正确及时发出信号指令和用语,做到用语标准,吐字清晰(作业用语由铁路局集团公司规定)。遇无线调车灯显设备故障时,应及时采用调车手信号或听觉信号作业。

(2)使用无线调车灯显指挥调车作业时,应实行单一指挥的原则,指挥机车的调车信令和用语只能由调车长发出,当发现危及人身和行车安全时,其他调车人员应及时发出停车信号或用语,司机接收停车信令后,应立即停车。

(3)使用无线调车灯显调车作业时,不允许发出与调车作业无关的用语,其他无关人员不允许使用,不允许私自变更频率。调车长不允许向连结员、制动员放权使用,调车人员不到位,不允许指挥动车或作业,不允许简化调车作业程序。

(4)调车长于交接班和作业前,要认真组织调查人员,司机对无线调车灯显设备检查试机。

调车长呼调车组:"调车组试机。"并依次呼叫1号、2号等。

调车长呼叫司机:"(某调)司机试机。"调车长、连结员、制动员,操纵灯显按钮,依次试验按钮指令信号。

连结员、制动员接到调车长指令后应答:"1号好。""2号好。"

司机应答:"某调司机明白。"每次收到信令确认正确后,应答:"信号显示好。"

调车长全部试验完了,呼:"试机完毕。"

(5)调车作业中,需进入车挡或车下进行摘结软管。调整钩位等作业前,连结员、制动员应使用无线调车灯显及时向调车长汇报,得到同意后,按下紧急停车按钮方可进行作业。

作业人员发现危及行车和人身安全时,应使用紧急停车按钮,及时向司机发出停车指令。作业完毕或于停车原因消除后,发出停车指令的人员,应及时"解锁"。

(6)机控器安装,由车务段(站)与机务段商定,机控器的保管与安装由机车乘务员负责,机车大中修或返回时,由机务段提前24 h通知车站。根据双方协议派人拆除或安装。

(7)未安装机控器的机车,应当调车作业时可使用便携机控器,作业开始前,由调车人员将便携机控器送上机车,安置在适当位置,做完后由调车人员取回。在作业中需变更机车运行方向时,由机车乘务员将便携机控器移至需要位置。

(8)固定调车机车的车站应配备两台同一频率的便携机控器,一台使用一台备用。

(9)机控器须与机车的列车运行监控装置(LKJ)连接后方可使用。

2. 无线调车灯显信号指令

调车作业应采用无线调车灯显设备,并使用规定频率,其显示方式须符合有关要求。无线调车灯显设备应与列车运行监控装置配合使用,无线调车灯显设备的使用、维修及管理办法由铁路局集团公司规定。无线调车灯显信号的显示方式如图2-5所示。

无线调车灯显设备正常使用时停用手信号,对灯显以外的作业指令采用通话方式;

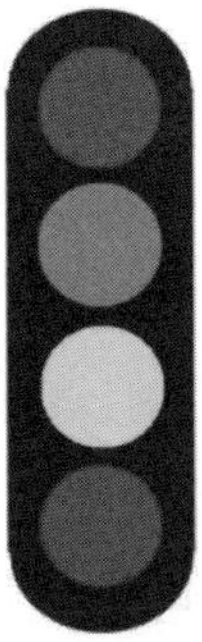

图 2-5　无线调车灯显信号的显示方式

无线调车灯显设备发生故障时，改用手信号作业。

(1)一个红色灯光——停车信号。

(2)一个绿色灯光——推进信号。

(3)绿色灯光闪数次后熄灭——起动信号。

(4)绿、红色灯光交替后绿色灯光长亮——连结信号。

(5)绿、黄色灯光交替后绿色灯光长亮——溜放信号。

(6)黄色灯光长亮——十车、五车、三车距离信号。

①十车距离信号(加辅助语音提示)。

②五车距离信号(加辅助语音提示)。

③三车距离信号(加辅助语音提示)。

(7)两个红色灯光——紧急停车信号。

(8)两个红色灯光熄灭一个红色灯光——解锁信号。

3. 无线调车灯显设备常见故障

使用无线调车灯显设备进行调车作业正常情况下，机控器与调车长之间有测机信号，当机控器连续 2 个测机信号未收到，便提示“注意、注意”，机控器连续三次未收到调车长的测机信号后，即出现“故障停车”语音，主要原因为：

(1)司机此时通话频繁。

(2)调车长的手持机关机后重新开机未补发指令。

(3)机车附近电磁干扰太大。

(4)机车与调车电台之间通信距离太远。

4. 无线调车灯显设备发生故障的处理

(1)机车乘务员遇机控器发出“注意”语音提示后，要立即实施减速；遇机控器发出“故障停车”“停车”，以及其他异常的信号显示或语音提示、自动关机等故障情况时，要马上采取停车措施。“故障停车”停车后，司机要向调车人员问明原因，如故障原因消除，可继续正常调车作业。

(2)调车作业中，遇监控装置退出调车控制模式时，机车乘务员要及时采取停车措施,同时通知调车指挥人共同确认处理。

(3)遇调车人员确认平调电台或便携式机控器电池电量不足时,调车指挥人要立即组织司机停轮进行更换电池。在更换便携式机控器电池后,要对平调设备重新进行检测试验确认良好,方可重新进行作业。

(4)遇发生调车事故时,机控器不得继续使用,调车指挥人应立即收回机控器,关闭机控器电源,然后再由车务站、段会同机务段主管人员,用 TP 专用打印机将调车作业过程信号显示指令调出,提供给安监人员,作为分析事故的依据。

(5)遇调车指挥人电台、领车人员电台或机控器发生故障不能恢复时,改用手信号作业。

任务实施

任务单:

模拟任务引入中调车作业岗位分组、分工,着装整齐、标准,学习过程中遵章守纪、团结合作,熟悉车站设备和线路情况、调车工作人员工作职责,遵守安全规定。了解无线灯显调车设备功能,掌握无线调车灯显设备的使用方法和技术要求,明确信号显示意义,能够处理一些常见的设备问题。

实施要点	完成情况记录
1. 熟悉调车作业安全规定,规范佩戴安全帽、安全带、安全手套,规范配带手持台等,保证使用	
2. 掌握无线调车灯显设备的性能	
3. 掌握无线调车灯显设备的操作注意事项及无线调车灯显指令	
4. 熟练操作无线调车灯显设备,处理换电池等常见问题	

任务评价

任务测评	评分标准	本人自评得分(20%)	小组互评得分(20%)	教师评价得分(60%)	综合得分
知识点掌握(30分)	1. 掌握人身安全、作业安全规定 2. 掌握无线调车灯显设备的性能和常见问题的原因 3. 掌握无线调车灯显设备的使用方法和程序				
技能点运用(40分)	1. 能规范佩戴安全帽、安全带、安全手套,规范配带手持台等,保证使用 2. 能及时找到调车灯显设备问题的原因并处理常见问题 3. 能完成灯显设备的操作、明确显示意义				

续上表

任务测评	评分标准	本人自评得分（20%）	小组互评得分（20%）	教师评价得分（60%）	综合得分
职业素养（30分）	1. 遵守调车作业安全、人身安全规定 2. 具有良好的职业习惯，能够按标准穿戴工装，确认备品齐全 3. 团结合作，有序分组，按时完成任务				
综合评价					

学生思考反馈

思考总结	
心得分享	

任务二　使用调车手信号

任务描述

调车作业中，无线电、信号旗、信号灯等发出的信号，是指挥调车作业的命令和要求。调车作业人员应了解铁路调车手信号、联系用手信号的意义，掌握信号表示器的意义，掌握调车手信号、联系用手信号的操作方式及使用要求。

任务导入

调车作业准备：A站线路示意图如图2-2所示，调车组利用0002号调车机车执行1号调车作业计划，计划5钩：7+1西出、5道过磅、4+12、3−2、4−11完开。

请思考：

在用手信号调车作业过程中，调车人员如何显示股道号码？如何使用联系用手信号？

知识准备

一、调车信号的基本要求

调车作业中，调车组、机车乘务组、扳道组、信号员等有关调车人员之间的行动要求，是依靠信号来传递的。调车人员用无线电、信号旗、信号灯发出的信号,是指挥调车作业的命令和要求,是机车乘务人员及其他调车人员行动的依据。所以,调车作业时,调车人员必须按规定方式正确及时地显示信号。

机车乘务人员要认真确认信号,并鸣笛回示。没有看到调车指挥人的起动信号,不准动车。在推进车辆过程中,调车指挥人应站在能使司机看见其显示信号的位置,车列前部再派其他调车人员瞭望,及时向调车指挥人显示信号。

连挂车辆,要显示十、五、三车的距离信号(单机除外),没有显示十、五、三车的距离信号,不准挂车,没有司机回示,应立即显示停车信号。当调车指挥人确认停留车位置有困难时,应派人显示停留车位置信号。

二、信号表示器

信号表示器不是信号机,是对道岔位置的体现和对信号的补充,对单机返岔子或机车出入段时,可根据扳道员显示的道岔开通信号或调车信号机显示的进行信号动车。无扳道员和信号机时,调车指挥人确认道岔开通后向司机显示起动信号。相关规定如下:

1. 道岔表示器

(1)表示道岔位置开通直向,昼间为无显示(图 2-6),夜间为紫色灯光(图 2-7)。

图 2-6 昼间无显示

图 2-7 夜间紫色灯光

(2)表示道岔位置开通侧向,昼间为中央画有一条鱼尾形黑线的黄色鱼尾形牌(图 2-8),夜间为黄色灯光(图 2-9)。

图 2-8 昼间黄色鱼尾形牌

图 2-9 夜间黄色灯光

(3)在调车区为集中联锁时,进行连续溜放作业的分歧道岔应有道岔表示器,平时无显示,当进行溜放作业时,其显示方式如下:

①紫色灯光——昼间,表示道岔开通直向,如图 2-10 所示。

②黄色灯光——夜间,表示道岔开通侧向,如图 2-11 所示。

图 2-10　昼间紫色灯光

图 2-11　夜间黄色灯光

2. 脱轨表示器

(1)带白边的红色长方牌及红色灯光——表示线路在遮断状态,如图 2-12 所示。

(2)带白边的绿色圆牌及月白色灯光——表示线路在开通状态,如图 2-13 所示。

图 2-12　带白边的红色长方牌及红色灯光

图 2-13　带白边的绿色圆牌及月白色灯光

3. 调车表示器

(1)向调车区方向显示一个白色灯光——准许机车车辆自调车区向牵出线运行,如图 2-14 所示。

(2)向牵出线方向显示一个白色灯光——准许机车车辆自牵出线向调车区运行,如图 2-15 所示。

(3)向牵出线方向显示两个白色灯光——准许机车车辆自牵出线向调车区溜放,如图 2-16 所示。

图 2-14　向调车区方向显示一个白色灯光

图 2-15　向牵出线方向显示一个白色灯光

图 2-16　向牵出线方向显示两个白色灯光

4. 车挡表示器

车挡表示器设置在线路终端的车挡上，昼间为一个红色方牌，如图 2-17 所示；夜间显示一个红色灯光，如图 2-18 所示。

安全线及避难线可不设置车挡表示器。

图 2-17　昼间一个红色方牌

图 2-18　夜间一个红色灯光

三、信号标志

1. 警冲标

警冲标（图 2-19）设在两会合线路线间距离为 4 m 的中间。线间距离不足 4 m 时，设在两线路中心线最大间距的起点处。在线路曲线部分所设道岔附近的警冲标与线路中心线间的距离应按限界的加宽增加。

2. 站界标

站界标（图 2-20）设在双线区间列车运行方向左侧最外方顺向道岔（对向出站道岔的警冲标）外不少于 50 m 处，或邻线进站信号机相对处。

图 2-19　警冲标

图 2-20　站界标

四、信号显示

1. 调车色灯信号机

(1)一个月白色灯光——准许越过该信号机调车,如图 2-21 所示。

(2)一个月白色闪光灯光——装有平面溜放调车区集中联锁设备时,准许溜放调车,如图 2-22 所示。

图 2-21　一个月白色灯光

图 2-22　一个月白色闪光灯光

(3)一个蓝色灯光——不准越过该信号机调车,如图 2-23 所示。

不办理闭塞的站内岔线,在岔线入口处设置的调车信号机,可用红色灯光代替蓝色灯光,如图 2-24 所示。

图 2-23　一个蓝色灯光

图 2-24　一个红色灯光(一)

起阻挡列车运行作用的调车信号机，应采用矮型三显示机构，增加红色灯光或用红色灯光代替蓝色灯光，如图 2-25、图 2-26 所示。当该信号机的红色灯光熄灭、显示不明或显示不正确时，应视为列车的停车信号。

图 2-25　一个红色灯光（二）

图 2-26　一个红色灯光（三）

2. 驼峰色灯信号机及其复示信号机

（1）一个绿色灯光——准许机车车辆按规定速度向驼峰推进，如图 2-27 所示。

（2）一个绿色闪光灯光——指示机车车辆加速向驼峰推进，如图 2-28 所示。

（3）一个黄色闪光灯光——指示机车车辆减速向驼峰推进，如图 2-29 所示。

（4）一个红色灯光——不准机车车辆越过该信号机或指示机车车辆停止作业，如图 2-30 所示。

（5）一个红色闪光灯光——指示机车车辆自驼峰退回，如图 2-31 所示。

（6）一个月白色灯光——指示机车到峰下，如图 2-32 所示。

（7）一个月白色闪光灯光——指示机车车辆去禁溜线或迂回线，如图 2-33 所示。

驼峰色灯信号机的复示信号机平时无显示，如图 2-34 所示，当办理驼峰推送进路后，其显示方式与驼峰色灯信号机相同。

图 2-27　一个绿色灯光

图 2-28　一个绿色闪光灯光

图 2-29　一个黄色闪光灯光

图 2-30　一个红色灯光

图 2-31　一个红色闪光灯光

图 2-32　一个月白色灯光

图 2-33　一个月白色闪光灯光

图 2-34　平时无显示

3. 驼峰色灯辅助信号机及其复示信号机

驼峰色灯辅助信号机及其复示信号机显示一个黄色灯光，如图 2-35 所示，指示机车车辆向驼峰预先推送；当办理驼峰推送进路后，其灯光显示均与驼峰色灯信号机显示相同。

驼峰色灯辅助信号机平时显示红色灯光，对列车起停车信号作用。

驼峰色灯辅助信号机的复示信号机平时无显示，当办理驼峰推送进路或驼峰预先推送进路后，其显示方式与驼峰色灯辅助信号机相同。

4. 调车色灯复示信号机显示信号

（1）一个月白色灯光——表示调车信号机在开放状态，如图 2-36 所示。

（2）平时无显示——表示调车信号机在关闭状态，如图 2-37 所示。

图 2-35　一个黄光灯光

图 2-36　一个月白色灯光

图 2-37　平时无显示

进站、出站、进路、驼峰及调车色灯复示信号机均采用方形背板，以区别于一般信号机。

五、调车手信号的意义及显示方式

1. 调车手信号的意义

调车手信号是指挥调车、机车和调车组行动的命令，调车有关人员必须按照信号显示进行作业，要熟练掌握调车信号显示的意义，显示手信号和发出停止信号要严格执行显示规定，做到位置适当，正确及时，横平竖直，灯正圈圆，角度准确，段落清晰，避免造成受令人误读误判。

调车信号灯是调车人员在夜间作业中照明及进行指挥、联系的视觉信号工具。调车信号旗是调车人员在昼间作业中指挥、联系的视觉工具之一。一般分为红色、绿色和黄色三种。信号旗一般由弱纱纺织而成，其规格为长 45 cm，宽 35 cm。口笛、号角信号是行车人员特别是调车人员、扳道人员与司机之间联系工作时使用。

2. 调车手信号的显示方式

（1）停车信号。

昼间——展开的红色信号旗，如图 2-38 所示；夜间——红色灯光，如图 2-39 所示。

图 2-38 昼间停车信号

图 2-39 夜间停车信号

(2)减速信号。

昼间——展开的绿色信号旗下压数次,如图 2-40 所示;夜间——绿色灯光下压数次,如图 2-41 所示。

图 2-40 昼间减速信号

图 2-41 夜间减速信号

(3)指挥机车向显示人方向来的信号。

昼间——展开的绿色信号旗在下部左右摇动,如图 2-42 所示;夜间——绿色灯光在下部左右摇动,如图 2-43 所示。

(4)指挥机车向显示人方向稍行移动的信号。

昼间——拢起的红色信号旗直立平举,再用展开的绿色信号旗左右小动,如图 2-44 所示;夜间——绿色灯光下压数次后,再左右小动,如图 2-45 所示。

图 2-42　昼间指挥机车向显示人方向来的信号

图 2-43　夜间指挥机车向显示人方向来的信号

图 2-44　昼间指挥机车向显示人方向稍行移动

图 2-45　夜间指挥机车向显示人方向稍行移动

（5）指挥机车向显示人反方向去的信号。

昼间——展开的绿色信号旗上下摇动，如图 2-46 所示；夜间——绿色灯光上下摇动，如图 2-47 所示。

（6）指挥机车向显示人反方向稍行移动的信号。

昼间——拢起的红色信号旗直立平举，再用展开的绿色旗上下小动，如图 2-48 所示；夜间——绿色灯光上下小动，如图 2-49 所示。

图 2-46 昼间指挥机车向显示人反方向去的信号

图 2-47 夜间指挥机车向显示人反方向去的信号

图 2-48 昼间指挥机车向显示人反方向稍行移动

图 2-49 夜间指挥机车向显示人反方向稍行移动

按照《技规(普速铁路部分)》要求,显示第(2)、(3)、(4)、(5)、(6)项中转信号时,昼间可用单臂,夜间可用白色灯光依式中转。

(7)连结信号。

连结信号表示连挂作业。

昼间——两臂高举头上,使拢起的手信号旗杆成水平末端相接,如图 2-50 所示;夜间——红、绿色灯光(无绿色灯光的人员用白色灯光)交互显示数次,如图 2-51 所示。

图 2-50　昼间连结信号

图 2-51　夜间连结信号

(8)溜放信号。

溜放信号表示溜放作业。

昼间——拢起的手信号旗两臂高举头上交叉后,急向左右摇动数次,如图 2-52 所示;夜间——红色灯光作圆形转动,如图 2-53 所示。

图 2-52　昼间溜放信号

图 2-53　夜间溜放信号

(9)停留车位置信号。

停留车位置信号表示车辆停留地点。

夜间——白色灯光左右小摇动,如图 2-54 所示。

图 2-54 停留车位置信号

(10)十、五、三车距离信号。

十、五、三车距离信号表示推进车辆的前端距被连挂车辆的距离。

昼间——展开的绿色信号旗单臂平伸,如图 2-55 所示;夜间——绿色灯光。在距离停留车十车(约 110 m)时连续下压三次,五车(约 55 m)时连续下压两次,三车(约 33 m)时下压一次,如图 2-56 所示。

图 2-55 昼间十、五、三车距离信号

图 2-56 夜间十、五、三车距离信号

(11)取消信号。

取消信号表示通知将前发信号取消。

昼间——拢起的手信号旗,两臂于前下方交叉后,急向左右摇动数次,如图 2-57 所示;夜间——红色灯光作圆形转动后,上下摇动,如图 2-58 所示。

图 2-57　昼间取消信号

图 2-58　夜间取消信号

(12)要求再度显示信号。

要求再度显示信号表示前发信号不明,要求重新显示。

昼间——拢起的手信号旗右臂向右方上下摇动,如图 2-59 所示;夜间——红色灯光上下摇动,如图 2-60 所示。

图 2-59　昼间要求再度显示信号

图 2-60　夜间要求再度显示信号

(13)告知显示错误的信号。

告知显示错误的信号表示告知对方信号显示错误。

昼间——拢起的手信号旗两臂左右平伸同时上下摇动数次,如图 2-61 所示;夜间——红色灯光左右摇动,如图 2-62 所示。

图 2-61　昼间告知显示错误的信号

图 2-62　夜间告知显示错误的信号

六、联系用的手信号及音响信号显示方式及意义

1. 道岔开通信号

(1)道岔开通信号表示进路道岔准备妥当。

昼间——拢起的黄色信号旗高举头上左右摇动,如图 2-63 所示;夜间——白色灯光高举头上,如图 2-64 所示。

图 2-63　昼间道岔开通信号

图 2-64　夜间道岔开通信号

(2)机车出入段进路道岔准备妥当后,道岔开通信号显示如下:

昼间——展开的黄色信号旗高举头上左右摇动,如图 2-65 所示;夜间——黄色灯光高举头上左右摇动,如图 2-66 所示。

2. 股道号码信号

一道:昼间——两臂左右平伸,如图 2-67 所示;夜间——白色灯光左右摇动,如图 2-68 所示。

二道:昼间——右臂向上直伸,左臂下垂,如图 2-69 所示;夜间——白色灯光左右摇动后,从左下方向右上方高举,如图 2-70 所示。

图 2-65　昼间机车出入段进路道岔准备妥当后的道岔开通信号

图 2-66　夜间机车出入段进路道岔准备妥当后的道岔开通信号

图 2-67　昼间一道号码信号

图 2-68　夜间一道号码信号

图 2-69　昼间二道号码信号

图 2-70　夜间二道号码信号

三道:昼间——两臂向上直伸,如图 2-71 所示;夜间——白色灯光上下摇动,如图 2-72 所示。

图 2-71 昼间三道号码信号

图 2-72 夜间三道号码信号

四道:昼间——右臂向右上方,左臂向左下方各斜伸 45°角,如图 2-73 所示;夜间——白色灯光高举头上左右小动,如图 2-74 所示。

图 2-73 昼间四道号码信号

图 2-74 夜间四道号码信号

五道:昼间——两臂交叉于头上,如图 2-75 所示;夜间——白色灯光作圆形转动,如图 2-76 所示。

图 2-75　昼间五道号码信号

图 2-76　夜间五道号码信号

六道:昼间——左臂向左下方,右臂向右下方各斜伸 45°角,如图 2-77 所示;夜间——白色灯光作圆形转动后,再左右摇动,如图 2-78 所示。

图 2-77　昼间六道号码信号

图 2-78　夜间六道号码信号

七道:昼间——右臂向上直伸,左臂向左平伸,如图 2-79 所示;夜间——白色灯光作圆形转动后,左右摇动,然后再从左下方向右上方高举,如图 2-80 所示。

八道:昼间——右臂向右平伸,左臂下垂,如图 2-81 所示;夜间——白色灯光作圆形转动后,再上下摇动,如图 2-82 所示。

图 2-79　昼间七道号码信号

图 2-80　夜间七道号码信号

图 2-81　昼间八道号码信号

图 2-82　夜间八道号码信号

九道：昼间——右臂向右平伸，左臂向右下斜 45°角，如图 2-83 所示；夜间——白色灯光作圆形转动后，再高举头上左右小动，如图 2-84 所示。

十道：昼间——左臂向左上方，右臂向右上方各斜伸 45°角，如图 2-85 所示；夜间——白色灯光左右摇动后，再上下摇动作成十字形，如图 2-86 所示。

十一至十九道，应先显示十道股道号码，再显示所要股道号码的个位数信号。二十道及以上的股道号码，各站根据需要自行规定，由企业规定。

图 2-83　昼间九道号码信号图

图 2-84　夜间九道号码信号图

图 2-85　昼间十道号码信号

图 2-86　夜间十道号码信号

3. 听觉信号的种类作用和鸣示方式

（1）听觉信号的种类作用。

听觉信号是以号角、口笛、机车及重型轨道车的鸣笛，发出长短不同、组合方式不同的声响，以表示不同含义听觉信号。由于铁路行车工作是由多工种联合作业，互相配合完成的，工种间有许多工作需要进行联系，在天气不良情况下，无线调车灯显设备发生故障且又无法确认手信号联系作业时，调车作业人员方能使用听觉信号作业。

听觉信号以《铁路调车作业》（TB/T 30002—2020）为依据，覆盖了所有调车人员使用口笛、号角的鸣示方式。在调车作业中使用听觉信号时，鸣示音响长声为 3 s、短声为 1 s，音响间隔为 1 s；重复鸣示时，应间隔在 5 s 以上。

(2)鸣示方式。

①机车、动车组、自轮运转特种设备鸣笛听觉信号。

机车、动车组、自轮运转特种设备鸣笛听觉信号是机车、轨道车等乘务员值乘当中，与其他有关行车人员联系工作，发出警报，提醒路内外人员注意或通知有关事项时发出的信号，鸣笛鸣示方式见表 2-1。

表 2-1 机车、动车组、自轮运转特种设备鸣笛鸣示方式表

名称	鸣示方式	使用时机
注意信号	一长声 —	接近鸣笛标、行人时
退行信号	二长声 — —	列车、机车车辆、单机开始退行，遇通信设备联系不通时
召集信号	三长声 — — —	要求防护人员撤回，遇通信设备联系不通时
牵引信号	一长一短声 — ·	途中本务机车要求补机牵引运行，遇通信设备联系不通时(补机应以同样信号回答)
惰行信号	一长二短声 — · ·	本务机车要求补机惰力推进或要求补机断开主断路器，遇通信设备联系不通时(补机应以同样信号回答)
途中降弓信号	一短一长声 · —	电力机车双机牵引中，本务机车司机要求补机降下受电弓，遇通信设备联系不通时(补机须以同样信号回答)
途中升弓信号	一短二长声 · — —	电力机车双机牵引中，本务机车司机要求补机升起受电弓，遇通信设备联系不通时(补机须以同样信号回答)
呼唤信号	二短一长声 · · —	1. 机车要求出入段，遇通信设备联系不通时 2. 在车站要求显示信号，遇通信设备联系不通时
警报信号	一长三短声 — · · ·	发现线路有危及行车安全的不良处所时
试验自动制动机及复示信号	一短声 ·	1. 试验制动机开始减压，遇联系不通时 2. 接到试验制动结束的手信号，回答试风人员，遇联系不通时 3. 调车作业中，表示已接受调车长所发出的手信号，遇联系不通时
缓解及溜放信号	二短声 · ·	1. 试验制动机缓解，遇联系不通时 2. 要求列车乘务组缓解人力制动机，遇通信设备联系不通时 3. 复示溜放调车信号，遇通信设备联系不通时
拧紧人力制动机信号	三短声 · · ·	1. 要求列车乘务组拧紧人力制动机，遇通信设备联系不通时 2. 要求就地制动，遇通信设备联系不通时
紧急停车信号	连续短声 · · · · · · · ·	司机发现(或接到通知)邻线发生障碍，向邻线上运行的列车发出紧急停车信号时。邻线列车司机听到此种信号后，应紧急停车

②调车扳道人员使用口笛、号角的鸣示方式。

口笛、号角听觉信号是在调车作业中,调车组人员之间,调车指挥人与司机之间,调车组人员与扳道员之间联系时使用的信号,调车扳道人员使用口笛、号角的鸣示方式见表2-2。

表2-2 调车道人员使用口笛、号角的鸣示方式表

用途及时机	鸣示方式	
发车、指示机车向显示人反方向移动	一长声	—
指示机车向显示人方向移动	一短一长声	· —
试验制动机减压	一短声	·
试验制动机缓解	二短声	· ·
试验制动机结束及安全信号	一短一长二短声	· — · ·
一道	一短声	·
二道	二短声	· ·
三道	三短声	· · ·
四道	四短声	· · · ·
五道	五短声	· · · · ·
六道	一长一短声	— ·
七道	一长二短声	— · ·
八道	一长三短声	— · · ·
九道	一长四短声	— · · · ·
十道	二长声	— —
二十道	二短二长声	· · — —
十、五、三车距离信号:十车	三短声	· · ·
十、五、三车距离信号:五车	二短声	· ·
十、五、三车距离信号:三车	一短声	·
连结及停留车位置	一长一短一长声	— · —
停车	连续短声	· · · · ·
要求司机鸣笛	二长三短声	— — · · ·
试拉	一短声	·
减速	连续二短声	· · · ·
溜放	三长声	— — —
取消	二长一短声	— — ·
再显示	二长二短声	— — · ·
列车接近通报信号:上行	二长声	— —
列车接近通报信号:下行	一长声	—

4. 响墩信号

响墩信号是经机车碾压而爆炸发出巨大音响的特殊装置的听觉信号。响墩的爆炸声要求列车紧急停车。

任务实施

任务单:

模拟任务导入中调车作业岗位分组、分工,着装整齐标准,学习过程中遵章守纪、团结合作,熟悉车站设备和线路情况、调车工作人员工作职责,遵守安全规定。应了解铁路调车手信号、联系用手信号的意义,掌握调车手信号、联系用手信号的操作方式及使用要求,掌握信号表示器、音响信号的显示方式及意义。

实施要点	完成情况记录
1. 熟悉调车作业安全规定,规范佩戴安全帽、安全带、安全手套,规范配带手持台等,保证使用	
2. 掌握调车手信号、联系用手信号的使用要求	
3. 常握调车手信号、联系用手信号的操作方式	
4. 掌握信号表示器、音响信号的显示方式及意义	

任务评价

任务测评	评分标准	本人自评得分(20%)	小组互评得分(20%)	教师评价得分(60%)	综合得分
知识点掌握(30%)	1. 掌握人身安全、作业安全规定 2. 掌握调车长、连结员的工作内容 3. 掌握调车手信号的操作方法 4. 掌握信号表示器、音响信号的意义				
技能点运用(40%)	1. 能规范佩戴安全帽、安全带、安全手套,规范配带手持台等,保证使用 2. 能完成调车长、连结员的工作内容 3. 能完成调车信号的操作,明确显示意义 4. 能识别信号标志器、音响信号显示意义				
职业素养(30%)	1. 遵守调车作业安全规定 2. 培养按标准作业的职业素养 3. 具有团结合作精神,按时完成任务				
综合评价					

学生思考反馈

思考总结	
心得分享	

复习思考题

1. 信号装置的分类有哪些？
2. 进路表示器的设置要求是什么？
3. 自轮运转特种设备是什么？
4. 调车长、连结员手持台的使用有何不同？
5. 调车手信号的显示要求是什么？
6. 视觉信号和听觉信号是如何规定的？
7. 指挥机车向显示人方向来的信号的显示方式是什么？
8. 指挥机车向显示人方向稍行移动信号的显示方式是什么？
9. 指挥机车向显示人反方向去的信号的显示方式是什么？
10. 指挥机车向显示人反方向稍行移动信号的显示方式是什么？
11. 道岔开通手信号的显示方式是什么？
12. 连结信号的显示方式是什么？
13. 停留车位置信号的显示方式是什么？
14. 十、五、三车距离信号的显示方式是什么？
15. 取消信号的显示方式是什么？
16. 显示手信号的规定是什么？
17. 调车色灯信号机显示意义是什么？
18. 使用无线调车灯显设备的规定是什么？

项目三　铁路调车作业基本技能

项目描述

掌握调车作业基本技能是保证调车工作安全的基础,熟练运用调车作业技能是保证调车作业高效进行的关键。通过本项目的学习,应能够了解铁路调车作业需要哪些基本技能,掌握平面牵出线、驼峰等调车设备的特点,了解平面牵出线调车、停留车、编组调车、半自动化驼峰、自动化驼峰的作业流程,能够熟练进行摘结软管、防溜、制动、上下车等基本作业,学习过程中能克服怕苦、怕累、怕险的心理,弘扬艰苦奋斗精神,夯实调车作业技能。

学习目标

通过学习,树立学先进做先锋、争先创优意识,培养遵章守纪、团结协作的行为习惯;掌握调车作业安全、人身安全等规章,能自觉遵守相关要求;了解调车作业过程中观速、观距、上下车的要求和相关作业环境;掌握车辆减速器、人力制动机、铁鞋的种类、制动原理及使用方法;掌握施放铁鞋、调整钩位、车辆排风、摘结软管的基本要领和技术要求;会操作车辆减速器、人力制动机、铁鞋等;能按操作规程完成车辆排风、摘结软管作业;能完成静态上下车,能显示十、五、三车距离信号。

思维导图

本项目思维导图如图 3-1 所示。

任务一　使用人力制动机

任务描述

人力制动机是铁路调车过程的常用设备,在解体、编组、车辆防溜等作业中发挥着重要作用。调车作业人员应了解我国铁路常见人力制动机的种类、构造及制动原理,掌握人力制动机的操作方法及使用要求,能够处理一些常见的问题。

任务导入

B 站停留车占线板示意如图 3-2 所示,调车作业计划:10 道挂 2 辆(10 道原有停留车

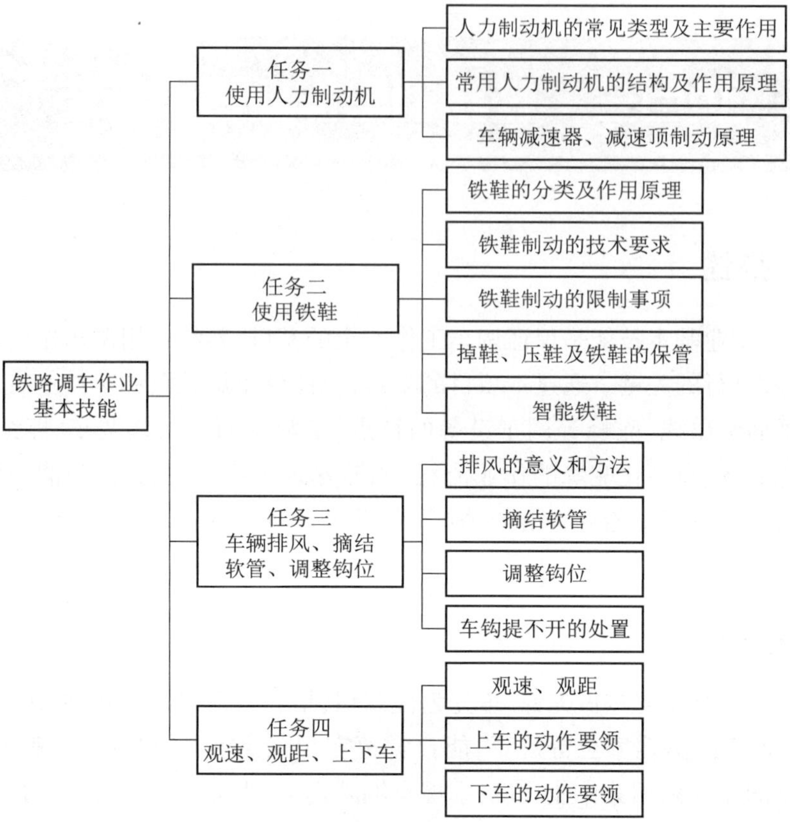

图 3-1　铁路调车作业基本技能思维导图

辆 5 辆)，11 道甩 2 辆(11 道原有停留车辆 3 辆)。要求：检查 10、11 道停留车防溜情况，熟悉人力制动机的基本原理，熟练操作人力制动机"拧紧、放开"，完成车辆防溜。

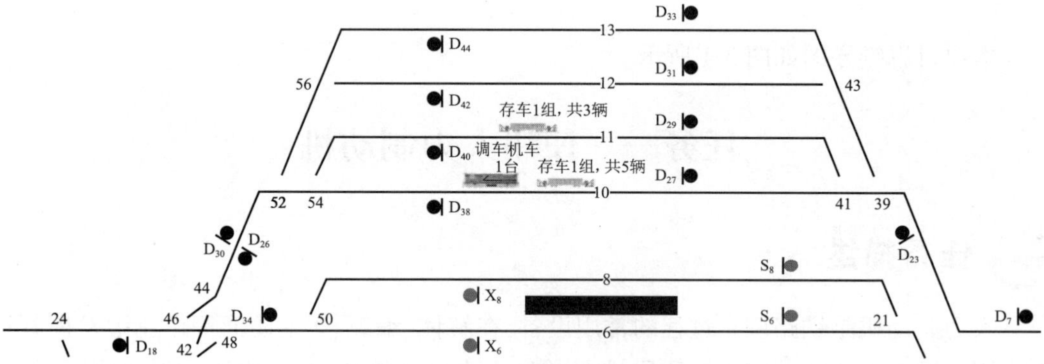

图 3-2　占线板示意

调车人员及服装备品：调车组设调车长和连结员各一人，无线调车灯显设备手持台调车长专用 1 个、连结员专用 1 个、调车作业服装、劳动手套、安全带、防溜铁鞋、人力制动机紧固器等。

请思考：

人力制动机的作用和操作标准是什么？

知识准备

一、人力制动机的常见类型及主要作用

我国铁路常见的人力制动机有：NSW 型人力制动机、链条式人力制动机（固定轴链条式人力制动机、折叠轴链条式人力制动机）、脚踏式人力制动机、FSW 型人力制动机。

目前国内新造车辆主要装用 NSW 型人力制动机（图 3-3）。NSW 型人力制动机是在 FSW 型人力制动机的基础上经局部改进而成，它保留了 FSW 型人力制动机的优点，具有制动、阶段缓解和快速缓解三种功能，省力，操作简便，一手扶托，单手操作，安全性好，简化了结构，增设了锁闭装置，有较好的防溜功能，提高了铁路货车停放安全性。NSW 型人力制动机目前已成为铁路货车的主型人力制动机，满足我国人力制动机对每轴 10 kN 换算闸瓦压力的要求。

图 3-3　NSW 型人力制动机

人力制动机主要作用如下：

（1）在车辆运行途中，如在坡道上停留时间较长时，使用空气制动机停车后，还应拧紧人力制动机，防止空气制动机因制动缸的漏泄发生自然缓解失去制动作用。

（2）在车辆运行途中，当空气制动机发生故障失去作用时，可用人力制动机代替空气制动机施行制动与缓解，继续慢行到前方车站，以免滞留途中，妨碍运输（主要制动机突然失灵时，为车辆提供制动力）。

（3）当车辆停在有坡度的线路上时，人力制动机被用来防止发生溜车事故，防止停留中的机车和车辆在下坡道因重力分力作用而溜逸 。

（4）当车辆停在车站或专用线上时，拧紧人力制动机以防止车辆被大风刮动，防止车辆因风力吹动溜逸。

(5)调车作业时,溜放车辆无空气制动机制动力支持,作为调车员控制车辆制动的制动机,调整车速或停车,保证作业安全。

二、常见人力制动机的结构及作用原理

1. NSW 型人力制动机

(1)结构。

NSW 型人力制动机剖面结构如图 3-4 所示,其中主动轴、键轮、离合器、棘轮、小齿轮是 NSW 型人力制动机关键零部件。

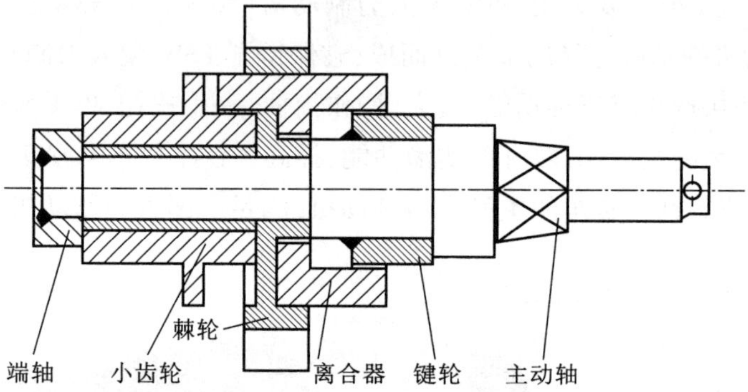

图 3-4　NSW 型人力制动机剖面结构

NSW 型人力制动机主动轴零部件装配关系如图 3-5 所示。当进行车辆防溜等作业时,作业人员必须做好安全防护,通过爬梯到平台上进行人力制动机的操作,如图 3-6 所示。在操作前要检查设备情况,检查周边是否安全,有无障碍物;检查装置是否有松动现象,人力制动机与车体固定的螺栓是否松动;检查车体焊接处是否开裂;确保制动效果。

1—主动轴;2—键轮;3—离合器;4—棘轮;5—小齿轮;6—端轴;7—圆销。

图 3-5　NSW 型人力制动机主动轴零部件装配关系

图 3-6　人力制动机操作

(2)作用原理。

①制动。

将功能手柄指向“常用”位指示标记,顺时针方向转动手轮,实现制动。

②缓解。

将功能手柄指向“常用”位指示标记,逆时针方向转动手轮约 40°,实现缓解。

③调力。

将功能手柄拨向“调力”位指示标记,此时人力制动机内部的棘舌不起作用,顺时针方向转动手轮,实现制动。逆时针方向转动手轮则缓解。此时手不能离开手轮,链条拉力可随手轮的旋转增大或减小。

注意:在进行人力制动机缓解作业时,需要作业区域无人无异物,避免产生意外;在进行人力制动机缓解或制动作业时,需要正确佩戴安全带,保证安全,将安全带挂钩挂于闸台上方横杆处,方可进行作业。

2. 固定链条式人力制动机的结构及作用原理

(1)结构。

固定链条式人力制动机由手制动轮、手制动轮导架、手制动轴等组成,如图 3-7 所示。

(2)作用原理。

人力制动机的型号不同,操作方法不同,目前调车作业过程中常用的固定链条式人力制动机的制动工作,一般包括选闸、试闸、磨闸和拧闸等过程。

①选闸。

在调车作业过程中,溜放 2 辆及其以上的车组时,要注意选闸。因为选择一个性能良好的人力制动机,对保证行车安全,提高作业效率,具有十分重要的意义。选择时,一般根据以下几个原则进行:

a. 选高不选低,即选择容易瞭望的车辆上的人力制动机。如棚车、大型敞车等,这些

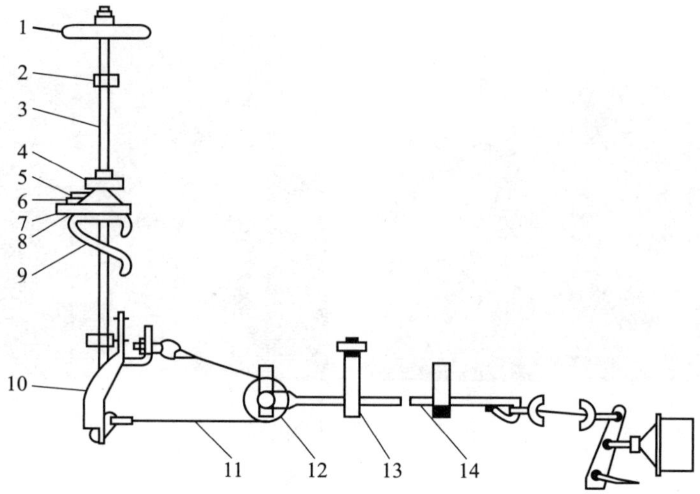

1—手制动轮；2—手制动轴导架；3—手制动轴；4—棘轮；5—棘子锤；6—棘子；
7—棘子托；8—踏板；9—手制动踏托板；10—手制动轴托；11—手制动轴链；
12—链条滑轮；13—手制动拉杆托；14—手制动拉杆。

图 3-7　固定链条式人力制动机结构

车的制动台比较高，便于瞭望前方进路及确认线路内的停留车位置，掌握制动距离。

b. 选大不选小，即选择大型车上的人力制动机。在一组车中，当大、小型车都有时，要选择大型车上的人力制动机，其制动装置的技术状态良好，制动力大，效果好。

c. 选重不选空，即选择重车上的人力制动机。因为重车惯性大，当其被制动后，容易牵制其他车辆迅速减速，有利于调整车组溜放速度。

d. 选标不选杂，即选择制动性能好的标准型车的人力制动机。一般认为 P60、C60 为标准型车辆，其人力制动机制动性能强，使用灵活，作业安全。

e. 选前不选后，即选择溜放车组中间偏前的车辆的人力制动机。所谓前，是指车组中间偏前，如 5 辆车组在第二、三位，10 辆车组在第三、四位。这个位置不仅瞭望条件好，而且调速方便，制动效能高。当制动员对其中一辆施行人力制动机制动时，同一车组中处于被制动车辆前后的车数不同，其速度变化情况不同，前后车组相互牵制，减速较快。

选闸时，还必须仔细检查人力制动机状态。链子闸要检查制动链是否良好，螺丝闸要检查丝扣上是否泥垢太厚或滞滑丝生锈，盒子闸要检查锁链是否脱槽或卡住等。新出厂车上的人力制动机也不宜选用。

对各种类型的人力制动机，都要注意闸瓦状态，闸瓦踏面有油渍及新闸瓦等情况都会影响制动力的大小。此外，还应注意车辆扶梯、制动面是否牢固，是否被篷布盖住，装载货物是否易于窜动，是否影响瞭望等情况。

②试闸。

人力制动机虽经选择和检查,但没有经过试验仍不能判断其好坏。因此,溜放前还必须对选定的人力制动机进行试验,判断其作用是否良好。

试闸方法为一闸二试即:停车试闸和牵出试闸。

a. 停车试闸的步骤是一看、二拧、三蹬、四松,即:

一看:看闸链是否损坏,闸盘是否良好,闸杆有无弯曲,零部件是否齐全等。

二拧:上车将人力制动机拧紧,看是否有弹力。

三蹬:下车用脚蹬闸瓦、闸链,检查闸链、闸瓦是否作用良好。

四松:上车将人力制动机松开,对链子闸不要将闸链松得过长,以防拧闸时影响制动力。车列停车前试闸,能帮助制动停车,但不要过晚,以免错过时机,影响试用。

b. 牵出试闸的最好时机是在牵出车列起动之初或在牵出线末端将要停车之时。因为这时速度慢,容易听闸瓦的摩擦声,看车钩的伸缩状态和试验反弹力,以判断人力制动机的好坏。但车列起动之初试闸时,注意不要太早、太猛,以免造成起动困难,最好是在牵出速度达到或超过 5 km/h 时为宜。

牵出试闸判断人力制动机作用是否良好的办法是:

(a)以弹力判断。制动力强的人力制动机,试闸时有很强的反弹力产生。如链子闸的链条绞紧,手扶闸盘就有反作用力感觉,反作用力大的制动力强。而螺丝闸试闸时,如有强烈的震动感觉,就是好闸。

(b)听声音判断。听到车轮踏面与闸瓦摩擦时发出的"吱,吱……"的声音就是好闸;如听到的是其他声音可能是闸瓦或其他零部件不良发出的声音,则可能是坏闸,须进一步检查试验。

(c)看车钩伸缩状态判断。试闸时,被试验的车辆减速,其前端车钩呈拉伸状态,后端车钩呈压缩状态。

③磨闸。

经试闸后,如有必要可进行磨闸,以增加制动力。如在雨、露、霜、雪等天气,轨面及车轮踏面附有水滴,摩擦系数减小,加之轨面较滑,车辆不易停车,需要磨闸;装载酸、盐、油类等货物的车辆,由于种种原因,有可能溅到车轮踏面或闸瓦上,影响制动力,也需要磨闸。通过磨闸可使雨、露、霜、雪、油渍等熔化和干燥或除去油垢,增强制动力。但磨闸时间不宜过长,否则闸瓦发热,反而会降低制动力。

④拧闸。

拧闸的方式有"端闸"和"勒闸"两种,如图 3-8 所示。

"端闸"是双臂分开旋转用力,依靠双臂猛然向相反方向晃动的力量,以产生较大的制动力。这种方法一般是在车组走行速度较低,对罐车调速及溜行车组接近停留车时使用。

"勒闸"是双臂合拢旋转用力,即双臂向同一方向猛然用力旋转,用力时不仅凭臂力,

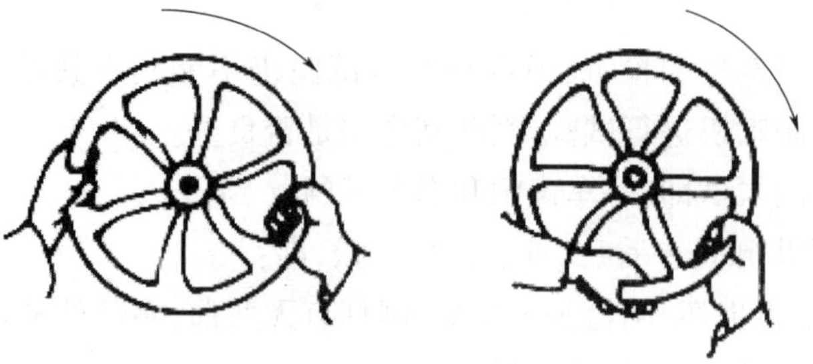

（a）端闸　　（b）勒闸

图 3-8　拧闸

而且要与身体晃动而产生的力量相结合，加大制动力。这种方法多用于速度较高，要求急剧减速的车辆。根据不同的速度要求，在具体拧闸过程中可分别采用以下几种方法：

a. 顿拧，即通常所说的一紧一松的惰力制动方法，就是猛力急拧闸盘并立即放开，根据情况可连续顿拧数次，以达到调速的要求，一般用在车速较高，距停留车较远时。

b. 紧拧，是在距停留车较近，车组溜行速度虽不太高，但在连挂前尚需降低车组速度时使用。

拧紧人力制动机后不要立即松开，而是用力拧紧不放，根据需要稍微松一松，然后再紧，直至降至安全连挂速度为止。

死拧，即拧死闸。在使用顿拧、紧拧以后，与停留车连挂前仍需降低速度或防止撞车时使用。

制动员在拧闸时，应尽量使用顿拧，一般不宜使用死拧。这样，一方面不至于使车组降速太快，过早停车；另一方面，制动力较大，连挂率高。对重罐车，应使用顿拧，这样有助于车组减速。当接近停留车时，应轻调使车内液体稳定后再连挂，挂妥后才能松开人力制动机。对装载重质货物的平车进行人力制动机制动时，应提前制动，拧紧人力制动机，防止冲撞。

由两人以上负责制动的大车组，以前面制动员制动为主，后面制动员应根据前面制动员要求进行制动，前后制动员用手信号或音响信号进行联系。

3. 脚踏式人力制动机结构及制动原理

(1)结构。

脚踏式人力制动机由脚蹬、脚踏杠杆、锁紧棘爪、绕链轮、棘轮、轴等零部件组成，如图 3-9 所示。

(2)制动原理。

脚踏式人力制动机作业时，操作脚踏杠杆，每踏动杠杆一下，绕链轮和轴就转动 30°，停止制动时，棘爪卡住棘轮防止倒转。当操作者抬起右脚时，杠杆又恢复到 33°的待脚踏的工作角度。缓解时，只需向上提一下缓解杆，棘爪脱离棘轮，链轮逆转快速缓解。

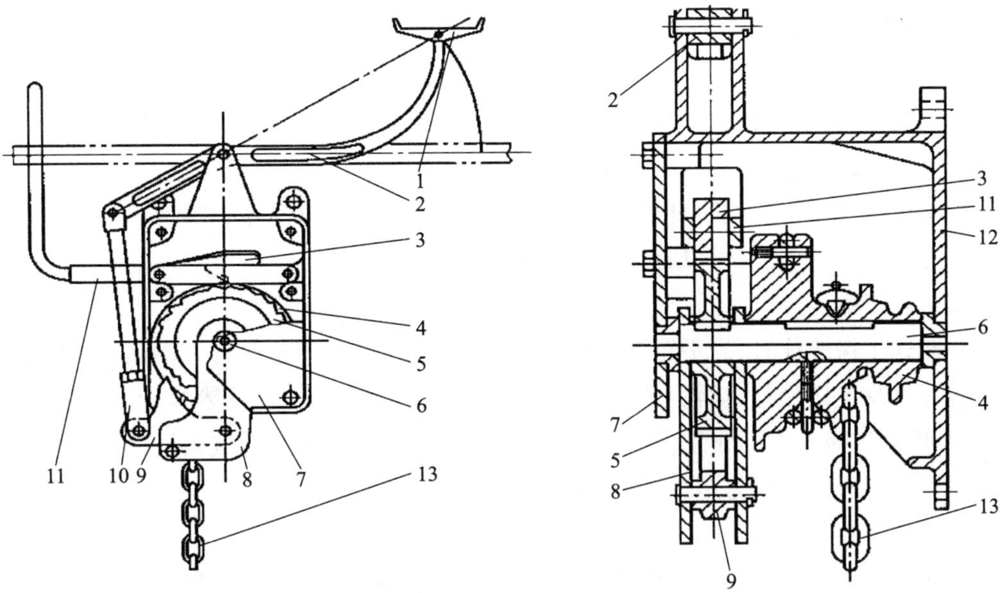

1—脚蹬;2—脚踏杠杆;3—锁紧棘爪;4—绕链轮;5—棘轮;6—轴;7—盖;
8—垂锤连块;9—绕链棘爪;10—拉杆;11—缓解杆;12—壳体;13—制动链环。

图 3-9　脚踏式人力制动机结构

4. FSW 型人力制动机结构及制动原理

(1)结构。

FSW 型人力制动机由端轴、小齿轮、摩擦片、止动轮、控制轮、离合器等零部件组成,如图 3-10 所示。

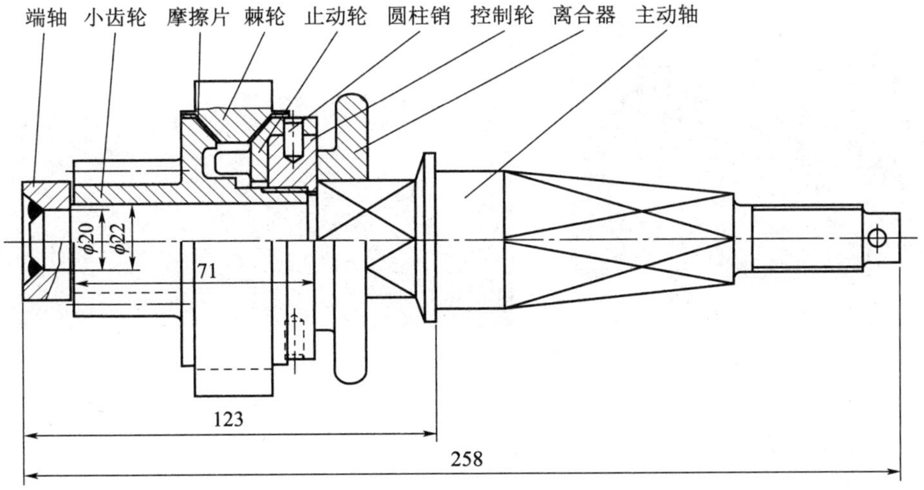

图 3-10　FSW 型人力制动机(单位:mm)

(2)制动原理。

FSW 型人力制动机具有制动、阶段缓解和快速缓解等三种功能。

①制动。

手柄处于保压位，棘舌只允许棘轮顺时针方向转动。在手轮上顺时针方向施加力矩时，控制轮与小齿轮之间的摩擦轮、棘轮夹紧一起转动，产生制动作用。当取消力矩时，由于棘轮在保压位不能逆时针方向转动，制动力不变。这种摩擦力随着手轮力矩，即随链条拉力的增加而增加，可以有效地起制动保压作用。

②阶段缓解。

手柄处于保压位时，当手轮逆时针方向施加力矩，控制轮逆时针方向转动，它和小齿轮之间的螺纹连接松开，棘轮与摩擦片之间的摩擦力减小，这时虽然棘轮不能逆时针方向转动，但在链条拉力的作用下，小齿轮可以克服摩擦力而逆时针方向转动，并随时加紧棘轮等零件。所以取消力矩时，仍有保压作用。

③快速缓解。

手柄推向缓解位，首先，扇形轮将离合器拨向右侧，离合器与控制轮脱开，轴带动开闭挡顺时针方向转动，使开闭挡不再阻止棘舌的往复摆动，棘轮可逆时针方向转动。链条拉力带动小齿轮逆时针方向迅速转动，实现快速缓解，此时手轮不动。

三、车辆减速器、减速顶制动原理

车辆减速器(图 3-11)、减速顶(图 3-12)是目前铁路调车工作中常用的调速工具。车辆减速器主要设置在自动化、半自动化驼峰头部咽喉区，减速顶设置在自动化、半自动化驼峰头部咽喉区和调车场内。

图 3-11　减速器

图 3-12　减速顶

1. 车辆减速器

(1)定义。

减速器是机械化、半自动化和自动化驼峰编组站，对溜行中的车辆进行速度控制，使车辆溜入编组线的速度满足安全连挂要求的主要调速设备。

(2)作用。

车辆减速器的使用,有效提高了驼峰解体能力,保证了调车作业和人身安全,减轻了工人的劳动强度,减少了钢轨磨耗和车轮踏面的擦伤,具有显著的社会经济效益。

(3)分类。

我国铁路半自动化驼峰采用的车辆减速器主要有钳式和重力式两种类型。

(4)原理。

钳式减速器:是利用压缩空气进入气缸,使连杆推动制动梁,抬起并合拢钳形制动夹板,夹紧车轮产生制动力,使车辆减速。制动力的大小,通过控制进入气缸的空气压力来调节。

重力式减速器:是利用高压油进入制动缸推动活塞,通过杠杆作用使制动梁抬高,致开口缩小,并借助车辆重量,加大制动夹板对车轮的挤压力,增加制动力。重力式减速“制动”和“缓解”两个操作按钮,制动力大小主要依靠车辆自身的重量进行自动调整。

2. 减速顶

(1)定义。

减速顶是解编车列时,避免车辆出场超速撞车、撞钩等问题的制动工具,它利用液压原理,通过车轮的碾压来调整车辆溜放速度。

(2)分类。

减速顶可分为普通减速顶、可控减速顶、加速顶、普通停车顶、可控停车顶。编组站广泛使用的是普通减速顶、加速顶和可控减速顶。

(3)作用原理。

车辆经过减速顶,油缸被压下,待其通过后,通过减速顶内部的液压油与氮气配合,实现油缸反弹,这一过程中车辆的动能被消耗了,从而实现车辆减速。

①加速顶。

加速顶是一种固定于钢轨上,可使车辆加速的气动调速工具,它们必须有能源作为动力才能对溜放车辆进行加速,加速顶的动力源是压缩空气。

工作原理:加速顶由控制部分和加速部分两部分组成,二者用螺栓硬性连接成一体,当车轮压上控制阀时,打开阀体内的进气通道,压缩空气由管路经阀体上的软管组合件进入阀体,再经缸体上的通道进入加速气缸的下部,推动活塞—顶杆组合件上升,顶杆推车轮加速。从工作过程看出,无论车速如何,在供气状态下,加速顶对车辆均要加速,车速越高其加速功越小。

②可控减速顶。

可控减速顶是一种能由计算机进行自动控制的,可以实现对溜放车辆的实时控制,可以根据作业需要对大组车实行“让头拦尾”控制，可大大提高系统的调速效果和运输效率。

工作原理：使用计算机控制，使减速顶也像减速器那样具有“让头拦尾”的功能，实现大组车特别是大组空车的头部经过顶群时先不制动，使其快速通过道岔区，然后根据需要对后半部分车辆进行制动减速。

3. 调速制式

目前，各国铁路自动化驼峰的调速方式不尽相同，主要表现在解决目的制动的方式上。在现有的自动化、半自动化驼峰头部咽喉区，一般都采用车辆减速器方案，即在咽喉区设置一或多个减速器制动位。调车场内的目的制动，则根据各国铁路的驼峰运营条件和科学技术水平，采用各种不同的调速方式。

(1)全减速器方式(又称为点式)。

此控制方式的特点是在每股调车线上设置1～2组车辆减速器，用于对入线后的车组进行目的制动。第1、2制动位设在驼峰头部咽喉区，以间隔制动为主；第3、4制动位设在车场股道内，以目的制动为主。计算机根据溜放车组的重量、阻力、溜行距离等因素，自动控制装置能使车辆进行制动、缓解。

点式控制方案的优点是单位制动力大，能提高推峰速度和溜放速度，作业效率较高；挡出灵活，适应性强；车辆减速器对驼峰调车机车下峰整理和峰尾调车机车牵出车列的速度没限制。缺点是需要一套自动控制、测量、计算设备，投资较大，控制范围受到一定限制，当控制范围较大时，安全连挂率较低。

(2)全减速顶方式(又称连续式)。

连续式调速方案的特点是调车场内不装设车辆减速器，用密集装设的减速顶代替车辆减速器。国外铁路还有采用加减速顶或加减速小车等调速工具的连续式方案。

(3)减速器—减速顶方式(又称点加连续式)。

这种控制方式的特点是驼峰溜放部分仍采用车辆减速器控制，而调车场内第3制动位装设车辆减速器，第4部位装设减速顶或牵引小车，目的制动采用点加连续式控制方式。它与全减速顶方式比较，优点是第3减速顶部位制动能力大，调节速度范围宽，有利于提高车辆通过道岔区的速度，从而提高驼峰解体能力；可以减少调车场股道内调坡工程量和安装减速顶的数量，从而节省改建工程投资。

任务实施

任务单：

编制调车作业计划，模拟任务导入中调车作业岗位分组、分工，着装整齐、标准，学习过程中遵章守纪、团结合作，熟悉车站设备和线路情况、调车工作人员工作职责，严格执行安全规定。了解铁路常见人力制动机的种类、构造及制动原理，掌握安全带的使用和主型人力制动机的操作方法及使用要求，能够处理一些常见的设备问题。

实施要点	完成情况记录
1. 熟悉调车作业安全规定、掌握人力制动机使用程序,规范佩戴安全帽、安全带、安全手套,规范配带手持台等,保证使用	
2. 掌握现车情况,按照调车作业通知单要求核对车辆,明确位置	
3. 掌握起车运行前撤除或采取的防溜措施(人力制动机)	
4. 掌握调车人员进入车档或车下作业的注意事项	

任务评价

任务测评	评分标准	本人自评得分(20%)	小组互评得分(20%)	教师评价得分(60%)	综合得分
知识点掌握(30分)	1. 掌握人身安全、作业安全规定 2. 掌握选闸的方法 3. 掌握人力制动机使用程序和方法 4. 掌握减速器、减速顶基本原理				
技能点运用(40分)	1. 能规范佩戴安全帽、安全带、安全手套,规范配带手持台等,保证使用 2. 能识别常见手闸类型,完成选闸、试闸 3. 能完成人力制动机的操作				
职业素养(30分)	1. 遵守横越线路、进入车档作业等人身安全注意事项 2. 培养良好的职业习惯,服从领导,听从指挥 3. 展现团队精神,按时完成教学任务				
综合评价					

学生思考反馈

思考总结	
心得分享	

任务二　使用铁鞋

任务描述

铁鞋是铁路调车作业中进行目的制动和车辆防溜的重要工具,调车作业人员应了解我国铁路常用铁鞋的种类、制动原理,掌握铁鞋的保管要求,掌握铁鞋的基本使用方法和注意事项,完成相应的制动和防溜工作。

任务导入

某站停留车占线板示意如图3-2所示,调车作业计划:10道挂2辆(10道原有停留车辆5辆),11道甩2辆(11道原有停留车辆3辆)。要求:检查10、11道停留车防溜情况,熟悉调车计划中使用铁鞋的作业程序和作业标准,熟练施放、撤除铁鞋,完成防溜。

调车人员及服装备品:调车组2人,调车长和连结员各1人。无线调车灯显设备手持台调车长专用1个、连结员专用1个,调车作业服、劳动手套、安全带、铁鞋、紧固器等。

请思考:

铁鞋的作用及其操作标准是什么?

知识准备

一、铁鞋的分类及作用原理

1. 铁鞋的分类

铁鞋(图3-13)是铁路调车作业中进行目的制动和停留车辆防溜的工具,通过铁鞋与钢轨的作用(图3-14),使滚动摩擦变滑动摩擦,增加摩擦力,对运行中的车辆进行制动,或者是防止停留车辆溜逸。

图3-13　铁鞋

图3-14　铁鞋作用位置

铁鞋按用途分为制动铁鞋和防溜铁鞋，防溜铁鞋又分为普通防溜铁鞋、防盗铁鞋和三防铁鞋。防盗铁鞋（图 3-15）需要用专用钥匙打开锁爪，安装在专用线或到发线进行车辆防溜，不用专用钥匙时，人无法拿走铁鞋，起到防盗作用和安全防溜作用。

2. 铁鞋的作用原理

我国铁路车站上使用的铁鞋，都是双边制动铁鞋，分为底部和头部两部分，如图 3-16 所示。当车轮踏面轧上鞋尖后，车轮被铁鞋头部踏面卡住，车轮由滚动变为滑动，与钢轨的摩擦力增加从而起制动作用。所谓铁鞋制动，就是在钢轨上放置铁鞋，当向前滚动的车轮压上铁鞋后便沿钢轨滑行，轮轨之间由滚动摩擦变为滑动摩擦，阻止车轮前进，起制动作用。

图 3-15 防盗铁鞋

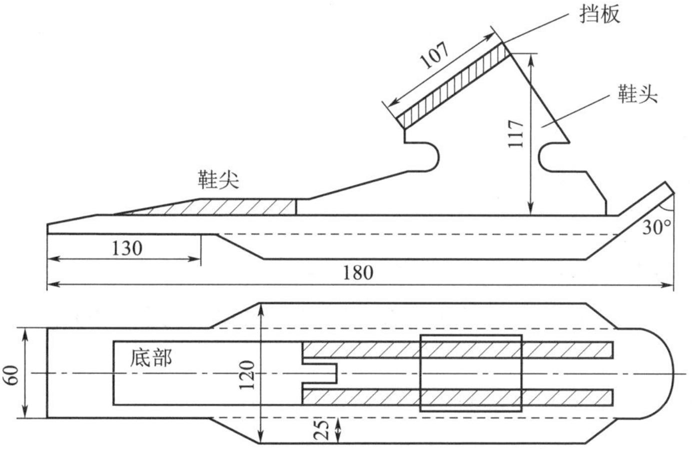

图 3-16 铁鞋结构（单位：mm）

平面牵出线溜放和简易驼峰溜放作业时，铁鞋作为目的制动工具仍被使用。铁鞋制动一般由调车长统一指挥，在包线制动的原则下，调车长可根据计划合理进行分工、灵活掌握，在确保安全的基础上提高作业效率。

二、铁鞋制动的技术要求

铁鞋制动员在制动时，要沉着、冷静、精神集中，动作敏捷、准确，不能犹豫和迟缓。当车组接近铁鞋时，严禁徒手下鞋。安放辅助鞋时，无论是大档下鞋或是小档下鞋，铁鞋制动员都应使用铁鞋叉子（图 3-17），叉入铁鞋后，背向来车方向，斜侧站立，两腿稍分开，两脚站稳，腰部稍弯，头转向来车方向，以便随时观察车组走行速度，掌握安放时机，如图 3-18 所示。不要将上肢扭过去，也不要距车辆过近，免得被溜行车组撞伤。

图 3-17　铁鞋叉子

图 3-18　手持铁鞋叉子

端鞋时,弯腰不要过大,要保持铁鞋平稳,不宜抬得过高和用力过猛,也不要低于轨面,防止碰掉铁鞋。铁鞋放置到钢轨上后,后手要略抬起,方便撤出叉子,撤叉子时不宜用力过大,以免带掉铁鞋。

铁鞋制动一般采用基本鞋和辅助鞋配合使用的方法进行。安放基本鞋或辅助鞋时,使鞋尖稍转向钢轨外侧,保证铁鞋紧贴于钢轨内侧,不使鞋边与钢轨头部内侧留有缝隙,以免铁鞋被轮缘打掉。

1. 安放基本鞋

放置基本鞋,制动人员要对溜行车组进行观距观速,并根据溜行车组大小、被制动车组空重等情况放置。

基本鞋是指事先放在钢轨上,车组溜行方向第一轮对压上的铁鞋。其主要作用是减速,起间隔制动作业,在车组溜行速度过低时,也能起到目的制动的作用。

(1)单轨单基本。

在一根钢轨上安放一只基本鞋,车轮压鞋后,由滚动变为滑动,同时,由于车辆转向架发生倾斜,使车辆运行阻力增大,所以,这种方法制动力大,滑行距离短(同理,使用铁鞋防溜时,只在一根钢轨上放置一只铁鞋要比两根钢轨上平行各放置一只制动力更大,防溜效果更好)。

(2)单轨双基本。

在一根钢轨上前后安放两只基本鞋。速度大或 1～3 辆小组车时,放两只基本铁鞋,可以防止前一只铁鞋被打掉,后只铁鞋起保护作用。制动员可根据车组接近铁鞋时速度的大小,灵活调整基本鞋的位置,速度低时可撤掉前一只铁鞋。

遇单个车辆,应采用单轨双基本,并且准备一只辅助鞋随时应对打鞋问题。小组车必须使用基本鞋,中大组车可根据需要使用基本鞋。

2. 安放辅助鞋

辅助鞋是指在车组溜放过程中,用铁鞋叉子将铁鞋放在车辆间(或同一车辆两台转向架间)的钢轨上,当溜行车组压上铁鞋后产生制动力,根据被制动车组溜行速度、车辆空重、车组大小、停留车位置等情况，可连续安放多只辅助鞋，主要起目的制动作用。

(1)大档下鞋。

所谓大档下鞋，就是制动员用铁鞋叉子在同一车辆的两台转向架之间的钢轨上安放辅助鞋。

特点：档子较大，上鞋方便，易掌握，安全条件好。适用于正常情况。

(2)小档下鞋。

所谓小档下鞋(图 3-19)，就是制动员在溜放车组的两车之间的钢轨上安放辅助鞋。

特点：档子小，安全条件差，需抓住时机稳、准上鞋。仅在大档鞋错过时机，紧急制动情况下使用。

(3)大档小档齐下鞋。

大档小档齐下鞋，是以大档下鞋为主、小档下鞋为辅的下鞋方法。在溜行车组走行速度大，为争取时间进行紧急制动时使用。同时，为保证制动效果，制动人员对大组车多采用此种下鞋方法。防溜止轮时，徒手下鞋操作，如图 3-20 所示。

图 3-19　小档下鞋

图 3-20　徒手下鞋

3. 铁鞋调速基本鞋与辅助鞋相结合

(1)远放基本近掏档。

远放基本，即距停留车较远的地方安放基本鞋。

近掏档，即距停留车较近的地方安放辅助鞋。

适用范围：单个车、小车组(易行车)。

(2)近放基本远掏档。

近放基本：距停留车较近的地方安放基本鞋。

远掏档：距停留车较远的地方安放辅助鞋。

适用范围：中车组、大车组、隔钩车。

(3)近放基本多掏档。

这是一种以辅助鞋为主、基本鞋为辅的制动方法。

适用范围：溜行速度大的大、中车组。使用方法为“让头拦尾”，集中下鞋。

(4)滑鞋找距。

使用方法:用铁鞋叉子在钢轨上推着铁鞋随车滑行(滑行速度保持与溜放车组走行速度相同),根据溜放车组的走行速度,测准距离后,抽出叉子,使滑行的铁鞋被溜放车组压上后起制动作用,以利于压缩天窗和安全连挂;若溜放车组已降至连挂速度(5 km/h)不需制动时,可将滑鞋从钢轨上取下。

(5)使用辅助鞋调整注意事项。

①用铁鞋叉子安放辅助鞋,须保持铁鞋的平稳,叉住铁鞋不能出现前后摆动的现象。要求制动员握紧叉子手柄保持铁鞋的平稳。静止上鞋训练如图 3-21 所示。

图 3-21 静止上鞋训练

②向钢轨上安放辅助鞋时,不宜将铁鞋抬得过高,更不宜用力过猛。铁鞋抬得过高,与钢轨的撞击力就会过大,铁鞋就容易被撞掉。用力过猛就容易在铁鞋接触轨面后翻入轨内。

③用铁鞋叉叉起铁鞋时,要注意铁鞋叉与铁鞋成一个角度,并使鞋尖稍转向钢轨外侧,以便铁鞋安放后能与钢轨密贴。

④当用铁鞋叉将铁鞋安放好后,用铁鞋叉稍微压住铁鞋,等车轮压上铁鞋后,再将鞋叉撤出,这样可以防止由于撤叉不当带掉铁鞋。

⑤遇车辆的两侧有门梯、支柱、补助梁时,应避免在这些车辆下安放辅助鞋。

⑥在同一线路上有连续几组隔钩车,如前后车组追得很紧,在保证前行车组安全制动的同时,应特别注意做好后车组的制动工作,以免造成尾追事故。

4. 使用铁鞋方法及安全注意事项

(1)铁鞋制动员作业时必须戴安全手套,撤铁鞋应使用铁鞋叉,不准用手撤除铁鞋,以免烫伤或碰伤头部。

(2)禁止反手持叉下鞋,以免车辆撞击叉把,造成人身伤害。当车组已接近铁鞋时,不能用手去调整铁鞋位置,以免挤伤和碰伤头部。

(3)使用铁鞋制动时,应背向来车方向,严禁徒手使用铁鞋,要注意车辆及货物的装载状态,并注意邻线机车车辆的移动情况,以免发生危险。

(4)遇到车辆的两侧有门梯、支柱、补助梁时,应避免在这些车辆下安放辅助鞋,防止被上述物体打伤。

(5)车列行进中,严禁带铁鞋叉上车。

三、铁鞋制动的限制事项

1. 曲线外轨严禁使用铁鞋

车辆轮对在曲线上行驶时,由于离心力的作用和车辆改变运行方向的需要,外侧车轮挤压钢轨,着力点不平衡,外轨上鞋,容易被车轮撞掉,同时,当轮对运行于曲线时,外侧车轮较内侧车轮走行距离长,以保持轮对的平衡移动,如果外轨上鞋阻止外轨车轮走行,破坏了平衡,容易造成车辆脱轨。

2. 调车场以外的线路严禁使用铁鞋

铁鞋只能在调车场的线路上使用,调车场以外的线路上由于钢轨型号不一致,铁鞋尺寸与钢轨类型不符,容易发生危险。尤其在到发线上不能安放铁鞋,到发线主要用来接发列车,如果作业后忘记撤去铁鞋,会造成列车脱轨的危险。

3. 外闸瓦车严禁使用铁鞋

外闸瓦车的闸瓦钎子距轨面低于铁鞋挡板距轨面高度。因此,当溜放车组接触铁鞋时,容易被闸瓦钎子撞掉或被推着滑行,起不到制动作用,甚至会发生因闸瓦钎将铁鞋掘起(鞋尖向上)卡住车辆,造成行车事故。

4. 车轮直径在 950 mm 及其以上的大轮车严禁使用铁鞋

普通制动铁鞋顶部踏面是根据一般轮对直径为 840 mm 制造的,而直径在 950 mm 及其以上的大轮车使用普通制动铁鞋时,车轮踏面与铁鞋踏面不密贴,即影响制动力,也可能撞掉铁鞋,还有可能车轮爬上铁鞋顶部造成脱轨。

四、掉鞋、压鞋及铁鞋的保管

1. 掉鞋

(1)掉鞋原因。

除铁鞋的规格和质量、线路质量、气候条件造成掉鞋外,其原因主要有:

①选鞋不细致,铁鞋质量已不合要求。

②轨面或鞋底有润滑物,未发现或虽发现但未采取撒砂等措施,车轮压鞋不实而滑掉。

③上鞋基本功不过硬。用力不匀,铁鞋歪斜。用力过猛,推入道心。取叉用力不对,或叉口过紧,拉掉铁鞋。上鞋时机过晚,未上稳就被打掉等。

④在不合规定的地点上鞋。如曲线外轨上鞋易被打掉,钢轨面过窄铁鞋易被震掉。

⑤对不符合规定的车辆上鞋。如大轮车、外闸瓦车都会把鞋打掉。

⑥车辆溜行速度过高,打掉基本鞋。

(2)防止掉鞋的主要方法。

①选择质量良好,外表无变形的铁鞋,在冬季或雨天选择使用过的热鞋。

②在铁鞋鞋尖及前后分别撒砂,增加摩擦力,可有效防止打鞋。

③勤练基本功,确保在被制动车组溜行速度高时安放铁鞋动作不变形。

④用好基本鞋,对溜行速度高的车组,在第一轮对压上铁鞋前,使用铁鞋叉子按压固定铁鞋,也可增加压鞋成功率。

⑤避免在钢轨接头前 1 m,曲线上安放铁鞋,防止铁鞋被溜行车组打掉。

2. 压鞋

(1)防止压鞋的方法。

①小组车必须安放辅助鞋,时机是在车组即将停止前安放,可借助被制动车组的回弹减少压鞋。

②大组车可集中进行安放辅助鞋,时机是车组将在到达制动目的地前,集中大档小档下鞋,可使用车组回弹,减少压鞋。

(2)压鞋的处理办法。

压鞋后应采取“别鞋”措施,取出铁鞋;不能取出时要安放压鞋标并应及时向调车领导人汇报,通知有关人员,交班时应交清压鞋的线路、地点、数量。

3. 铁鞋的保管

铁鞋保管是否科学严格,直接涉及作业安全和人身安全。制动铁鞋应在调车场股道内存放,存放地点为铁鞋制动股道安放铁鞋的一侧钢轨旁,并设置铁鞋存放台,鞋台间距离可根据解体作业量来确定,作业量大的可间隔 20 m 设置,作业量小的可适当拉大距离,同时每个鞋台放置不少于 3 只铁鞋,以满足最少使用 3 只铁鞋的要求,如图 3-22 所示。每只铁鞋有独立编码(图 3-23),便于保管和使用。

图 3-22 铁鞋的存放

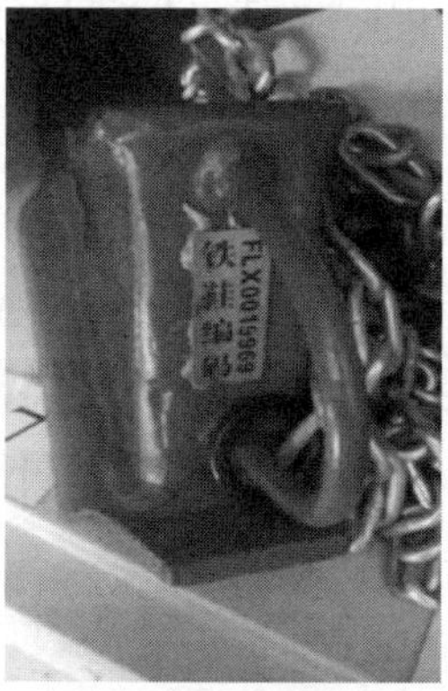

图 3-23 铁鞋编号

五、智能铁鞋

智能铁鞋内置加速度传感器及超声波测距传感器,通过获取铁鞋当前加速度及铁鞋距离车轮的距离,可对铁鞋有效防溜状态、无效防溜进行检测。能够识别铁鞋的水平状态、铁鞋与车轮之间的距离,将防溜状态(有效、无效)实时上报至服务器,软件界面实时监控铁鞋的防溜状态。

1. 智能铁鞋原理

智能铁鞋可通过无线网络将当前防溜状态、电池电量实时发送至服务器,用户可通过客户端软件实时查看当前站内铁鞋的防溜状态、电池电量;当铁鞋状态发生变化时,客户端会发出语音提示、语音警告或语音报警，如在铁鞋被盗、防溜失效情况下，客户端软件会发出语音报警，值班人员可通知现场作业人员对现场智能铁鞋防溜状态进行检查，从而达到智能铁鞋的防盗、防车辆溜逸的功能。

有效防溜：铁鞋通过加速传感器检测铁鞋在安放过程中是否与车轮存在撞击，如果铁鞋与车轮存在撞击、铁鞋处于水平且检测距离在一定范围内，则判定铁鞋安放到位，铁鞋当前处于防溜有效状态。

无效防溜：铁鞋通过加速度传感器检测当前铁鞋是否处于水平状态，通过超声波传感器检测铁鞋距离车轮的距离，当铁鞋不处于水平状态或铁鞋距离车轮距离超过一定距离（设定 1 cm），则判定铁鞋当前状态为无效防溜状态。

2. 主要功能

防溜失效提醒：通过软件界面，实时查看站内股道上铁鞋的防溜状态，当铁鞋脱落或离开车轮踏面时，软件界面进行提醒。

带鞋开车提醒：通过图形处理工作站，实时监控信号员对计算机联锁系统的操作，当操作列车开放进路（鼠标在对应列车进路始端按钮变成“小手”状）时，若本股道有防溜未撤，则软件界面进行信息及语音提醒。

3. 设备结构

智能铁鞋（图 3-24）由电子模块（图 3-25）及金属结构组成。

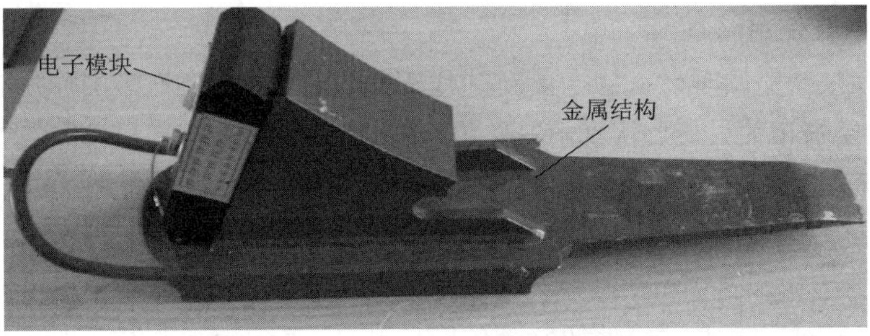

图 3-24　智能铁鞋

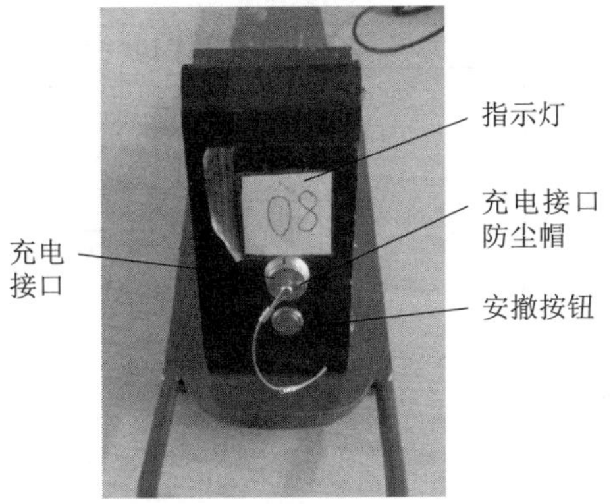

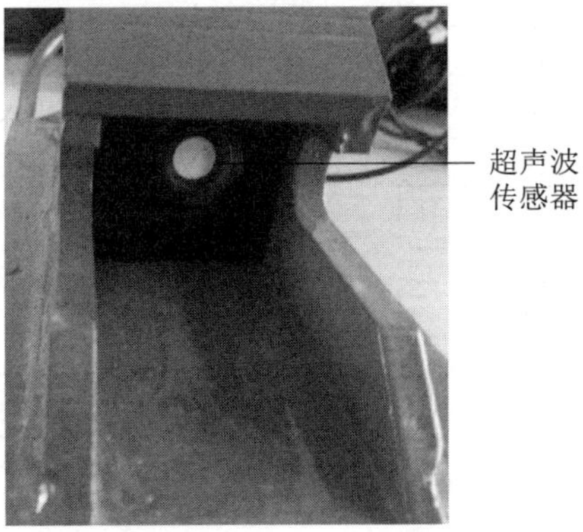

图 3-25　电子模块

智能铁鞋箱(图 3-26)可实时监测库内智能铁鞋、人力制动机紧固器的数目,同时监测数据发送至服务器。值班人员可通过客户端显示的库内防溜器具数据及库外的防溜器具状态,判断是否能够开通进路,从而达到防止带鞋开车的目的。

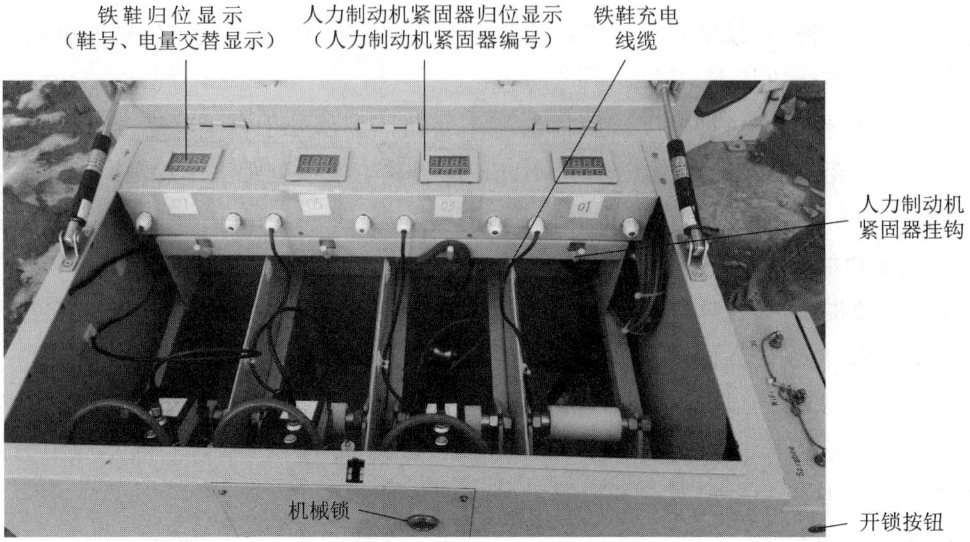

图 3-26　智能铁鞋箱

4. 智能铁鞋使用流程

智能铁鞋是铁路调车设备技术更新的代表,不仅具有常规铁鞋的作用,同时由于其结构复杂,故要求相关人员要认真学习作用原理,熟练掌握操作流程(图 3-27),充分发挥智能铁鞋在调车工作中的作用。

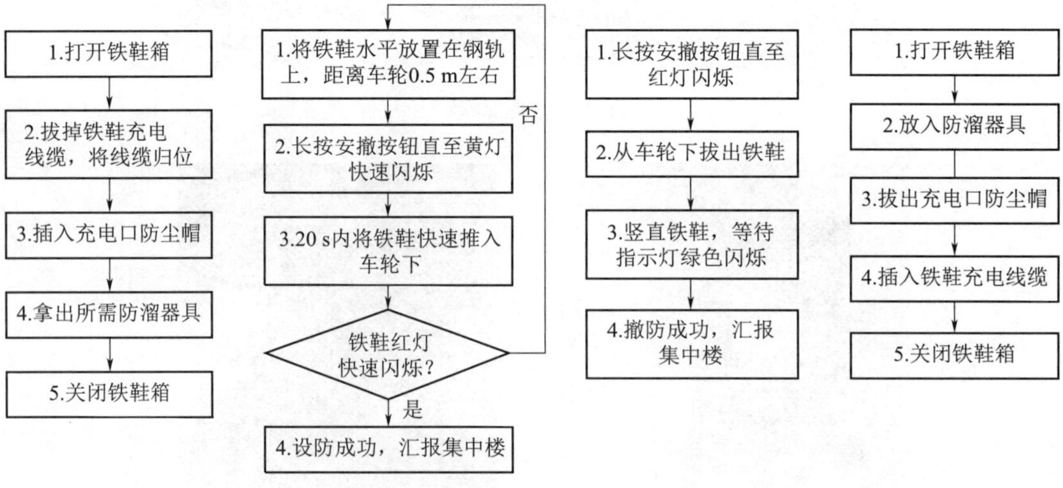

(a)铁鞋出库流程　(b)铁鞋设防流程　(c)铁鞋撤防流程　(d)铁鞋入库流程

图 3-27　智能铁鞋操作流程

任务实施

任务单：

编制调车作业计划，模拟任务导入中调车作业岗位分组、分工，着装整齐、标准，学习过程中遵章守纪、团结合作，熟悉车站设备和线路情况、调车工作人员工作职责，严格执行安全规定。了解我国铁路常用铁鞋的种类、制动原理，了解铁鞋保管的要求，掌握铁鞋的基本使用方法和注意事项，完成相应的制动和防溜工作。

实施要点	完成情况记录
1. 熟悉调车作业安全规定，掌握人力制动使用程序，规范佩戴安全帽、安全带、安全手套，规范配带手持台等，保证使用	
2. 掌握现车情况，按照调车作业通知单要求取送车辆	
3. 掌握起动运行前撤除或采取的防溜措施（铁鞋）	
4. 掌握调车人员进入车档或车下作业的注意事项	

任务评价

任务测评	评分标准	本人自评得分（20%）	小组互评得分（20%）	教师评价得分（60%）	综合得分
知识点掌握（30分）	1. 掌握人身安全、作业安全 2. 掌握铁鞋的使用方法 3. 掌握掉鞋、压鞋的原因和处理办法				
技能点运用（40分）	1. 能规范佩戴安全帽、安全带、安全手套，规范配带手持台等，保证使用 2. 会使用铁鞋叉子，会放置铁鞋 3. 会处理掉鞋、压鞋问题				
职业素养（30分）	1. 遵守调车作业的人身安全注意事项 2. 培养良好的职业习惯，能够按标准穿戴工装、备品齐全 3. 展现团队精神，按时完成任务				
综合评价					

学生思考反馈

思考总结	
心得分享	

任务三　车辆排风、摘结软管、调整钩位

任务描述

做好调车工作前的准备，是安全迅速地进行调车作业的前提。只有做好准备工作，才能顺利地执行调车作业计划，保证安全地完成工作。列车到达解体站或有相关作业的车站后，开始解体调车作业前，必须进行排风、摘管作业。调车作业人员应了解车辆排风、摘结软管、调整钩位的意义和基本原理，掌握车辆排风、摘结软管、调整钩位的操作方法和注意事项。

任务导入

某站停留车占线板示意图如图 3-2 所示。调车作业计划：10 道挂 2 辆（10 道原有停留车辆 5 辆），11 道甩 2 辆（11 道原有停留车辆 3 辆）。要求：熟悉调车作业计划，掌握线路、车辆及货物装载情况等，按岗位作业标准完成车辆排风、摘结软管、调整钩位。

调车人员及服装备品：调车组二人，调车长和连结员各一人。无线调车灯显设备手持台调车长专用 1 个、连结员专用 1 个、调车作业服装、劳动手套、作业安全带、防溜铁鞋等。

请思考：

为什么要进行车辆排风、摘结软管、调整钩位？

知识准备

一、排风的意义和方法

到达列车的车辆制动主管是连接在一起的，并与本务机车制动主管连通。列车到达解体站后，开始调车作业前，必须进行排风、摘管作业。

1. 排风方法

排风是为了防止车辆在溜放途中因负风缸内的余风泄漏产生制动，造成车辆途停，后续车辆追尾、撞车等严重后果。排风包括两个作业过程，一是放风、二是拉风。放风是在待解车列进行调车作业前，缓缓打开车列一端车辆的折角塞门，放出主制动软管内的风，可以借助简易放风阀（图 3-28）完成。安装简易放风阀如图 3-29 所示。

拉风是在调车作业前拉动每个车辆的拉风杆，如图 3-30 所示，排出副风缸中的余风，使自动制动机缓解。

排风具体方法是：作业人员在车列一端，一手拿起制动软管，一手缓缓扳动折角塞门，将车列主管的风放出一部分后，立即将折角塞门关闭（图 3-31），连续开放几次，在制

动软管内排出的风声将停止时为止。需要注意的是，一是不要把车列主管内的缝全部封紧，应使主管内的压力保持在100 kPa左右。操作方法是徐徐打开折角塞门，待主管放出一部分风压后，关闭折角塞门，这样连续几次即可。二是在扳动折角塞门时，不要扳得过猛，以免使主风剧烈放出，使车辆骤然紧急制动，使制动机零部件损坏或缓解不良。

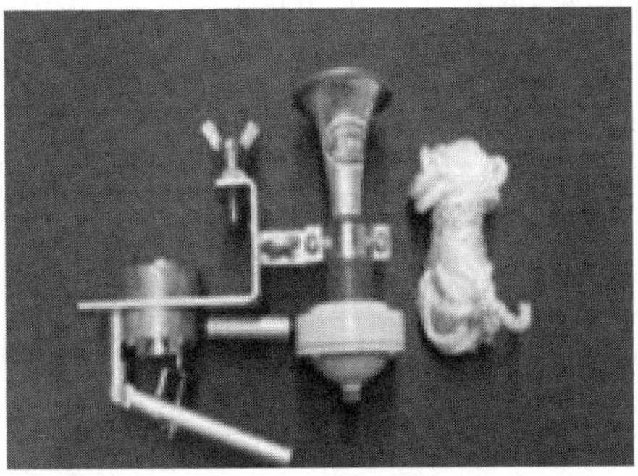

图3-28　简易放风阀

图3-29　安装简易放风阀

图3-30　拉动拉风杆

图3-31　关闭折角塞门

（1）首先由排风制动员联系确认，作业前要与调车领导人联系，了解列车到达情况和集体顺序，做到车次，股道时间，工序或组号清楚，多人作业时做好分工；列车到达后确认地点到达是否完毕，方可开始排风；排风摘管应做好防护，排风作业在列车解体前完成。

（2）在排风过程中，排风制动员，缓缓打开折角塞门，放出主制动软管的风，排净制动缸里的余风，做到风排净、不漏排、不抱闸。根据调车作业计划获取号码的开口通知单，或者是粉笔标记，正确摘管。

（3）在复检处理过程中，排风制动员要检查禁止通过驼峰，不宜使用铁鞋制动的车辆，报告调车长或调车领导人；排风摘管后，逐辆复检，发现问题及时处理；调车指挥人在处理过程中，根据报告或指示，在调车作业通知单上注明禁止流放或禁止过峰车，并向有关人员传达清楚。

2. 车辆自动制动机缓解不良的原因及处理

（1）由于主管风全部放净。此时拉动缓解阀只能放副风缸的风，而不能排出制动缸内的余风。

处理方法：应将缓解阀的拉杆拉开后卡上石子，然后关闭该车一端的折角塞门，在另一端向软管吹气（起人工充风作用），促使三通阀活塞移动，构成制动缸与三通阀排风口的通路，使制动缸内的余风由三通阀排风口排出。

（2）拉风不排风，即拉动缓解阀，但听不到缓解阀排风口有排风的声音，这是由于缓解阀故障。

处理方法：首先用铁丝等物穿通缓解阀排风口；若仍不排风，可拆卸缓解阀或拧开副风缸下面的螺丝实现放风缓解。

（3）在有些车辆上，装有两套自动制动系统。

处理方法：拉风时，必须分别拉动两个副风缸上的缓解阀杆，才能使车辆实现缓解。

二、摘结软管

摘结软管是调车作业的重要工作，是调车作业人员的关键技能。

1. 摘管程序

摘管程序为：一关前→二关后→三摘软管→四提钩。

摘车作业的实际操作过程要领为：关—关—摘—堵—提。

（1）关闭靠机车方向的折角塞门（客车还有暖气管端阀）。

（2）关闭另一端的折角塞门（客车还有暖气管端阀）。

（3）摘开软管（客车还有暖气软管、电器连接器）。

（4）堵住防尘堵（暖气软管吊链吊起，将电器连接器放在固定位置内）。

（5）提开车钩。

2. 摘管方法及注意事项

（1）正手摘管：先关闭两分管折角塞门，使其把手同制动软管垂直，而后将右腿伸入两轨中间，并稍加屈膝，紧紧靠住两制动软管的接头，右手用力向上提拉靠近自身一边的制动软管接头，使制动软管头部扭转即可摘开。该方法既不磨衣服，也不消耗大量体力，但要求制动员要有较好的技术。正手摘管如图 3-32 所示。

图 3-32　正手摘管

(2)反手摘管:开始与正手摘管一样。就是左手握住靠近身体一边的制动软管,右手反握住另一制动软管头部向上稍微托起,制动软管的余风随即漏出,待余风漏出后,再用力向上托,即可摘开制动软管。该方法易学好用,适合初学者,但消耗体力大,易磨衣服,稍不注意易伤手。反手摘管如图3-33所示。

图3-33　反手摘管

(3)摘管注意事项:一要重视摘管工作,严格按调查作业计划的要求摘管;二是摘管中,为防止发生挤伤手或打伤腿的现象发生,必须按照摘管的要领进行;三是摘结带风的制动软管应在两制动软管头刚刚错开时略停一下,待制动软管余风排出一些后,再继续向上提,以防止制动软管端部的连接器受风压的冲击而打伤腿。

3. 结管方法及注意事项

(1)结管方法:结管时应先确认车钩的钩索销已落槽,或先进行试拉后再进行连结,而后左腿迈入道心,右腿在轨外蹲下,以左手握紧左方制动软管接头,接近肩部,同时右手将右方制动软管接头拿稳同左手拿着的制动软管接头套处,两者先呈垂直状态,然后再用两手紧紧向下扭动,并用制动软管本身的弹力使两根制动软管头部密结,然后打开两制动软管上方的折角塞门。连结软管如图3-34所示,软管接头垂直状态如图3-35所示。

图3-34　连结软管

图3-35　软管接头垂直状态

(2)结管注意事项:

①结管之前应检查车钩是否连接良好,确认钩销入槽后再进行连接。

②结管之前一定要看两个连接器内有没有橡皮圈,如果有两个橡皮圈可以连接,只有一个橡皮圈时,要取出来反扣再进行连接,没有橡皮圈时,则不能连接。

③结管时两脚不能同时迈进道心,蹲在里面,要按照规定进行,就是两脚一前一后,万一车辆移动,就可以马上将前脚退出钢轨外边。

④结管后打开折角塞门,试验刚接好的制动软管是否漏风,如果漏风,必须关闭折角塞门后再重新连接。

三、调整钩位

调整钩位一般由连结员完成,连结员进入线路调整钩位,要等机车车辆停稳后向调车长报告,白天由调车长防护,夜间向机车显示停车信号,调整钩位时不得探身于两车钩之间。

车钩连挂后应认真确认是否连挂稳妥,确认的方法为:

(1)上作用式车钩钩锁铁锁脚(图 3-36)在锁头底部露出,钩销露出在 56 mm 以内,确认连挂状态妥当。

(2)下作用式车钩的钩销(图 3-37)正确降落在钩头的后部下方,如钩销露出在 240 mm 以上,说明连挂状态妥当。

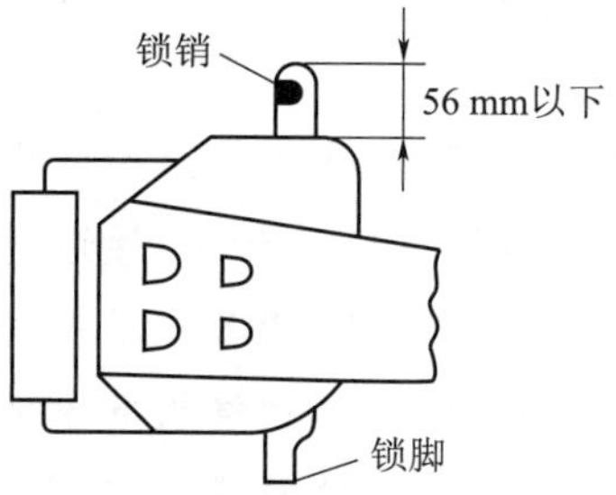

图 3-36　上作用式车钩钩锁铁锁脚

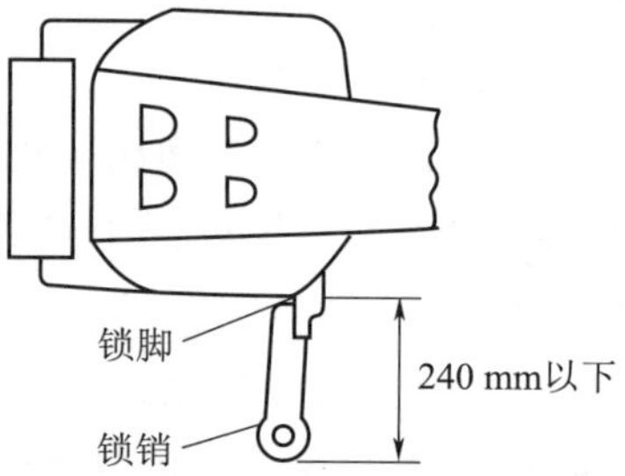

图 3-37　下作用式车钩钩锁铁锁脚

(3)两车连挂后,除了确认是否挂妥外,还应确认两车钩纵中心水平线的高差是否超过 75 mm。车钩水平中心线高差(图 3-38)75 mm,是由车钩中心线距轨面最高为 890 mm,最低为 815 mm 两者之差决定的。

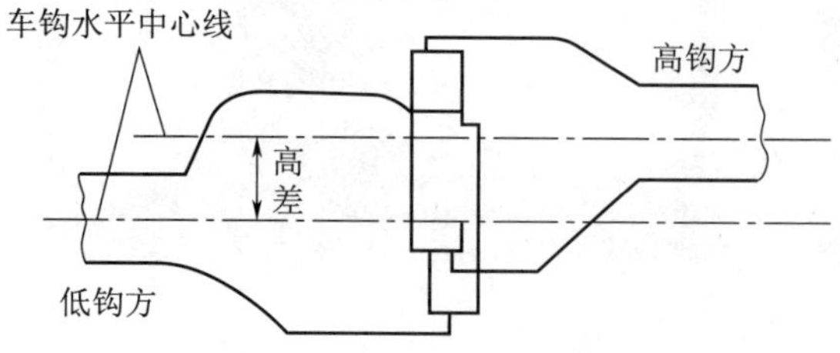

图 3-38　车钩水平中心线高差

观察车钩高差的方法是:在车钩中心线上有一条白线,首先检查两车钩连挂后两白线是否吻合成同一水平线,如果发现错开时,就应观察两中心水平线的高差是否超过 75 mm,若超过时,应立即报告调车长或车站调度员,通知车辆部门处理。

四、车钩提不开的处置

(1)当前车车钩提不开时,后车为上作用车钩,可使用提钩摘管器别后车提钩杆,把后车车钩提开。

(2)遇到上作用式车钩的提钩链脱落,可使用提钩摘管器的主尖挑起钩销,把车钩提开。

(3)遇到上作用式车钩,钩提链与钩销分离,无法使用钩提杆将车钩提开时,可以使用提钩摘管器的主尖插入钩销孔内,用提钩摘管器的钩钩住提钩杆上的钩提链,把车钩提开。

(4)遇到下作用式车钩时,如提不开车钩时,可以左右晃动几下提钩杆,使钩锁销位置摆正后,用力向上提,即可提开车钩。

任务实施

任务单:

模拟任务导入中调车作业岗位分组、分工,着装整齐、标准,学习过程中遵章守纪、团结合作,熟悉车站设备和线路情况、调车工作人员工作职责,严格执行安全规定。了解车辆排风、摘结软管、调整钩位的意义和基本原理,掌握车辆排风、摘结软管、调整钩位的操作方法和注意事项,进行模拟操作。

实施要点	完成情况记录
1. 掌握调车作业安全规定,掌握车辆排风、摘结软管、调整钩位的操作要领	
2. 规范佩戴安全帽、安全带、安全手套,规范配带手持台等,保证使用	
3. 完成车辆排风、摘结软管、调整钩位的操作。按"一关前,二关后,三摘管"的顺序,摘结软管 10 个,并复检。建议时间不超过 200 s。在作业过程中如发现折角塞门 1 处未关或不到位、软管未摘、复检过程中未确认活塞杆回缩情况,为不合格	
4. 掌握调车长、连结员的作业程序和联系用语	
5. 掌握调车人员进入车档作业的注意事项	

任务评价

任务测评	评分标准	本人自评得分(20%)	小组互评得分(20%)	教师评价得分(60%)	综合得分
知识点掌握(30分)	1. 掌握人身安全、作业安全规定 2. 掌握调车作业安全规定,掌握车辆排风、摘结软管、调整钩位的操作要领 3. 掌握调车长、连结员的作业及联系用语				

续上表

任务测评	评分标准	本人自评得分（20%）	小组互评得分（20%）	教师评价得分（60%）	综合得分
技能点运用（40分）	1. 按标准佩戴安全帽、安全带、安全手套等，保证使用 2. 能完成车辆排风、摘结软管、调整钩位的操作 3. 能完成调车长、连结员岗位作业，岗位联系准确有效				
职业素养（30分）	1. 遵守横越线路、进入车档作业等人身安全注意事项 2. 培养良好的职业习惯，服从领导，听从指挥 3. 展现团队精神，按时完成任务				
综合评价					

学生思考反馈

思考总结	
心得分享	

任务四　观速、观距、上下车

任务描述

调车作业要做到安全、迅速、准确地掌握调车速度，及时观速、观距并准确显示调车信号。在摘挂、取送等调车作业时，应准确掌握速度及车组间的距离。调车作业人员应了解调车作业过程中观速、观距的意义和要求，了解上、下车的要求和相关作业环境，掌握观速、观距的方法，掌握上下车的动作要领，能够观速、观距和上下车，能够正确显示十、五、三车距离信号。

任务导入

模拟车站线路、旗帜、电线杆、车辆等参照物，掌握线路、车辆及货物装载情况等，按岗位作业标准进行观速、观距训练，完成静态上下车训练，并且能够正确显示十、五、三车距离信号。

调车人员及服装备品：调车组二人，调车长和连结员各一人。无线调车灯显设备手持台调车长专用1个、连结员专用1个、调车作业服、劳动手套、安全带、铁鞋、手持台等。

请思考：

为什么要进行观速、观距？参照物有哪些？

知识准备

一、观速、观距

调车作业中要做到安全、迅速、准确，掌握调车速度是关键。按照《技规（普速铁路部分）》《铁路调车作业》等有关规章规定，进行调车作业的司机必须严格地限制速度，按调车指挥人的信号操纵机车，在任何情况下，不准超速作业。调车指挥人和作业人员要注意观速、观距，调车指挥人在及时准确地显示信号外，发现司机超速危及安全时，必须立即显示停车信号。

在调车作业中正确观速、观距是准确进行调速和目的制动的先决条件，是保证调车作业和行车安全的关键环节。在调车作业中，为了保持车组间的安全间隔或安全连挂及有效地进行目的制动，要及时准确地观测车辆走行速度及车组距停留车或车组间距离。

所谓动观，指调车组人员在机车车辆运行中所观察的速度或前方目标的距离。

所谓静观，指调车组人员在固定地点观察机车车辆运行时的速度或远处的目标距离。

1. 观速

一般运用目测和音测两种方法，一般情况下，白天以目测为主，尤其应当以近距离目测为主，夜间或大雾、雨雪不良天气，以远听音近观速结合使用。以下为常用的判明速度或近似计算速度的方法。

（1）车上观速。

调车组人员在车上低头看轨枕头或石砟状况来判明车辆的走行速度。

如调车场每节钢轨的长度为12.5 m，下铺18根枕木时。

①能较慢地数清轨枕根数时，车辆走行速度约4 km/h。

②能较快地数清轨枕根数时，车辆走行速度约7 km/h。

③能看清而数不清时，车辆走行速度约10 km/h。

④接近看不清轨枕根数时，车辆走行速度约15 km/h。

⑤看石砟时，能看清石砟形状，车速约为7 km/h。

⑥看不清石砟形状，车速为13～17 km/h。

⑦看石砟成一条线时，车速为25 km/h以上。

(2)步行测速。

根据车辆溜行和人走行的相对速度,来测定车辆速度。一般在连挂车辆和采用铁鞋制动时运用。

①慢步行走能跟上车组时约 3 km/h。

②正常行走能跟上时约 5 km/h。

③快步行走能跟上时约 8 km/h。

④慢跑能跟上时约 10 km/h。

⑤快跑能跟上时约 15 km/h。

⑥快跑也跟不上车组时 20 km/h 以上。

(3)数数计速。

数数计速法就是调车人员用数数来计算速度。每数一下(或两下)为 1 s,而后根据车辆走完一节钢轨(12.5 m 或 25 m)所需要走形时间(s)来计算确定走行速度。

速度计算公式为

$$速度(km/h)=距离(m)/时间(s)\times 3.6$$

式中,3.6 是 m/s 换算为 km/h 的单位换算系数。

2. 观距

观距是观测推送车列的前端或溜放车组与停留车辆间的距离。调车观速表见表 3-1。

表 3-1　调车观速表(仅表示通过一节 12.5 m 钢轨速度)

时间/s	速度/(km·h⁻¹)	时间/s	速度/(km·h⁻¹)	时间/s	速度/(km·h⁻¹)	时间/s	速度/(km·h⁻¹)	时间/s	速度/(km·h⁻¹)
1.0	45.0	2.0	22.5	3.0	15.0	4.0	11.3	5.0	9.0
1.1	40.9	2.1	21.4	3.1	14.5	4.1	11.0	5.1	8.8
1.2	37.5	2.2	20.5	3.2	14.1	4.2	10.7	5.2	8.7
1.3	34.6	2.3	19.6	3.3	13.6	4.3	10.5	5.3	8.5
1.4	32.1	2.4	18.8	3.4	13.2	4.4	10.2	5.4	8.3
1.5	30.0	2.5	18.0	3.5	12.9	4.5	10.0	5.5	8.2
1.6	28.1	2.6	17.3	3.6	12.5	4.6	9.8	5.6	8.0
1.7	26.5	2.7	16.7	3.7	12.2	4.7	9.6	5.7	7.9
1.8	25.0	2.8	16.1	3.8	11.8	4.8	9.4	5.8	7.8
1.9	23.7	2.9	15.5	3.9	11.5	4.9	9.2	5.9	7.6

二、上车的动作要领

铁路调车作业的距离长、区域大、范围广，调车人员必要时需在车辆行进中完成有关作业，需要调车人员能够在规定速度的情况下，熟练上、下车，以安全高效地完成运输生产任务。铁路调车作业过程中有静止上、下车和在机车车辆行进中上、下车，后者涉及速度、环境、气候、人员等多方面因素，是调车工作的关键环节。需要强调是否进行上、下车作业，要根据企业规定并按照限定要求进行。

按照调车岗位基本要求，调车组人员在上下机车、上下车辆过程中，严格执行作业标准，动作熟练准确符合标准，能够对机车车辆采取有效地防溜（制动）措施（铁鞋、人力制动机等），完成信号显示等，工作中培养团结协作、吃苦耐劳的职业精神。客车上的站位如图 3-39 所示，货车上的站位如图 3-40 所示。

图 3-39 客车上的站位

图 3-40 货车上的站位

1. 基本要求

（1）选位。上车前要面向机车车辆运行方向前方，选择好上车地点，一是上车距离内的地面要平坦、无故障物，无滑倒或绊倒的危险；二是上车地点的长度足够长，能满足助跑的需要。

（2）选车。上车前必须选好车辆。一是选车型，选择易于抓乘的车辆，如机车（专用调车机车）、敞车、棚车等车梯有兜边、把手较多的标准车型，不得选择杂型车；二是选状态，上车前应注意车梯、手把杆、低边车的侧板和机车脚踏板的牢固状态，状态不良的车辆禁止抓乘。

（3）助跑。上车前助跑是为了让作业人员在上车前达到与所抓乘车辆相近的速度，更便于上车，减少危害。助跑时，眼要注意前方路面，起速并确认前方无障碍后再进行“抓车操作”。

注意：当车辆速度较低时（一般在 5 km/h 以下），可不助跑，抓紧扶手后就可抬腿上车。当车辆速度较高（高于 5 km/h）时，就需要先助跑再抓住车辆扶手上车，如抓车时助跑的速度小于车辆运行速度时，还需要尽力快跑，与车辆运行速度保持平行时，再纵身起跳上车。但注意助跑距离不宜过长，一般可先跑三四步,当抓住扶手后,再快跑一两步。

(4)抓车。上车时,在确认助跑速度达到要求后,转脸眼盯须抓附的车扶手,在车辆到来时,上身稍微靠近车辆一方,双脚仍保持向前,迅速伸手抓车。抓车正面如图3-41所示,抓车侧面如图3-42所示。

图3-41 抓车正面

图3-42 抓车侧面

(5)起跳。抓紧扶手,在经助跑使人与车的速度基本一致后,是起跳上车的最好时机,起跳要眼急脚快,反应灵敏,起跳的同时,眼要转向搭附的脚蹬子,以保证蹬踏部位准确适宜,脚要随着身体的起跳协调找准位置,起跳高度比脚蹬高度稍高即可。起跳如图3-43所示。

(6)落脚。内侧脚(靠近车体一侧,另一侧为外侧脚,下同)的脚先落脚蹬,站稳后,再将另一只脚紧跟其后合拢落下,须用前脚掌落于脚蹬,这样更加稳固。落脚如图3-44所示。

图3-43 起跳

图3-44 落脚

注意:一是上车时,先落脚蹬的脚,应蹬于脚蹬中部偏后的位置,这样给另一只脚准备好落蹬的地方。二是如果上车时未踏上时(蹬空或蹬脱),千万不能松手,如车速较低时可调整身体跟跑几步,再起跳上车;如果车速较高时,要双臂用力将身体贴近车体上拉,两脚找准位置上车,要掌握好平衡,不要乱蹬,防止被障碍物碰伤。

2. 手腿运用

(1)两手的运用。在完整的上车动作中,由于运行车组的速度高低不同,抓车的方法分为单手抓车和双手抓车,而双手抓车又分为双手抓同一扶手和双手分别抓两个扶手。

①单手抓车。在车辆速度较低情况下采用的,一只手抓住扶手后,一脚也随着踏到脚蹬上去。

注意:在采用这一抓车方法时,抓车的一只手,应尽可能地抓扶较高的扶手,这样如不再向上攀登时,身体基本符合上车后应保持的位置,就不必再进行倒手。单手抓车必须使用内侧手(靠近车体一侧,另一侧为外侧手,下同),内侧手抓车很自然地使身体保持朝向车辆运行方向,以便翘腿上车。

②在车辆速度较高时采用双手抓扶同一扶手(图 3-45)的方法,双手所抓位置横向要有一定距离,外侧手要尽量向前,给内侧手留出足够的空间,这样可使身体保持向前方向。

注意:所选的扶手高低要适宜,所抓的扶手与自己头部一样高为宜。如果过高,两臂必须高举伸直,离车太近,不好抬腿上车;如果过低,又将造成两臂弯曲,离车太远,抬腿跨步太远,容易踩空。

③双手抓不同的车梯。该方法是在抓扶车辆运行速度高时采用的。一般是内侧手抓扶与自己头部同高的扶手,采用正手抓车的方式,也就是采用手心向下的抓车方式,外侧手抓与胸部同高的扶手,上车时两手形成合力,便于拉动身体上车。当抓扶油罐车时,双手要分别抓牢两个扶手,如图 3-46 所示。

图 3-45 双手抓扶同一扶手

图 3-46 抓扶油罐车双手要分别抓牢两个扶手

(2)双腿的运用。低速上车,尤其是在车辆刚起动时,一般采用单手抓住扶手后,即用内侧腿迅速抬腿上车。

在助跑上车时,必须采用内侧腿上车的方式,这除了便于上车外,对于上车时的人身安全至关重要。如果采用外侧腿上车时,一旦蹬脱就会阻止内侧腿的前进,存在身体绊倒的危险。

三、下车的动作要领

1. 基本要求

(1)转身。

在运行中的机车、车辆上准备下车时，先将上身向外转动，面向车辆运行前方，查看一下身体，查看自己的衣服等物是否被车上的配件挂住，注视地面是否平坦无障碍物，冬季地面有无冰雪。转身如图 3-47 所示。

(2)下蹲。

在将要运行到所需要下车的地点前，双手应抓住与自己胸部相上、下的扶手，然后身体向外转动与车辆基本成 90°角，在转身时外侧腿即可离开脚蹬尽量下垂，同时内侧腿向下弯曲，随外侧腿的下垂做下蹲动作(图 3-48)，外侧手也应离开扶手垂下。

图 3-47　转身

图 3-48　下蹲

注意：外侧腿下垂时离地面高度要适当，须保持臀部不会低于内侧腿膝盖的高度，这样便于后续跳车。

(3)跳车。

当上述动作完成后，车辆同时运行到需要下车的地点，身体下蹲，外腿由前向外侧转，这时内侧手松开扶手，同时内侧腿稍微用力蹬脚蹬板做跳下动作，如图 3-49 所示。

注意：在完成跳车这个动作时要注意身体面向机车、车列运行的方向，脚尖跳下的方向应与车辆成一定角度，身体各部位配合要协调一致，跳车时内侧腿蹬和内侧手的松开要同步进行，防止松手过晚，车辆带动上身以原速度向前移动(这时双足已离开脚蹬)，造成下车失败，还容易发生危险。下车要果断不能拖沓，犹犹豫豫容易发生危险。由于车速等原因使自己害怕时，应终止下车。下车最容易出现问题的基本都处于这段时间内。

(4)着地。

当跳下将要着地时,必须做臀部下坐、上身后仰的动作(可消减身体前冲的惯性),下车时速度愈大,上身向后倾斜与地面所成的角度也应愈小,在保持这样的姿态下,两脚着地后,随即沿着双脚跳下的方向用力蹬,作减速跑步,减少向前冲跑的距离,以便保持身体的平衡而站稳,如图 3-50 所示。

图 3-49 跳车

图 3-50 着地

注意:在着地时,脚部应采用平落或者脚跟落地,以保持身体稳定。

2. 手腿运用

(1)双手的运用。

在下车时,一律用内侧手抓扶手,而外侧手在下蹲动作中随外腿转身下垂(图 3-51),为下车做好开始的准备,这样就自然地保持身体向前方。整套动作要按顺序,迅速流畅地完成。

(2)双腿的运用。

下车时,不论是高速还是低速,一律采用外侧腿先着地,不能采用双腿同时着地和内侧腿先着地。双腿运用也称"别腿下车",如图 3-52 所示。

图 3-51 双手运用

图 3-52 双腿运用

任务实施

任务单：

模拟任务导入中调车作业岗位分组、分工，着装整齐、标准，学习过程中遵章守纪、团结合作，熟悉车站设备和线路情况、调车工作人员工作职责，严格执行安全规定。了解调车作业过程中观速、观距的意义和要求，了解上、下车的要求和相关作业环境，掌握观速观距的方法，掌握上下车的动作要领，能够观速观距和上下车，能够正确显示十、五、三车距离信号，进行模拟操作。

实施要点	完成情况记录
1. 熟悉调车作业安全规定	
2. 规范佩戴安全帽、安全带、安全手套，规范配带信号旗等，保证使用	
3. 明确参照物的意义，掌握不同情况下观速、观距的方法	
4. 能够在静态情况上下车，正确显示十、五、三车距离信号	

任务评价

任务测评	评分标准	本人自评得分（20%）	小组互评得分（20%）	教师评价得分（60%）	综合得分
知识点掌握（30分）	1. 掌握人身安全、作业安全规定 2. 掌握观速、观距的意义和方法 3. 掌握上下车的方法和注意事项				
技能点运用（40分）	1. 能规范佩戴安全帽、安全带、安全手套，规范配带信号旗等，保证使用 2. 能够在指定参照物的情况下观速、观距 3. 能够完成静态上下车，并显示十、五、三车信号				
职业素养（30分）	1. 遵守安全规定，确保横越线路、进入车档等作业安全 2. 服从领导，听从指挥 3. 展现团队精神，按时完成任务				
综合评价					

学生思考反馈

思考总结	
心得分享	

典型案例学习分析

某站调车事故

某站×××××次列车4道停车进行调车作业。当调车作业计划进行到第4钩3-11时，连结员距离3道停车尾部太远，便通知值班员帮忙在3道尾部看车。在3道东头车辆距3道上行出站信号机300 m左右处时，值班员呼叫调车长停车后未听见回答，车列仍在推进，当车列接近警冲标时，值班员进入车档试图放风制动停车，不慎被车辆带倒。同时，车列继续推进300 m左右后，调车长未听到值班员回答就臆测认为已顶送到位，指挥司机停车。车列东头越过3道上行出站信号机挤过3号道岔30 m。现场值班干部布置调车长指挥司机回拉，走行30 m，东头1位车辆脱轨，东头2位车辆东头一位台车脱轨。

案例分析：

1. 调车长没有对作业进行认真分工，在3道-28时顶送不到位，没有预留后续作业需甩11辆车的停留位置，致使两人作业推送39辆车，且前端无人进行防护，临时由连结员通知车站值班员在车列前端进行防护，现场作业极为混乱。

2. 调车长盲目指挥调车作业，在明知车多看不到顶送车辆前端且无人防护的情况下，凭经验臆测推送作业，致使顶送车辆越过3道出站信号机，并挤坏3号道岔。

3. 值班员安全意识淡薄，擅离值守，在车站两端进站信号机均已开放并接车的情况下，外出参加调车作业，违反《××局集团公司防止人身伤亡事故措施》的规定。

奋斗的青春

树立职业理想　苦练岗位技能

宋杰朋是唐山车务段一名车站值班员，毕业于黑龙江交通职业技术学院，2011年入路以来，他在连结员、助理值班员、车站值班员等关键岗位上成长锻炼，完成了从一名懵懂大学生到铁路局集团公司车务系统技术比武第一名的蜕变。他坚持理论与实践相结合，形成了“一日工作标准”和“一次作业标准”，总结了“三二三一”工作方法，有力地卡控安全关键，安全接发列车3万余列。他秉承“严、细、实”的班组管理理念，“严”“细”在安全预想,组内互控;"实"在安全盯控,作业全过程不放松。整个班组在他的带领下安全长驻,佳绩频传。他曾获全路青年岗位能手,铁路局集团公司党员技术能手、标准化先进职工、尼红式青年等荣誉。

头脑风暴

在榜样面前,你是怎样想的呢?

____

____

____

复习思考题

1. 铁鞋、人力制动机、减速器等制动工具的原理是什么?
2. 铁鞋、人力制动机的使用方法和注意事项有哪些?
3. 使用过程中铁鞋、人力制动机的常见问题是什么? 如何处理?
4. 调车作业过峰及严禁使用铁鞋制动的规定是什么?
5. 撤除防溜措施、连结软管的要求是什么?
6. 调车作业速度及安全距离是如何规定的?
7. 机车车辆停留的规定是什么?
8. 机车车辆防溜的规定是什么?
9. 禁止溜放调车的规定是什么?
10. 作业中上下车的步骤如何? 有哪些注意事项?
11. 观速、观距的意义是什么? 计算依据有哪些? 如何计算?
12. 利用数数计速法计算速度。根据观测车辆走完一节钢轨(12.5 m)所需要走形时间为2.5 s、4 s,分别计算车辆走行速度。

项目四　铁路调车作业流程及技术要求

项目描述

由于铁路车站调车设备和目的不同，车站调车工作的作业流程及技术要求区别很大，通过本项目的学习，应能够掌握调车工作的意义和特点，明确作业中不同工种间联劳协作的要求，遵章守纪，团结合作，培育铁路工匠精神；熟悉铁路车站牵出线、驼峰等调车设备的特点，在掌握调车作业人身安全和作业安全的基础上，综合运用基本理论知识和基本技能；熟悉平面牵出线调车、简易驼峰、半自动化驼峰、自动化驼峰的调车作业流程，掌握铁路调车岗位间的作业联系和要求，为安全运输生产做贡献。

学习目标

培育遵章守纪、团结合作的行为习惯，树立安全责任意识、学习先进争当标兵的意识；熟悉车站调车设备、停留车等特点；掌握调车作业安全、人身安全要求的规章；掌握车列解体、编组、摘挂、取送等作业方法；掌握平面牵出线、简易驼峰、半自动化、自动化驼峰调车作业流程；掌握调车人员作业标准；能执行平面牵出线等岗位作业标准，按照相应作业流程完成调车工作。

思维导图

本项目思维导图如图 4-1 所示。

任务一　平面牵出线调车作业

任务描述

平面牵出线是铁路车站常见线路，是铁路车站基本的调车作业设备之一，在中间站、区段站、编组站上，除驼峰担负车列的解体调车外，车列编组、转场、作业地点取送等作业都要用牵出线进行调车。调车作业人员应掌握铁路平面牵出线调车作业的基本方法、作业流程，掌握调车长、连结员等岗位作业要求和注意事项，能够完成平面牵出线调车作业。

任务导入

某站停留车占线板示意如图 4-2 所示，车站分东西 2 个方向，站场设有：正线 1 条，到

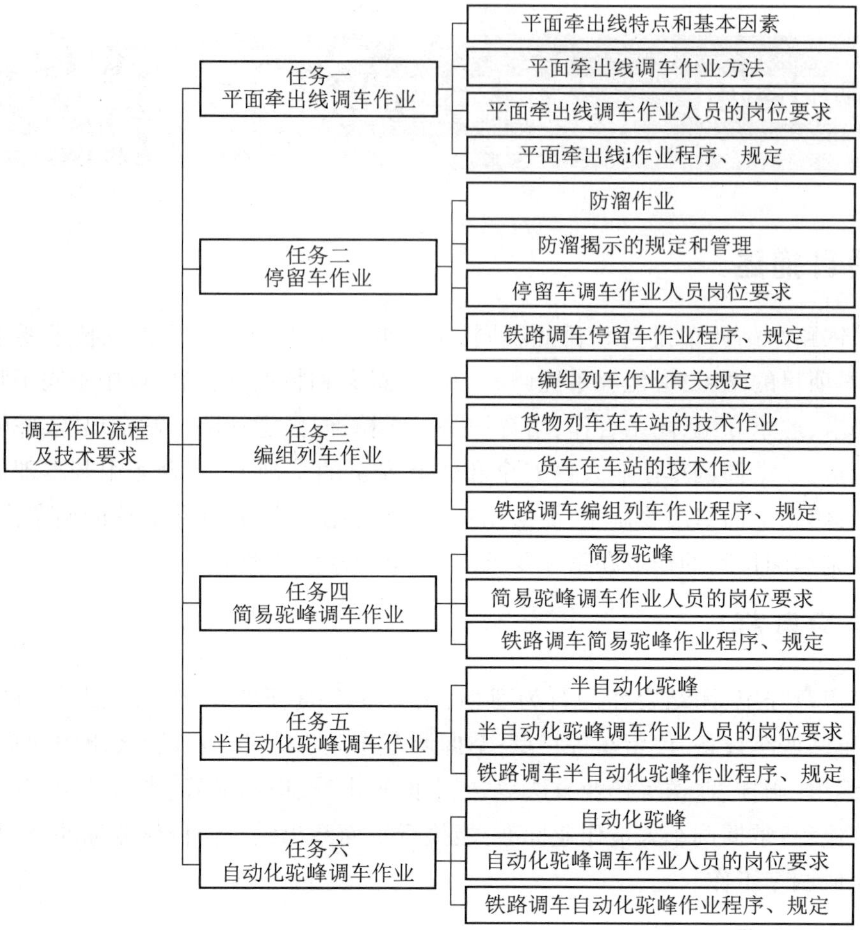

图 4-1　铁路调车作业流程及技术要求思维导图

发线 5 条，调车线 4 条，牵出线 3 条，封闭货场 1 处，线路 2 条，工务线 4 条，材料专用线 4 条，棉专线 1 条，油专线 1 条。车站性质为中间站。请按平面牵出线调车作业标准完成作业。调车作业通知单如图 4-3 所示。

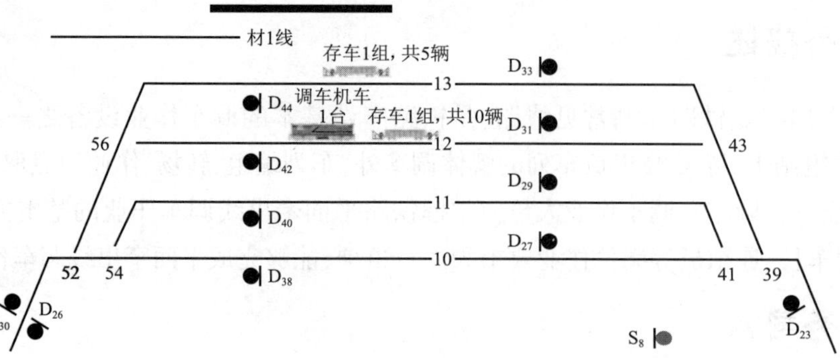

图 4-2　占线板示意

调车作业通知单　　第 2 号

机车型号：DF12/0023

9 月 25 日第 3 班 D2 调车组

作业内容：调车机车取送车

自 10 点 10 分起至 10 点 30 分止

顺序	股道	摘-或挂+	车数	作业方法、开口车种车号特殊限制、注意事项
1	12	+	3	东出，4815945
2	13	-	3	连挂：等工，4815897
3				
4				
5				

注意事项：

检查线路、车辆；注意人身安全、控好速度

调车领导人：王安全

编制时间：9 月 25 日 10 时 00 分

图 4-3　调车作业通知单

请思考：

平面牵出线调车作业各岗位的要求是什么？

知识准备

一、平面牵出线特点和基本因素

牵出线设在平道或不大于 2.5‰的坡道上，一端与调车场或货场、到发场相接，依靠调车机车推力作为车辆溜放动力的调车线路。利用牵出线进行的调车作业，如车列或车组的解体、编组、挑选车组、摘挂车辆、配对货位等，称为牵出线调车。

在到达场、调车场、出发场纵列配置的车站，一般在调车场头部设置驼峰，尾部设置牵出线。驼峰主要担当解体，牵出线主要负责编组。

而在到发场与调车场横列配置的车站，牵出线可设置在车场的一端，如图 4-4 所示。在两端均设置牵出线的车站，调车机车的分工可以有一端为主，另一端为辅；或两端均担当解编任务；或一端以解为主，另一端以编为主等方式。

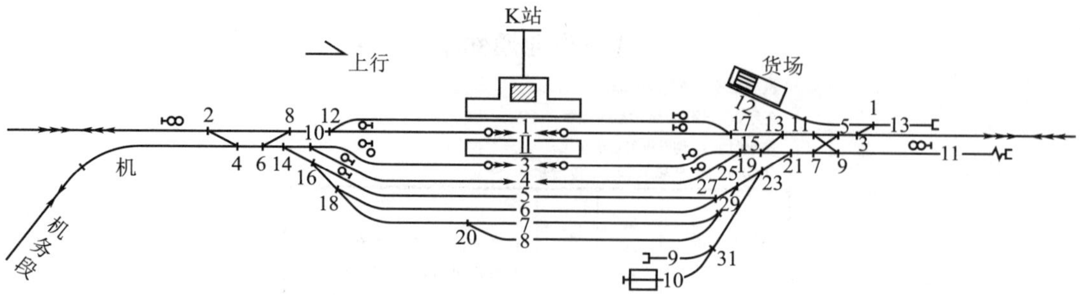

Ⅱ—正线；1、3、4—到发线；5、6、7、8—调车线；9、10—站修线；11、13—牵出线；12—货物线。

图 4-4　牵出线设在一端

1. 作业特点

平面牵出线调车具有以下特点：

（1）车辆的动力来源，完全依靠机车的推送力，在作业中，要求调车组与司机之间能够默契配合，信令与行动一致。

（2）解体车列时，提钩地点随着车列的移动不断变化，提钩地点范围大，提钩地点不固定。

（3）车组脱离车列时的速度为该车组的最高速度，车辆溜行速度受外界因素影响大。

（4）溜放调车时，车组脱离车列后的间隔距离、停留地点，主要依靠制动员操作人力制动机来调节，对制动员素质要求较高。

（5）调车人员的劳动强度大，调车过程中上、下车频繁，存在较大人身安全隐患。

2. 基本因素

（1）调车钩。

调车钩是指机车完成连挂、摘解或溜放车辆等调车工作的基本单位，也是衡量调车工作量的一种基本单位，通常用调车钩的多少表示调车工作量的大小。调车钩按其性质不同，分为挂车钩和摘车钩。

①挂车钩是指机车（或机车车辆）驶往线路内连挂车辆后，牵出至开始进行下一项作业地点时的调车钩。

②摘车钩按作业方法不同，分为推送钩和溜放钩。

推送钩是指机车将车组推送至线路内预定地点摘车后，返回至开始进行下一项作业地点时的调车钩。

溜放钩是指机车用溜放方法完成摘车作业的调车钩。

（2）调车程。

调车程是指机车车辆不改变运行方向的一次移动。调车程的长短是衡量调车工作效率的基本因素。一般情况下，调车程越长，调车工作效率越低。调车工作的主要任务是在保证安全的基础上，尽量减少调车钩数，缩短调车程，压缩平均完成一个调车钩所需时分(以下简称钩分),努力提高调车工作效率。

二、平面牵出线调车作业方法

平面牵出线调车,按作业方式可分为推送调车法和溜放调车法。

1. 推送调车法

机车将车辆送至指定地点,停妥摘车的调车方法,称为推送调车法。

采用推送调车法(图4-5)分解车列时,司机按照调车指挥人的信号将车列牵往牵出线,并使车列尾部停于分歧道岔外方适当地点,然后变更运行方向,推送至指定地点停车,摘下第一车组。接着司机按调车指挥人的信号指示,变更机车运行方向,牵引车列返回牵出线或分歧道岔外方,并用同样的方法,依次摘解以后的车组。

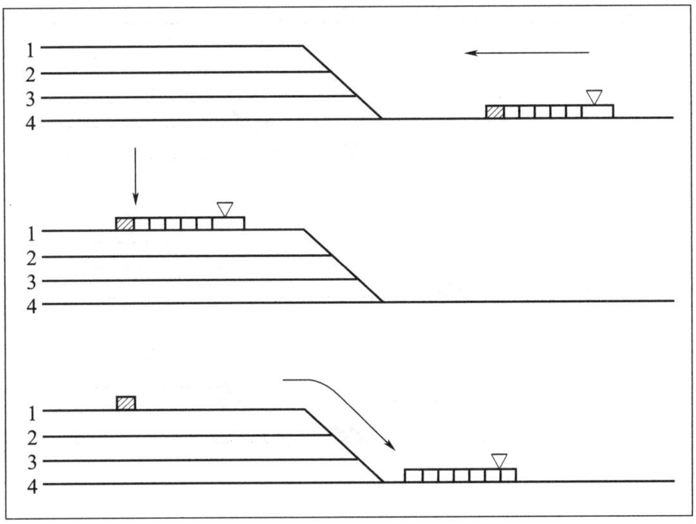

图4-5 推送调车法

推送调车法技术简单,作业安全,但是其作业效率低,平均钩分长。推送调车法主要在不能采用溜放调车的情况使用。

推进车辆连挂时,车列前部应有人瞭望,及时显示十、五、三车的距离信号,即在调动车列距离停留车辆十车(约110 m)时,向司机显示十车信号;距离五车时(约55 m),显示五车信号;距离三车(约33 m)时,显示三车信号;距离不足110 m时仅显示五、三车信号;不足55 m时,仅显示三车信号;不足33 m时,仅显示接近连挂信号。没有显示十、五、三车距离信号,不准挂车;没有司机回示,应立即显示停车信号。当调车指挥人确认停留车位置有困难时,应派人显示停留车位置信号。

连挂车辆后推进运行时,要先试拉,在同一线路内,连续连挂车辆时,可不停车连挂,但要确认连挂状态,车组间距超过十车以上时,必须顿钩或试拉;推进前应根据规定接通相应数量的软管,保证车列有足够制动力;被连挂车辆距警冲标较近(不足30 m)时,须采取相应安全措施。

2. 溜放调车法

机车推送车列达到一定的速度，在推进中将车组提钩，使摘开的车组利用所获得的动能，自行溜向指定地点的调车作业方法，称为溜放调车法。

溜放调车法（图 4-6）按其作业方法不同，分为单钩溜放法、连续溜放法、多组溜放法和惰力溜放法等，以下重点介绍前两种。

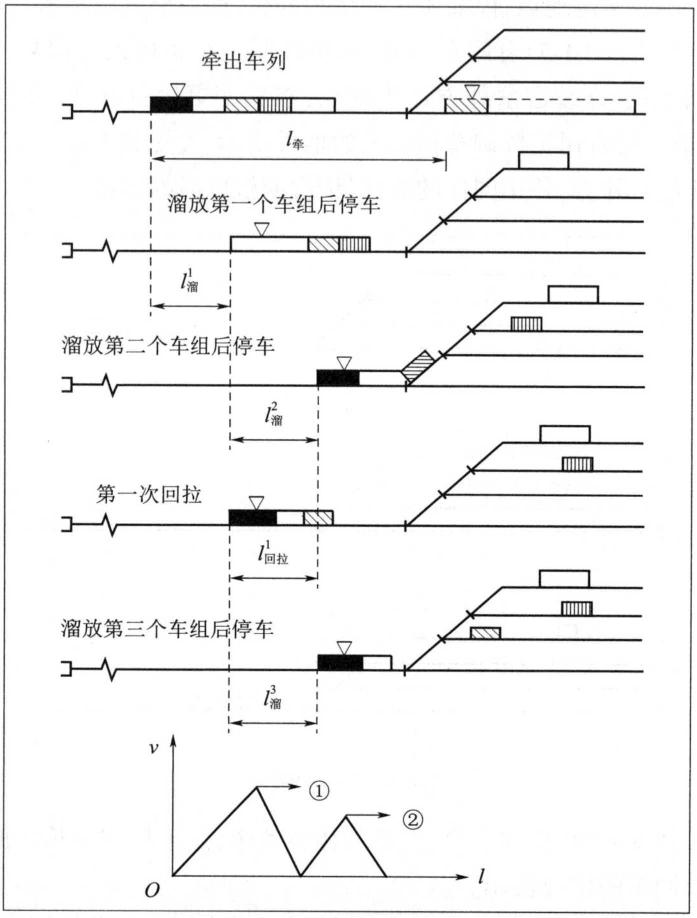

图 4-6　溜放调车法

（1）单钩溜放法。

机车推送车列每加速、减速一次溜出一个车组即制动停车，然后向牵出线回拉或停轮等待，要道还道后再溜放次一车组的方法，称为单钩溜放法。

（2）连续溜放法。

当调车车列加速、减速一次，溜出一组车辆后，调车车列不停车，继续不变更运行方向地加减速运行。每加速、减速一次溜出一个车组，这种连续溜放几个车组后才向牵出线回拉的方法，称为连续溜放法。

采用连续溜放时，调车车列应牵出至牵出线第一分歧道岔外方较远距离停车，预留出调车车列多次加、减的距离。连续溜放只对第一钩进行要道还道，后续根据计划进行提钩和扳道作业，调车指挥人根据调车作业计划，向司机显示溜放、进行、减速信号，进行连续溜放直至距离不足，调车指挥人才指示机车向牵出线回拉。

连续溜放法的关键点是掌握好溜行速度和前后溜行车组间隔距离，即要使车组溜行到目的地，又要留有必要的技术间隔或扳道间隔，以便扳道员能安全地扳动道岔，对调车长的业务素质要求较高。

连续溜放法分解一个车组的调车行程不但比单钩溜放法更短，并且大大减少了回拉次数和停轮等待时间，平均钩分小，调车效率比单钩溜放法提高50%左右。

（3）溜放速度的掌握。

平面牵出线采用溜放调车法调车时，要正确掌握溜放速度。溜放速度过大，给制动工作造成困难，制动不当，会造成车辆发生相撞。溜放速度过小，溜放车组可能中途停车，造成“堵门”或“压岔子”，影响后续车组的溜放，甚至发生尾追或侧面冲突事故。

除禁止溜放调车的车辆、线路外，平面牵出线溜放作业必须考虑以下因素：

①车组大小及车组排列顺序。原则上溜放大车组时，速度低一些，小车组时，速度应高一些；前行车组速度高一些，后行车组速度低一些。当前行车组是大车组，而后行车是小车组时，要适当拉大前后车组的间隔，防止后行车组发生尾追、侧面冲突。

②难易行线。调车场的线路由于道岔、曲线、坡度等因素，会对溜入车组的速度产生影响。阻力较小，容易走行的线路称为易行线；反之，阻力较大，不易走行的线路称为难行线。

③气候条件。如遇雨、露、霜、雪、雾等天气时，由于轨面滑，黏着力小，车组不易制动，应适当降低溜放速度；如在逆风天气，则应提高溜放速度。

④难易行车。在溜行过程中，单位运行阻力较小，走行较快的车辆，称为易行车，如满载重质货物的车辆。单位运行阻力较大，走行较慢的车辆，称为难行车，如空车。调车长溜放时根据难、易行车适当掌握溜行速度及间隔距离。

⑤线路内停留车位置。当线路内停留车位置距警冲标较近时，溜放速度适当降低；反之，停留车位置距警冲标较远时，适当提高速度。

⑥司机、调车人员的技术业务水平。当司机、调车人员配合时间较长、技术业务水平较高，溜放速度可高些；反之，则速度应低些。

三、平面牵出线调车作业人员的岗位要求

平面牵出线调车作业人员包括调车长、连结员、制动员、信号员、扳道员、司机等。其中调车长是调车作业的指挥人，是保障调车作业效率和安全的关键人员，负责指挥连挂车列、牵出车列、溜放车辆、摘挂整场作业。有关人员应做好以下工作：

1. 调车长岗位要求

负责作业联系，根据计划要求，了解作业准备情况，通知司机开始作业，显示起动信

号,指挥司机动车,司机按信号显示运行。接近车列,确认具备挂车条件。显示连结信号,指挥机车连挂。指挥动车时向车列开口处或末端制动员显示联络信号,确认制动员回示后,向司机显示起动信号。

调车长确认牵出要确认开口处或末端制动员的回示,注意调车人员上车及安全等情况,向司机回示"好了"信号。根据作业计划,确认车列停车所需位置,指示司机停车。

调车长在溜放前做好准备工作,通知各作业点解体车次、股道、防溜措施及重点注意事项,听取制动员准备好了的报告。非集中区第一钩确认扳道员道岔开通信号,集中区确认调车信号开放,指示开始作业,开放(或显示溜放)信号。根据停留车位置、气候条件、车组大小、空重、车辆走行状态、难易行线等情况,掌握溜放速度,保证溜放车组速度均匀,间隔适当;发现异常情况,果断处理。调车长按企业规定处理压鞋时的问题。

根据计划要求,通知有关人员做好摘挂车整场准备;需越区作业时,同时按规定办理越区作业手续。推进运行时,确认扳道员股道号码和道岔开通信号,集中区确认调车信号,瞭望进路,指挥运行,单机或牵引运行时,向司机显示起动信号,指示动车。推送车辆应先试拉,车列前部应有人进行瞭望,及时显示信号。当调车长确认停留车位置困难时,应派人显示停留车位置信号。末端车辆距信号机(警冲标)不足 30 m 时,应采取安全措施。使用手信号作业时,应位于易于瞭望前方,又能使司机看见所显示信号的位置。推进挂车时,车列前部应有人瞭望,正确及时显示十、五、三车距离信号,连续连挂时,可不停车连挂,应确认连挂状态,车组间隔超过 10 车时,应顿钩或试拉,末端车辆距信号机(警冲标)不足 30 m 时,应采取安全措施;推送或牵出车辆前,按规定确认车列挂妥。

2. 连结员岗位要求

核对现车确认车列牵出,按计划查车数,核对提钩处制动软管摘开、无抱闸车及牵出车列最后一辆车号正确。检查核对车组无误,确认制动员试闸"好了"信号(或试闸良好的报告),向调车长报告。按计划核对车数、车号,随时确认调车长信号或调车信号机显示状态,根据车组大小、车辆走行性能、气候条件、难易行线、间隔距离、禁溜车等情况,正确提钩,发现异常情况,及时报告或采取停车措施。使用手信号作业时,中转信号人员位置适当,正确及时一致地中转信号。

3. 制动员岗位要求

提前到达取车地点,检查线路、停留车辆,调整好钩位。按规定摘管提钩,核对取车末端车号,确认调车长的联络信号,向调车长回示。确认车列起动无误后,向调车长回示。人力制动机制动,试闸良好后,向调车长或连结员报告试闸良好,人力制动机制动时,抓牢站稳,按规定使用安全带,进行试闸,正确观速观距,观前顾后,正确调速,稳妥连挂。多人制动一车组,以第一位制动员为主,其他制动员听从第一位制动员指挥,制动完了,松开人力制动机(按规定防溜时除外)。根据计划,掌握重点车组、重点股道、人员技术、停留车位置、气候条件、安全注意事项,监视各股道车组走行,发生危及行车安全情况时,及时采取措施或向制动人员报警等。根据计划钩序、辆数、空重、难易行线等,采用相应的下鞋方法。单个车辆应“一车三鞋单轨双基本”,小组车应下基本鞋。遇天气不良或钢轨有油渍、盐、碱、冰、雪、霜等情况时,撒好砂子,正确观速观距,准确安放铁鞋,做到安全连挂或车组间天窗不大于 4 m,一批作业完了,及时撤除铁鞋,归位、摆齐。

4. 扳道员、信号员岗位要求

根据计划或要道信号,提出挂车、牵出请求,在正线、到发线上调车时,应经过车站值班员的准许。按规定准备进路,确认进路开通正确,显示股道号码和道岔开通信号,立岗监视机车车辆走行。连续溜放第一钩执行要道还道制度(集中联锁设备除外),监视溜放车组走行,扳道员做到溜放车组间隔不足规定距离不扳,未过联动道岔不扳,有压标车或有侧面冲突的可能时不扳,发现异常情况,果断采取措施处理。

四、铁路调车平面牵出线作业程序

铁路调车平面牵出线作业程序如图 4-7 所示。

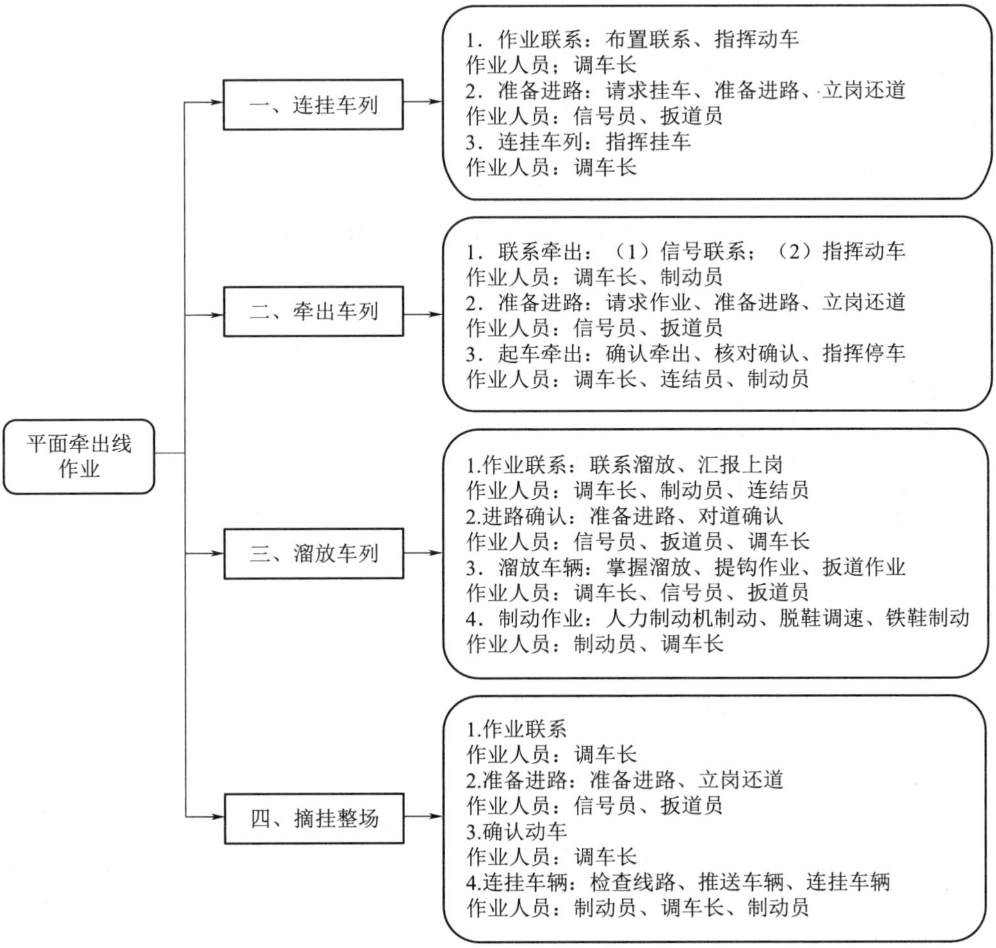

图 4-7 平面牵出线作业程序

五、铁路调车平面牵出线作业规定

铁路调车平面牵出线作业规定见表4-1。

表4-1　铁路调车平面牵出线作业规定

作业程序			岗位作业		事项要求
程序	项目	内容	作业人员	技术要求	
一、连挂车列	1. 作业联系	(1)布置联系	调车长	①根据计划要求，了解作业准备情况，通知司机开始作业	—
		(2)指挥动车	调车长	②显示起动信号，指挥司机动车，司机按信号显示运行	
	2. 准备进路	(1)请求挂车	信号员 扳道员	①根据计划，提出挂车请求，在正线、到发线上调车时，应经过车站值班员的准许	—
		(2)准备进路	信号员 扳道员	②根据计划或要道信号，按规定准备进路，确认进路开通正确	
		(3)立岗还道	扳道员	③显示股道号码和道岔开通信号，立岗监视机车车辆走行	
	3. 连挂车列	指挥挂车	调车长	①接近车列，确认具备挂车条件； ②显示连结信号，指挥机车连挂	—
二、牵出车列	1. 联系牵出	(1)信号联系	制动员	①提前到达取车地点，按规定摘管提钩，核对取车末端车号，确认调车长的联络信号，向调车长回示	—
		(2)指挥动车	调车长	②向车列开口处或末端制动员显示联络信号，确认制动员回示后，向司机显示起动信号	
	2. 准备进路	(1)请求作业	信号员 扳道员	①与车站值班员联系，请求牵出	—
		(2)准备进路	信号员 扳道员	②根据计划或要道信号，按规定准备进路，确认进路开通正确	
		(3)立岗还道	扳道员	③显示股道号码和道岔开通信号，立岗监视机车车辆走行	
	3. 起车牵出	(1)确认牵出	制动员	①确认车列起动无误后，向调车长回示	—
			调车长	②确认开口处或末端制动员的回示，注意调车人员上车及安全等情况，向司机回示“好了”信号	
		(2)核对确认	连结员	③车列牵出，按计划查车数，核对提钩处制动软管摘开、无抱闸车及牵出车列最后一辆车号正确	遇特殊情况，连结员不能确认牵出车列最后一辆车号时，由制动员负责确认
		(3)指挥停车	调车长	④根据作业计划，确认车列停车所需位置，指示司机停车	—

续上表

作业程序			岗位作业		事项要求
程序	项目	内容	作业人员	技术要求	
三、溜放车辆	1. 作业联系	(1)联系溜放	调车长	①通知各作业点解体车次、股道、防溜措施及重点注意事项,听取制动员准备好了的报告	—
		(2)汇报上岗	制动员	②向调车长报告准备好了 ③人力制动机制动,试闸良好后,向调车长或连结员报告试闸良好	
			连结员	④检查核对车组无误,确认制动员试闸“好了”信号(或试闸良好的报告),向调车长报告	
	2. 进路确认	(1)准备进路	信号员	①按规定准备进路,确认进路开通正确	—
			扳道员	②连续溜放第一钩执行要道还道制度(集中联锁设备除外)	
		(2)对道确认	调车长	③非集中区第一钩确认扳道员道岔开通信号,集中区确认调车信号开放,指示开始作业	
	3. 溜放车辆	(1)掌握溜放	调车长	①开放(或显示溜放)信号。根据停留车位置、气候条件、车组大小、空重、车辆走行状态、难易行线等情况,掌握溜放速度,保证溜放车组速度均匀,间隔适当 ②发现异常情况,果断处理	溜放车组间隔距离由企业规定
		(2)提钩作业	连结员	③按计划核对车数、车号,随时确认调车长信号或调车信号机显示状态,根据车组大小、车辆走行性能、气候条件、难易行线、间隔距离、禁溜车等情况,正确提钩,发现异常情况,及时报告或采取停车措施	
		(3)扳道作业	信号员 扳道员	④按计划准备进路,监视溜放车组走行 ⑤扳道员做到溜放车组间隔不足规定距离不扳,未过联动道岔不扳,有压标车或有侧面冲突的可能时不扳 ⑥发现异常情况,果断采取措施处理	
	4. 制动作业	(1)人力制动机制动	制动员	①人力制动机制动时,抓牢站稳,按规定使用安全带,进行试闸 ②试好闸后,向调车长或连结员显示(报告)试闸良好 ③正确观速观距,观前顾后,均衡调速,稳妥连挂 ④多人制动一车组,以第一位制动员为主,其他制动员听从第一位制动员指挥 ⑤制动完了,松开人力制动机(按规定防溜时除外)	—
		(2)脱鞋调速	制动员	⑥根据计划,掌握重点车组、重点股道、人员技术、停留车位置、气候条件、安全注意事项,监视各股道车组走行,认真观速观距,正确调速 ⑦发生危及行车安全情况时,及时采取措施或向制动人员报警 ⑧一批作业完了,及时将铁鞋归位、摆齐	

续上表

作业程序			岗位作业		事项要求
程序	项目	内容	作业人员	技术要求	
三、溜放车辆	4. 制动作业	(3)铁鞋制动	制动员	⑨根据计划钩序、辆数、空重、难易行线、停留车位置、车辆走行、气候条件等,采用相应的下鞋方法;但单个车辆应“一车三鞋单轨双基本”,小组车应下基本鞋 ⑩选择适宜地点,准备足够数量且符合标准的铁鞋,遇天气不良或钢轨有油渍、盐、碱、冰、雪、霜等情况时,撒好沙子,正确观速观距,准确安放铁鞋,做到安全连挂或车组间天窗不大于4 m ⑪一批作业完了,及时撤除铁鞋,归位、摆齐	—
			调车长	⑫压鞋时的处理方法,由企业规定。根据作业进度或在一批作业完了,及时安排取出	
四、摘挂整场	1. 作业联系	作业联系	调车长	①根据计划要求,通知有关人员做好摘挂车整场准备 ②需越区作业时,同时按规定办理越区作业手续	—
	2. 准备进路	(1)准备进路	信号员 扳道员	①根据计划或要道信号,按规定准备进路,确认进路开通正确	—
		(2)立岗还道	扳道员	②显示股道号码和道岔开通信号,立岗监视机车车辆走行	
	3. 确认动车	确认动车	调车长	①推进运行时,确认扳道员股道号码和道岔开通信号,集中区确认调车信号,瞭望进路,指挥运行 ②单机或牵引运行时,向司机显示起动信号,指示动车	—
	4. 连挂车辆	(1)检查线路	制动员	①检查线路、停留车辆,调整好钩位	—
		(2)推送车辆	调车长 制动员	②推送车辆应先试拉,车列前部应有人进行瞭望,及时显示信号。当调车长确认停留车位置困难时,应派人显示停留车位置信号。末端车辆距信号机(警冲标)不足30 m时,应采取安全措施	
			调车长	③使用手信号作业时,应位于易于瞭望前方,又能使司机看见所显示信号的位置	
			连结员 制动员	④使用手信号作业时,中转信号人员位置适当,正确及时一致地中转信号	
		(3)连挂车辆	调车长 连结员 制动员	⑤推进挂车时,车列前部应有人瞭望,正确及时显示十、五、三车距离信号 ⑥连续连挂时,可不停车连挂,应确认连挂状态,车组间隔超过10车时,应顿钩或试拉;末端车辆距信号机(警冲标)不足30 m时,应采取安全措施 ⑦推送或牵出车辆前,按规定确认车列挂妥	

任务实施

任务单：

模拟任务导入中调车作业岗位分组、分工，着装整齐、标准，学习过程中遵章守纪、团结合作，熟悉车站设备和线路情况、调车工作人员工作职责，严格执行安全规定。了解铁路平面牵出线调车作业的主要方法、作业程序和规定，掌握岗位要求和注意事项，完成平面牵出线调车作业，进行模拟操作。

实施要点	完成情况记录
1. 了解平面牵出线的特点，掌握调车作业计划，着装整齐，熟练使用手持台	
2. 布置计划严格执行，熟练使用标准用语，不简化程序	
3. 掌握溜放车列时调车长、信号员、扳道员进行进路确认、提钩、扳道等作业规定	
4. 掌握牵出车列时有关人员请求作业、准备进路、立岗还道等作业规定	
5. 掌握推送、溜放调车的区别，确认禁止溜放调车的车辆和线路	

任务评价

任务测评	评分标准	本人自评得分（20%）	小组互评得分（20%）	教师评价得分（60%）	综合得分
知识点掌握（30分）	1. 掌握人身安全、作业安全规定 2. 掌握平面牵出线的布置特点 3. 掌握平面牵出线调车的作业方法				
技能点运用（40分）	1. 规范完成调车准备工作 2. 能够完成调车长、连结员工作内容 3. 会连挂、牵出、溜放、整理车场作业				
职业素养（30分）	1. 牢记调车作业人身安全注意事项 2. 遵章守纪，能够按标准穿戴工装、备品齐全 3. 展现团队精神，团结互助，按时完成任务				
综合评价					

学生思考反馈

思考总结	
心得分享	

任务二　停留车作业

任务描述

停留车是指因货物装卸、集结、检修等需要，在货物线、专用线、检修线等停留的车辆，在技术站、中间站都会产生为数不等、种类复杂的停留车辆，如果停留车在非正常情况下产生移动甚至溜逸，会对运输生产安全带来极大的影响。调车作业涉及车站值班员（调车领导人）、制动人员、调车长、推车人员、货运人员等，相关人员应了解车站停留车的数量、地点、种类等情况，熟悉停留地点的线路、环境等情况，掌握停留车作业流程和岗位作业标准。

任务导入

某站车站性质为中间站。10道调车机车1辆，存车1辆，共2辆，占线板示意图如图4-8所示，车站分东西两个方向，站场设有：正线1条，到发线5条，调车线4条，牵出线3条，封闭货场1处，线路2条，工务线4条，材料专用线4条，棉专线1条，油专线1条。调车长、制动人员、推车人员、货运人员应如何进行调车准备工作？怎样进行防溜作业？如进行手推调车作业，应注意哪些要求？调车作业通知单如图4-9所示。

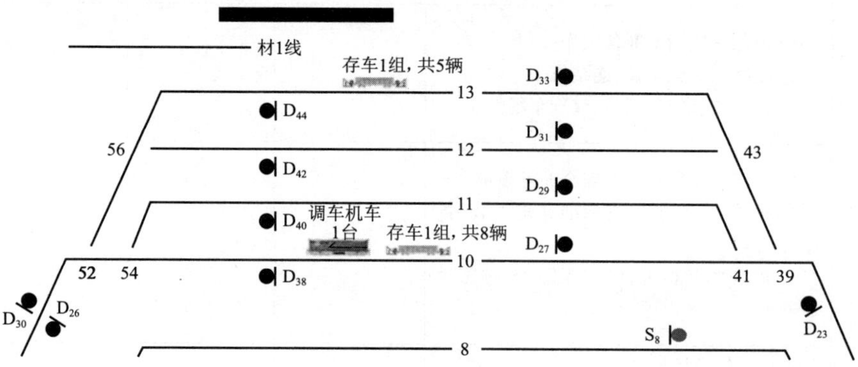

图4-8　占线板示意

调车作业通知单　　第 3 号

机车型号：DF12/0023
9 月 25 日第 3 班 D2 调车组
作业内容：调车机车取送车
自 16 点 40 分起至 17 点 00 分止

顺序	股道	摘-或挂+	车数	作业方法、开口车种车号特殊限制、注意事项
1	10	+	4	东出，4815936
2	13	−	4	连挂：等工，4815384
3				
4				
5				

注意事项：
检查线路、车辆；注意人身安全、控好速度

调车领导人：王安全
编制时间：9 月 25 日 16 时 10 分

图 4-9　调车作业通知单

请思考：

停留车作业需要哪些防溜器具？如何使用？

知识准备

一、防溜作业

1. 防溜作业的意义

在铁路运输生产过程中会产生机车车辆停留，产生停留的原因和停留地点复杂，本书主要分析调车作业过程中停留车问题。

由于调车、检修、货物作业等需要，在调车线、专用线、货物线等地均会产生停留车（图 4-10），车辆的停留数量和时间各有不同。同时受铁路线路中的平纵面、作业人员以及风速等影响，都会使停留车产生移动甚至溜逸，如防溜措施不当，会造成不同程度的影响，因此需要对停留车进行防溜，以保障作业安全和人身安全。

2. 防溜器具及设置的要点

防溜器具系指铁鞋（智能铁鞋）、人力制动机紧固器、止轮器、防溜枕木、停车器等。

（a）调车场停留车　　　　　　（b）货场停留车

图 4-10　停留车

(1)使用人力制动机紧固器(图 4-11)采取防溜措施时,要用手拉直人力制动机闸链消除空行程,钩头钩住闸链,卡板卡牢,使闸链绷紧,闸瓦紧贴车轮踏面。

（a）　　　　　　（b）

图 4-11　人力制动机紧固器

(2)使用人力制动机采取防溜措施时,要拧紧人力制动机,确保闸链绷紧,闸瓦紧贴车轮踏面,并通过“眼看、脚蹬”来确认防溜措施牢靠固定。拧紧人力制动机防溜时,第一位人力制动机故障,应顺延至第二位,最多不超过第三位,如连续三辆以上人力制动机故障时,应在第一位末端加挂人力制动机良好的车辆,并按规定采取防溜措施。

(3)使用铁鞋(图 4-12)防溜时,铁鞋鞋尖须紧贴车轮踏面,做到牢靠固定并采取防盗措施。调车作业中动态防溜使用铁鞋不加锁时应有人看守。使用铁鞋禁止拖、砸、摔,损坏照价赔偿。

(4)存放易燃易爆危险品车辆的专用线、货物线允许使用止轮器防溜。其余线路上止轮器仅限对停留的客车车辆使用,且仅能使用木止轮器。

(5)使用防溜枕木(图 4-13)时,应确认钢轨卡槽落位并加锁,确保防溜枕木不侵限。

(6)临近轨道电路绝缘节的防溜作业规定。

（a）　　（b）

图 4-12　铁鞋

（a）　　（b）

图 4-13　防溜枕木

①无动力停留的机车车辆必须停留在轨道电路绝缘节内方，且机车车辆最外方车钩距绝缘节不得小于 1 m。

②遇列车停留在绝缘节附近时，现场作业人员要立即汇报车站值班员，联控司机将列车往股道内方牵引。遇调车作业甩挂车辆停留在绝缘节附近时，现场作业人员要立即汇报调车长，联控司机往股道内方牵引，确保尾部车辆车钩距绝缘节不小于 1 m。

③采用铁鞋防溜时，严禁将铁鞋安放在绝缘节前后 1 m（含 1 m）范围内。

④各站行车管理和作业人员必须熟练掌握站内绝缘节设置位置，确保现场作业安全。

3. 动态防溜的补充规定

（1）一批调车作业中临时停留的车辆，允许采用人力制动机（人力制动机紧固器）或铁鞋（止轮器）防溜。

（2）中间站到发线调车作业中临时停留的车辆，如采取排风制动措施时，可采取动态防溜，但不得超过 120 min，超过 120 min 时必须改为静态防溜。

(3)一批调车作业中,某股道作业完毕后如后续无该股道作业,作业人员要及时对该股道存车采取静态防溜。

4. 防溜措施技术要求

防溜措施的技术要求受设备类型、环境影响较大,调车人员要按照各企业要求落实,不得随意操作。

(1)驼峰溜放作业时,停车器必须处于制动位置。停车器停电、故障制动失效时,必须指派胜任人员提前设置(检查)防溜措施,确认该股道防溜良好后,方准进行溜放作业。

(2)连挂距警冲标(信号机)较近的车辆,有越出警冲标(信号机绝缘)可能时,要指派人员到尾部确认防溜措施或通知道岔操纵人员开通前方道岔后方准作业。

(3)段管线、专用线、货物线取送作业时,一批计划每股道作业完毕后,车站应与段管线、专用线企业运输员或货运员办理防溜交接签认,在“防溜交接簿”内登记,该交接簿由调车长携带并固定地点保管。

(4)撤除防溜措施必须汇报,并按规定揭示揭挂。撤除人力制动机或人力制动机紧固器时应确认闸链松开且闸链与闸杆无“卡滞”。信号操纵人员集中操纵的线路,已挂机车时,未得到防溜撤除的汇报,不得开放有关信号。但当尾部车辆压鞋时,车站应通知司机试拉并取下铁鞋后再开放信号;距信号机较近不能试拉时,车站须通知司机起动时不得后退或后压车钩,得到司机复诵后,方准开放信号,尾部铁鞋撤除后,有关人员应向信号操纵人员汇报。

5. 大风天气下停留车辆的防溜补充规定

(1)收到大风黄色、橙色、红色预警时,应采取防溜加强措施。每组存车两端在采取原有防溜措施基础上,依次对下一位车辆采取人力制动机(人力制动机紧固器)和铁鞋双保险防溜措施。

(2)调车作业中,动态防溜车辆一律采取人力制动机(人力制动机紧固器)和铁鞋双保险防溜措施。

(3)区段站、比照区段站办理客运业务的车站到发线始发、终到的客车底编组为10辆(不含)以上,除严格执行机车车辆溜逸有关管理办法外,车站作业人员还必须对两端采取铁鞋(止轮器)防溜后方可通知列车风管摘结人员摘开机车。

(4)在区段站、比照区段站办理客运业务的车站和作业量较大的中间站,列车或客车车底在坡度不超过1.5‰的线路上换挂机车时,车站作业人员还必须对两端采取铁鞋防溜后方可通知列车风管摘结人员摘开机车。

(5)作业人员采取防溜措施后要及时准确在室内防溜揭示板上进行揭示。

(6)对于使用车站防溜监控系统和普通铁鞋防溜的车站,车站负责防溜作业人员和管理人员在交接班时应到现场进行一次全面巡视检查,作业人员日常检查为每3 h一次,管理人员日常检查为每4 h一次,检查后必须认真填记有关簿册。

6. 客车车底在站存放防溜规定

客车车底在站存放应按照《技规(普速铁路部分)》和企业规定进行,可按照以下办法办理:

(1)列车到达车站后,车辆乘务人员将前后两端车门打开,车站助理值班员(调车人员)在前后两端使用铁鞋牢靠固定,前后两端铁鞋鞋尖必须紧贴车轮踏面,按规定需要采取人力制动机制动时,上车拧紧前后两端车辆人力制动机(遇最外方人力制动机故障时,应顺延至第二位,最多不超过第三位,如连续三辆以上人力制动机故障时,应在第一位末端加挂人力制动机良好的车辆,以下同),并在车下确认前后两端人力制动机处于制动状态。

(2)列车在站开车时,车辆乘务人员提前半小时到达车站将前后两端车门打开,车站助理值班员(调车人员)撤除前后两端防溜铁鞋,上车松开前后两端车辆人力制动机,与车辆作业人员共同确认前后两端人力制动机处于缓解状态后,双方应完成车辆人力制动机状态交接。

(3)客车车底调离车站时,调度所要提前一般 6 h 以上以调度命令方式通知车站、客车车辆段。

(4)在设有停车器的股道内方存放客车车底时,必须将停车器设置为制动状态,客车车底必须连挂在一起,不得分组存放,且尾部车辆必须停留在停车器上,可不采取铁鞋和人力制动机防溜。

二、防溜揭示的规定和管理

1. 防溜揭示

(1)站场防溜必须做到"三一致",即室内揭挂、停留车防溜登记簿、现场实际的"三一致"。车站根据实际需要在站调(区长)室、行车室、行车分室、调休室等处所设置防溜揭示,按照"谁采取、谁揭示"的方法,一批调车作业计划结束后,应及时修改防溜揭示。特殊情况,采取人不能揭示时汇报调车领导人或信号操纵人员等有关人员对防溜措施进行修改。

(2)行车室必须设置到发线防溜揭示牌,车站值班员必须掌握到发线存车防溜情况。

(3)使用智能铁鞋防溜时,必须做到电子显示与现场实际一致。

(4)已经开通 TDCS3.0 系统和具备占线板功能的 CTC3.0 系统车站,防溜人员在到发线上采取、撤除防溜措施后,除按企业规定修改防溜揭示外,信号操纵人员还应在系统占线板中设置(取消)防溜措施。

2. 防溜器具的管理

(1)站段及车间(中间站)应分别建立防溜器具台账,站段台账应记录防溜器具购买、发放、回收、维修、流转记录,车间(中间站)应建立领取、配置及上缴等记录,明确防溜器具类型、配备地点、数量及编号等并报属地铁路公安部门备案。

(2)人力制动机紧固器、铁鞋、止轮器应实行编号管理,人力制动机紧固器、止轮器编号规则由站段自定。普通铁鞋应按照以下方式编号,字母代表站段,字母后的号码由各站段自定。同一站段不得出现相同的铁鞋编号,同一车站不得出现相同人力制动机紧固器、止轮器的编号,以保证防溜设备管理的唯一性和可追溯性。

智能铁鞋编号为6位阿拉伯数字,并在铁鞋两侧的立板中心位置水平由左往右依次编写,编号规则为“单位代号+车站(车场)代号+铁鞋号码”(以上三个编号各为2位阿拉伯数字),数字为宋体72号字。车务站段“单位代号”按企业规定执行。专用线使用的铁鞋按以上要求执行,编号前4位数字与其连接车站的铁鞋编号相同,并在《专用线(铁路)运输安全服务协议》中明确,车站做好日常指导和督促。车务站段所属自然站(车间)按顺序由“01”开始编号并公布,同一车站(含专用线)的铁鞋编号不得重复。铁鞋颜色按“白底红字”的原则进行上色,即铁鞋表面应涂成白色,铁鞋编号字体颜色为红色,发现铁鞋表面严重脱漆、编号不清等情况须及时补色。

有关岗点室内应设置标有“铁鞋号码”的专用箱柜或木架,铁鞋原则上应存放在室内岗点,按对应号码放置,并落实保管人。由于作业原因,确实需要在作业站场内存放时,应在固定地点设置固定铁箱并加锁,防止被盗。在占线板(簿)、“防溜交接簿”上实行铁鞋标号时,只需标注“铁鞋号码”(即铁鞋编号的末两位数字)。

(3)防溜器具应定期检查维护,铁鞋应装设防盗铁链,配备锁具,并刷反光漆;防溜枕木、止轮器要按企业规定标准制作;人力制动机紧固器应检查表面是否有裂纹、伤痕及锈斑等缺陷。对不符合规定的防溜器具应立即更换,确保现场使用的防溜器具性能良好。

(4)防溜器具应固定存放,实行定置管理。铁鞋、人力制动机紧固器、止轮器应固定位置、固定数量、固定编号存放,行车(分)室、调车组室、扳道房、货物线等有关处所,应根据实际情况配备足够数量的铁鞋、人力制动机紧固器、止轮器,在《站细》中明确。铁鞋、人力制动机紧固器、止轮器在岗位室内存放的,岗位无人时应将屋门锁闭;铁鞋、人力制动机紧固器、止轮器在室外存放时,必须入箱加锁保管,一般每日至少检查巡视1次,同时要加强铁鞋及锁闭装置日常检查保养,保证状态良好。

衔接正线、到发线的货物线必须安装防溜枕木,防溜枕木应设置在货物线衔接最外方道岔内方距警冲标不少于10 m处(货物线设有大门时,应置于大门内方),但不得设于共用走行线上,并加锁管理;防溜枕木不使用时,应置于开通状态(顺向线路),并加锁管理。

(5)车间(中间站)应建立防溜器具检查制度,明确检查人员、检查期限,并对检查情况进行登记,发现问题及时处理。站段要明确防溜器具管理人员,负责防溜器具采购及日常管理工作,并定期组织开展防溜器具清查工作。

(6)发现铁鞋丢失、被盗时应立即向车站安全值班人员报告,车站安全值班人员要迅速向站段指挥中心及铁路公安部门报告,并积极配合公安机关开展追查工作。丢失铁鞋补充时,原编号不能再次使用。

(7)对备用铁鞋,各站段、各车站建立备用铁鞋的专用仓库,指定专人担任保管员,制定专用器材的入库检查登记、流向登记和定期检查等制度。

三、停留车调车作业人员岗位要求

对停留车进行防溜涉及车站值班员(调车领导人)、制动人员、调车长、货运人员、推车人员等,作业人员范围广,联系环节多,地点分散,需要调车领导人严格执行作业程序,作业人员间按标准联动,认真完成调车作业要求。

1. 防溜作业人员岗位要求

调车长、制动人员等交接班时,应对防溜措施和防溜器具实行对号交接,调车作业中对停留车辆按规定设置、撤除防溜措施。对停留车进行防溜后,及时报告。按规定揭示防溜措施时,用规定符号标明停留车的防溜措施。如遇需现场检查核对交接时,按企业规定执行。防溜揭示示意见表 4-2。

表 4-2 防溜揭示示意

股道号码	某方向	停留车数量	某方向	备注
6 道	⊗		⊗⊗	
7 道				
8 道	⊗		⊗◿2	
9 道	⊗		⊗⊗	
10 道	⊗		⊗◿2	

2. 手推调车

手推调车应办理请求手续,得到调车领导人的准许后,按规定进行手推调车。将手推调车作业计划(时间、经路和辆数)传达给有关人员;必要时通知扳道员防护,由胜任的制动人员负责制动,并提前试好人力制动机。手推调车时,由调车长(未设调车长的车站为助理值班员或车站值班员)负责监督或进行人力制动机制动;在装卸线内移动车辆时,由货运人员监督、检查。

手推调车每批移动不准许超过一辆重车或两辆空车。移动速度不准许超过 3 km/h。手推调车,人力制动机作用应良好;手推调车完了后,应及时将车辆停留位置、防溜措施等情况报告调车领导人。揭示防溜措施时,用规定符号标明停留车的防溜措施。手推调车的其他限制条件由企业自定。

四、铁路调车停留车作业程序

停留车作业程序如图 4-14 所示。

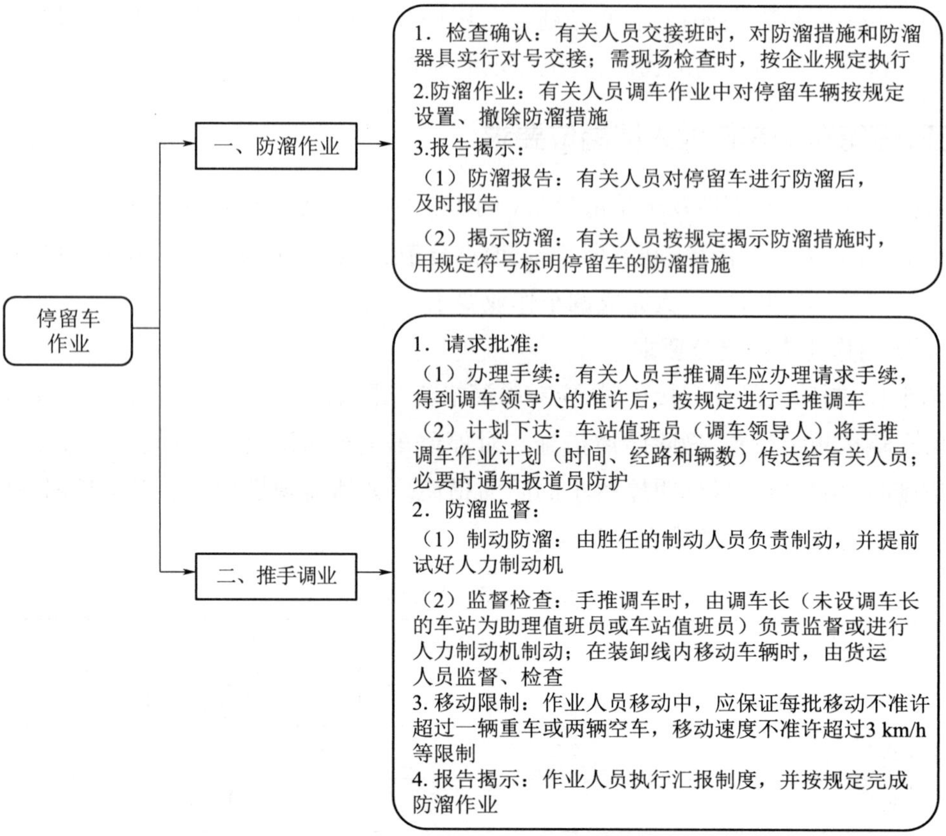

图 4-14　停留车作业程序

五、铁路调车停留车作业规定

铁路调车停留车作业规定见表 4-3。

表 4-3　铁路调车停留车作业规定

作业程序			岗位作业		事项要求
程序	项目	内容	作业人员	技术要求	
一、防溜作业	1. 检查确认	交接班检查	有关人员	交接班时，对防溜措施和防溜器具实行对号交接；需现场检查时，按企业规定执行	拧紧人力制动机的数量由企业规定，使用停车器防溜时，完全越出停车器的车辆仍需按规定采取防溜措施
	2. 防溜作业	防溜措施设置与撤除	有关人员	调车作业中对停留车辆按规定设置、撤除防溜措施	
	3. 报告揭示	(1)防溜报告	有关人员	①对停留车进行防溜后，及时报告	
		(2)揭示防溜	有关人员	②按规定揭示防溜措施时，用规定符号标明停留车的防溜措施	

续上表

作业程序			岗位作业		事项要求
程序	项目	内容	作业人员	技术要求	
二、手推调车	1. 请求批准	(1)办理手续	有关人员	①手推调车应办理请求手续,得到调车领导人的准许后,按规定进行手推调车	高速铁路车站不应手推调车
		(2)计划下达	车站值班员(调车领导人)	②将手推调车作业计划(时间、经路和辆数)传达给有关人员 ③必要时通知扳道员防护	
	2. 防溜监督	(1)制动防溜	制动人员	①由胜任的制动人员负责制动,并提前试好人力制动机	货物线内能胜任人力制动机制动的人员由车站指定,并经车站考核公布
		(2)监督检查	调车长 货运人员	②手推调车时,由调车长(未设调车长的车站为助理值班员或车站值班员)负责监督或进行人力制动机制动 ③在装卸线内移动车辆时,由货运人员监督、检查	
	3. 移动限制	(1)辆数限制	车站值班员(货运人员)	①每批移动不准许超过一辆重车或两辆空车	—
		(2)速度限制	推车人员	②移动速度不准许超过 3 km/h	
		(3)特殊限制	车站值班员(货运人员)	③手推调车,人力制动机作用应良好 ④手推调车的其他限制条件由企业自定	
	4. 报告揭示	(1)汇报制度	有关人员	①手推调车完了后,应及时将车辆停留位置、防溜措施等情况报告调车领导人	—
		(2)揭示防溜	车站值班员 调车长	②揭示防溜措施时,用规定符号标明停留车的防溜措施	

任务实施

任务单:

模拟任务导入中调车作业岗位分组、分工,佩戴相应标识,学习过程中遵章守纪、团结合作。调车作业人员要了解车站线路情况、停留车的数量、地点、种类等情况,熟悉调车作业计划,明确调车长、连结员岗位分工,掌握停留车作业规定和岗位作业要求。

实施要点	完成情况记录
1. 了解停留车特点，掌握调车作业计划，着装整齐，熟练使用手持台等	
2. 布置计划严格执行，熟练使用标准用语，不简化程序	
3. 执行防溜措施(人力制动机、铁鞋施撤)	
4. 填写防溜揭示板，执行防溜揭示的规定方法，完成相应管理工作，熟悉手推调车规定	

任务评价

任务测评	评分标准	本人自评得分(20%)	小组互评得分(20%)	教师评价得分(60%)	综合得分
知识点掌握(30分)	1. 掌握人身安全、作业安全规定 2. 掌握防溜作业、手推调车的意义和方法 3. 掌握铁鞋的使用和注意事项				
技能点运用(40分)	1. 能规范佩戴安全帽、安全带、安全手套，规范配带信号旗等，保证使用 2. 能够完成规定情况下的防溜作业 3. 能够完成规定训练内容				
职业素养(30分)	1. 牢记调车作业人身安全注意事项 2. 遵章守纪，能够按标准穿戴工装、备品齐全 3. 团结合作，有序分组，按时完成任务				
综合评价					

学生思考反馈

思考总结	
心得分享	

任务三　编组列车作业

任务描述

编组列车作业是铁路车站的重要工作,尤其是在区段站、编组站,编组作业量大且复杂,列车编组的质量和效率,直接影响列车的安全和运行生产秩序。编组列车应按《技规(普速铁路部分)》、列车编组计划和列车运行图的有关规定进行,调车人员应熟悉编组站、区段站等站场布置和调车作业规定,不断提高调车技能,学习先进争当岗位标兵,完成编组列车任务。

任务导入

10×××次列车由 A 站开往 C 站,A—C 区段下行方向货物列车牵引定数为 4 000 t,A 站为横列式区段站。技术直达列车示意如图 4-15 所示。

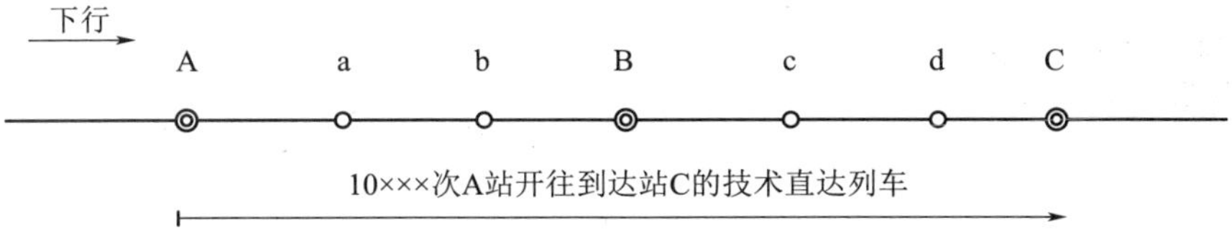

图 4-15　技术直达列车示意

调车作业人员包括调车区长、调车长、驼峰作业员、连结员、扳道员等,在作业过程中要联动协作,遵守作业标准,严格作业程序,完成编组作业任务。

A 站编组到达 C 站的 10×××次技术直达列车集结于调车场 14 道,开始编组时该线路已集结本去向车流 78 辆;经计算,至第 49 辆时总重 3 961 t,该 49 辆车中无关门车,无隔离标记车;计划不加挂危险品车辆;牵出线在调车场右方;编成后转出发场 2 道。因待编车辆在一条线路上,不需要调整隔离车的跨区段列车编组作业,仅需要将满足列车重量标准的车辆连挂在一起,转出发场即可。

请思考:

调车长、连结员等作业人员应如何进行编组作业?

知识准备

一、编组列车作业有关规定

编组列车应按《技规(普速铁路部分)》、列车编组计划和列车运行图的有关规定进行,调车人员应熟悉编组站等站场布置和调车作业规定,调车作业人员要了解所编组列车的辆数，检查待编车列中车辆的编组隔离和关门车的编挂位置，铁路车站编组列车的作业环境和主要设备，掌握编组列车的关键作业技能，掌握作业程序及技术要求。编组站航拍、近景如图4-16所示。

（a）航拍

（b）近景

图4-16　编组站

1. 编组列车的有关规定

（1）列车重量和长度。

列车重量根据机车牵引力、区段内线路状况及其设备条件确定。

列车实际重量，包括列车内编挂车辆的自重和载重总和、非工作机车、架桥机、检衡车等。工作机车和有动力回送的机车重量不计算在内。

列车长度根据运行区段内各站到发线的有效长，并预留30 m附加制动距离确定。

编组列车时，其重量和长度应满足列车运行图规定的各区段牵引定数或换长。如有特殊要求，实际编成的列车与图定重量、长度不可能完全相符时，货物列车重量允许上下波动80 t，换长允许欠1.2及以下［按照《技规（普速铁路部分）》和企业规定执行］。

（2）禁止编入列车的机车车辆。

①插有扣修、倒装色票的及车体倾斜超过规定限度的。

②曾经发生冲突、脱轨、火灾、爆炸或曾编入发生特别重大、重大、较大事故列车内以及在自然灾害中损坏，未经检查确认可以运行的。

③装载货物超出机车车辆限界，无挂运命令的。

④装载跨装货物（跨及两平车的汽车除外）的平车，无跨装特殊装置的。

⑤平车及敞车装载货物违反装载和加固技术条件的。

⑥未关闭侧开门、底开门以及平车未关闭端、侧板的（有特殊规定者除外）。

⑦由于装载的货物需停止自动制动机的作用，而未停止的。

⑧企业自备机车、车辆、自轮运转特种设备和城市轨道车辆、进出口机车车辆过轨时，未经铁路机车车辆人员检查确认的。

⑨缺少车门的（检修回送车除外）。

⑩超过定期检修期限的客车车辆(经车辆部门鉴定的回送客车除外)禁止编入旅客列车。

2. 编组列车时对"关门车"编挂的规定

列车中的机车和车辆的自动制动机,均应加入全列车的制动系统。

货物列车中因装载的货物规定需停止制动作用的车辆,自动制动机临时发生故障的车辆,准许关闭截断塞门(以下简称关门车),但列检作业场所在站编组始发的列车中,不得有制动故障关门车。编入列车的关门车数不超过现车总辆数的6%(尾数不足一辆按四舍五入计算)时,可不计算每百吨列车重量的换算闸瓦压力,不填发制动效能证明书;超过6%时,按《技规(普速铁路部分)》第261条规定计算闸瓦压力,并填发制动效能证明书交与司机。关门车不得挂于机车后部三辆车之内;在列车中连续连挂不得超过两辆;列车最后一辆不得为关门车;列车最后第二、三辆不得连续关门。对于不适于连挂在列车中部但走行部良好的车辆,经列车调度员准许,可挂于列车尾部,以一辆为限,如该车辆的自动制动机不起作用时,须由车辆人员采取安全措施,保证不致脱钩。

旅客列车、特快货物班列不准编挂关门车。在运行途中(包括在站折返)如遇自动制动机临时故障,在停车时间内不能修复时,准许关闭一辆,但列车最后一辆不得为关门车,120 km/h速度等级及编组小于8辆的140 km/h、160 km/h速度等级列车应按规定关门时需限速运行,车辆乘务员须向司机递交限速说明书。

3. 装载危险货物的车辆编入列车的隔离办法

(1)危险货物定义。

危险货物是指具有爆炸、易燃、毒害、感染、腐蚀、放射性等危险特性,在铁路运输过程中,容易造成人身伤亡、财产毁损或者环境污染而需要特别防护的物质和物品。

危险货物按其具有的危险性或主要危险性分为九类:

第1类　爆炸品。

第2类　气体。

第3类　易燃液体。

第4类　易燃固体、易于自燃的物质、遇水放出易燃气体的物质。

第5类　氧化性物质和有机过氧化物。

第6类　毒性物质和感染性物质。

第7类　放射性物质(物品)。

第8类　腐蚀性物质。

第9类　杂项危险物质和物品。

(2)隔离办法。

编组列车时,对装载危险货物的车辆编入列车的隔离限制按铁路车辆编组隔离表(表4-4)执行。

表 4-4 铁路车辆编组隔离表

货物种类（品名编号）		不同隔离对象最小隔离辆数							备注
		隔离标记	距牵引的内燃、电力机车，推进运行或后部补机及使用火炉的车辆	距乘坐旅客的车辆	距装载雷管及导爆索（11001,11002,11007,11008）的车辆△7	距装载除雷管及导爆索以外爆炸品的车辆△8	距装载易燃普通货物的敞车、平车	距装载高出车帮易蹿动货物的车辆	
气体（含空罐车）	易燃气体 非易燃无毒气体 毒性气体	△1	4	4	4	4	2	2	运输气体类危险货物重、空罐车时，每列编挂不得超过3组。每组间的隔离车不得少于10辆
一级易燃液体 一级易燃固体 一级易于自燃的物质 一级氧化性物质 有机过氧化物 一级毒性物质（剧毒品） 一级酸性腐蚀性物质 一级碱性腐蚀性物质 一级其他腐蚀性物质		△2	2	3	3	4	2		运输原油时，与机车及使用火炉的车辆可不隔离。运输硝酸铵时，与机车及使用火炉的车辆隔离不少于4辆
放射性物质（物品）（矿石、矿砂除外）		△3	2	4	×	×	2	1	×标记表示不能编入同一列车
七〇七	一　级	△4	4	4	4	4	4	2	一级与二级编入同一列车时，相互隔离2辆以上，停放车站时相互隔离10 m以上，严禁明火靠近
	二　级	△5	4	4	4	4	4	2	
敞车、平车装载的易燃普通货物及敞车装载的散装硫黄		△6	2	2	2	2			装载未涂防火剂的腐朽木材的车辆，运行在规定的区段和季节须与牵引机车隔离10辆，如隔离有困难时，各铁路局集团公司与邻局协商规定隔离办法
爆炸品	雷管及导爆索（11001,11002,11007,11008）	△7	4	4		4	2	2	
	除雷管及导爆索以外的爆炸品	△8	4	4	4		2	2	

注：1. 小运转列车及调车隔离规定，由铁路局集团公司自行制定。

2. 有△标记的车辆与装载蜜蜂的车辆运输时按有关规定办理。

3. 空罐车可不隔离（气体类危险货物除外）。

二、货物列车在车站的技术作业

货物列车在技术站办理的技术作业取决于站场的布置特点，以及列车在车站的作业性质，混合式编组站布置如图 4-17 所示。

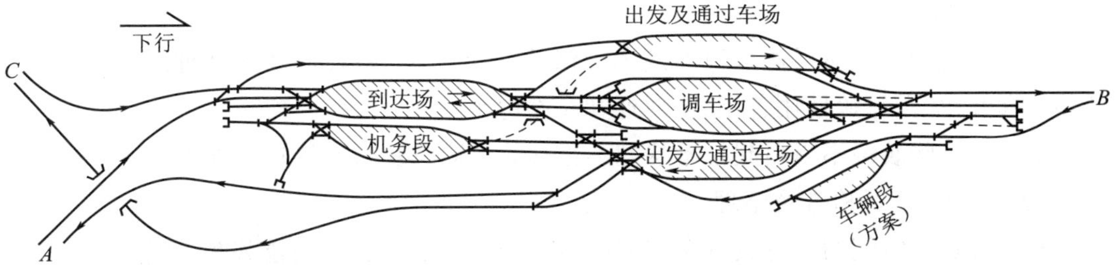

图 4-17　混合式编组站布置

1. 技术站办理的货物列车种类

货物列车按在技术站办理作业的性质可划分为以下三类：

(1) 中转列车。

中转列车是途经本站，在本站进行中转作业后，仍按原车次继续运行的列车，又分为无改编中转列车和部分改编中转列车。

①无改编中转列车。

无改编中转列车是在本站不进行车组摘挂的调车作业、办理了中转作业后就原列继续运行的列车。

②部分改编中转列车。

部分改编中转列车是在本站因变更列车重量、换挂车组或变更运行方向需进行调车作业后才能继续运行的列车。

(2) 到达解体列车。

到达解体列车是在本站终到、解体的列车。

(3) 自编始发列车。

自编始发列车是按照编组计划的要求，由本站编组出发的列车。

2. 技术站办理的货物列车作业内容

始发、中转和到达解体列车在站有不同的作业目的：始发列车和无改编中转列车的作业要保证其途中运行的安全；部分改编中转列车要进行车组增、减或换挂，也要保证其继续运行的安全；到达解体列车要确定其车辆的技术状态和货物装载状态，扣修定期检修到期和故障车辆，为列车解体和车辆的货物作业、定期检修做好准备。

列车在技术站的作业由助理值班员、列检组、车号员、货运检查员、列尾作业员等完成，要包括以下几项：

(1) 车辆的技术检查和修理。

由于列车重量大、速度高，在运行中所受到的冲击力大，车辆的各组成部分可能会发生磨损、毁坏或丢失,对列车的安全运行造成影响。因此,列车在途中技术站需要进行技术检查和修理。

检车员应提前到规定线路接车,观察列车走行情况,负责本务机车的摘挂、试风及车辆的检修工作。检查前要在车列两端插上防护信号、升起脱轨器,然后分段检查车辆的走行部、车钩及制动装置。

对需修理的车辆应尽量采用不摘车检修的方法作业,如必须摘车修理时应填写“车辆检修通知单”并正确使用色票,及时通知车站甩车。

发现因货物装载不当引起技术状态不正常的车辆应及时通知车站处理。

(2)车辆的货运检查及整理。

车辆经过长时间的运行或调车作业后,货物装载、加固状态可能发生变化,需要进行装载状态检查和整理。这项作业由车站的货运检查员负责。

在列车到达前,货运检查员要在列车尾部停车地点接车,利用列车进站走行中观察货物装载状况。列车停妥后,货运检查员检查的主要内容包括:从车列两侧检查敞、平车上的货物装载和篷布苫盖情况;棚车的铅封、车体、车门、车窗等有无异常状态;罐车有无渗漏,顶盖是否关好;超限货物的装载状态是否符合挂运电报和记录内容。发现异状应及时处理,不能立即恢复时应按规定编写货运记录并通知车站甩车。

(3)摘挂列尾装置主机。

列尾装置由机车控制盒和主机两部分组成,其作用如下:

①使机车乘务员准确掌握列车尾部风压,确认列车完整。

②列车主管因泄漏等原因风压不足时,可直接向司机报警。

③折角塞门意外关闭时,司机可直接操纵列尾装置,制动停车。

④起列车标志作用,为接发列车人员确认列车完整提供条件。

摘挂列尾装置主机由列尾作业员负责。其主要任务是:摘挂主机,填写“列尾装置使用登记表”,建立机车和列尾的一一对应关系并认真监听核对,确保列车运行安全。

(4)检查核对现车。

该项工作由外勤车号员负责,主要任务是检查列车编组顺序表(运统1)和现车是否相符。发现无改编中转、部分改编中转和到达解体列车不符应及时报告站调并做好记录,通知发车站;发现自编始发列车违编应及时判明情况并通知站调纠正,确保出发列车的质量。

(5)车列交接。

办理出发列车交接时,车号员根据运统1核对现车无误后,连同一份运统1与机车乘务员当面办理签字交接。办理到达列车交接时,机车乘务员确认列车完整后将列车交付车站到达场车号人员,发现不相符的情况应立即通知有关车站处理。

(6)准备发车及发车。

出发列车的车列交接后,车站助理值班员将列车的有关情况通知司机,按规定简略试风,确认具备发车条件后,直接向司机显示发车信号。司机在确认发车条件具备后,根据信号的显示起动列车。

3. 技术站货物列车技术作业过程

货物列车、货车在站办理技术作业的项目、程序及时间标准分别称为货物列车和货车的技术作业过程。技术站的货物列车技术作业是在到发场完成的,由车站值班员负责组织指挥。要求提前做好准备,加强与有关工种的协同配合,组织流水作业,避免作业中断,压缩各种等待时间,最大限度地组织平行作业,以减少作业延续时间,提高作业效率。

三、货车在车站的技术作业

1. 货车按其在站作业性质的分类

货车按在车站办理的作业性质不同,分为中转车和货物作业车,如图 4-18 所示。

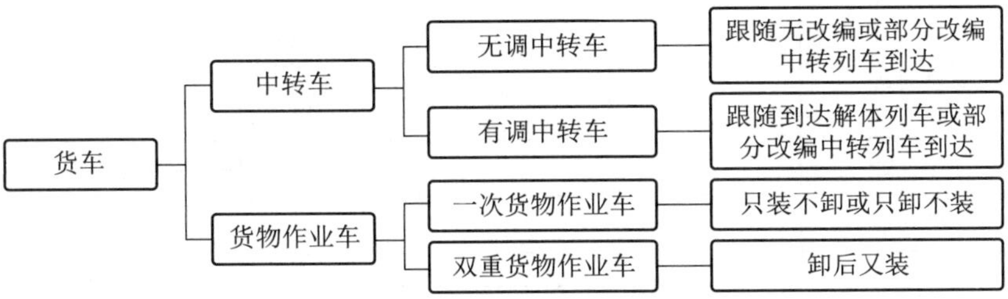

图 4-18　货车分类

(1)中转车。

中转车是指在技术站中转,不进行装卸作业的货车。按其在站有无调车作业,分为无调中转车和有调中转车。

①无调中转车。

无调中转车指随无改编中转列车或部分改编中转列车到达、在本技术站进行中转作业后,随原列车继续运行的货车。

②有调中转车。

有调中转车指随到达解体列车或部分改编中转列车到达,在本站需要进行解、编作业的中转货车。

(2)货物作业车。

货物作业车是指随到达解体列车或部分改编中转列车到达,在车站进行货物作业(卸车、装车或倒装)的货车,也叫本站作业车。按其在车站完成装卸作业的次数,可分为一次货物作业车和双重货物作业车。

①一次货物作业车。

一次货物作业车指在本站只进行一次装车或卸车作业的货物作业车。

②双重货物作业车。

双重货物作业车指在本站卸空后再装车,进行两次作业的货物作业车。

2. 货车在站技术作业过程

货车在站办理技术作业的项目、程序及时间标准称为货车的技术作业过程。

(1)无调中转车技术作业过程。

无调中转车随中转列车到达车站，并随原列车出发。因此，它的技术作业过程与其所在列车在到发线上的作业过程相同。

(2)有调中转车技术作业过程。

有调中转车随列车到站后，首先在列车到达线上进行到达作业，然后经解体调车，将车辆溜入调车场固定线路内集结，待凑够规定的重量或长度后，进行编组作业，转出发场进行出发作业。有调中转车技术作业过程如图 4-19 所示。

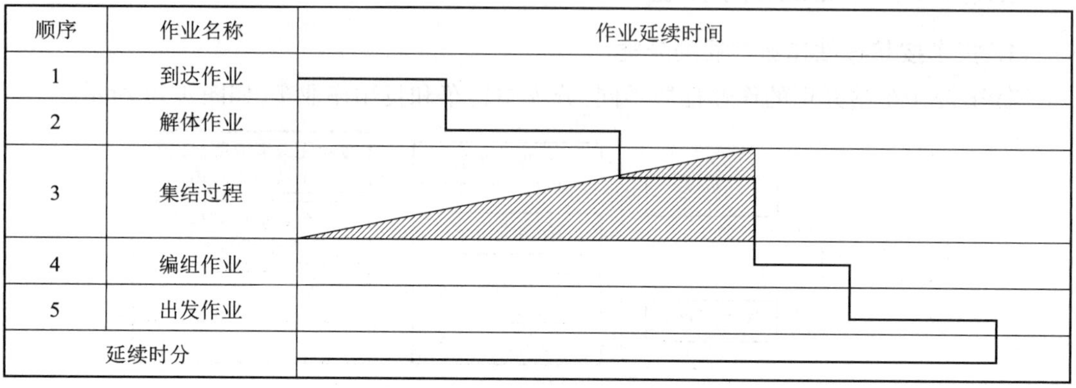

图 4-19　有调中转车技术作业过程

(3)本站作业车技术作业过程。

①一次货物作业车技术作业过程包括到达、解体、待送、送车、装车或卸车、取车、集结、编组、出发，如图 4-20 所示。

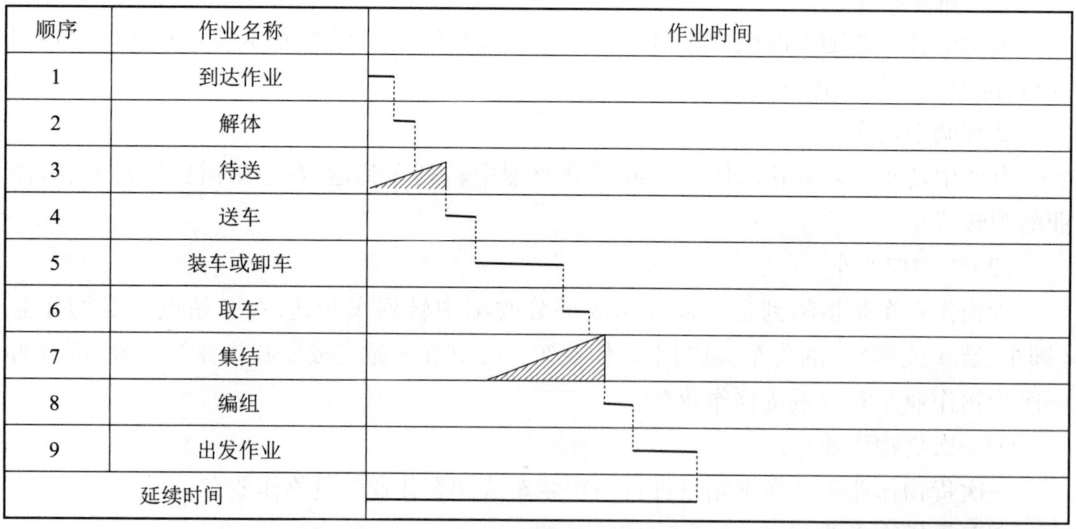

图 4-20　一次货物作业车在站的作业流程

②双重货物作业车技术作业过程包括到达、解体、待送、送车、卸车、调移、装车、取车、集结、编组、出发，如图 4-21 所示。

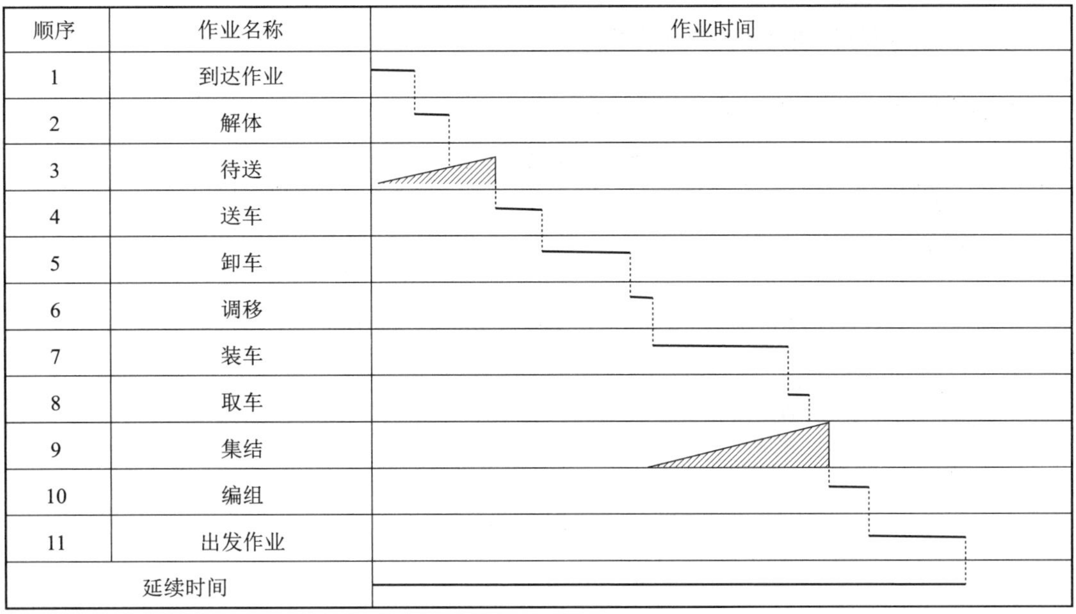

图 4-21　双重货物作业车技术作业过程

组织货车双重作业避免了将卸后空车送往装车站的作业过程,可以有效提高车辆的运用效率。因而,在日常运输组织中,应尽量利用卸后空车在本站装车。

四、铁路调车编组列车作业程序

编组列车作业程序如图 4-22 所示。

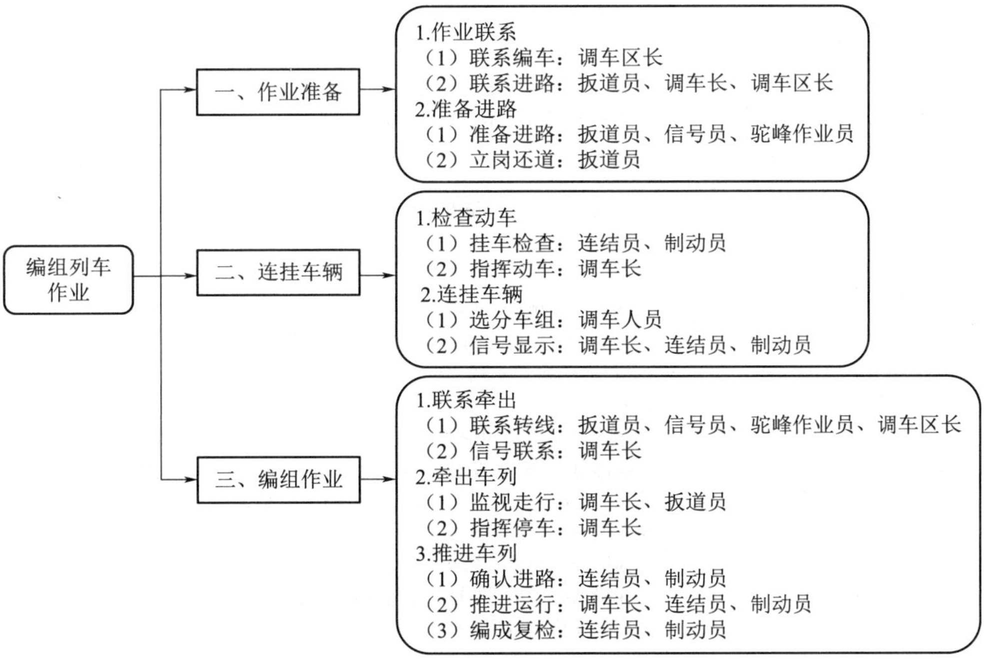

图 4-22　编组列车作业程序

五、铁路调车编组列车作业规定

铁路调车编组列车作业规定见表 4-5。

表 4-5　铁路调车编组列车作业规定

作业程序			岗位作业		事项要求
程序	项目	内容	作业人员	技术要求	
一、作业准备	1. 作业联系	(1)联系编车	调车区长	①根据计划要求，与有关人员联系编车	调车区长有关作业可由车站调度员办理
		(2)联系进路	扳道员 调车长	②在正线、到发线上调车时，应经过车站值班员的准许	
			调车区长	③需越区作业时，同时按规定办理越区作业手续	
	2. 准备进路	(1)准备进路	扳道员 信号员 驼峰作业员	①根据计划或要道信号，按规定排列进路、开放调车信号，确认进路开通正确	—
		(2)立岗还道	扳道员	②显示股道号码和道岔开通信号，立岗监视机车车辆走行	
二、连挂车辆	1. 检查动车	(1)挂车检查	连结员 制动员	①挂车前检查线路、防溜措施、停留车辆、关门车等，调整好钩位	—
		(2)指挥动车	调车长	②确认道岔开通信号或调车信号(单机或牵引运行时除外)，向司机显示起动信号	
	2. 连挂车辆	(1)选分车组	调车人员	①按计划要求分解及编组车组	—
		(2)信号显示	调车长 连结员 制动员	②连挂车辆时，正确及时显示十、五、三车距离信号(单机除外)，并得到司机回示，没有回示，立即显示停车信号；单机挂车时，接近车列下车，向司机显示连结信号 ③连续连挂时，可不停车连挂，应确认连挂状态，车组间隔超过 10 车时，应顿钩或试拉；末端车辆距信号机(警冲标)不足 30 m 时，应采取安全措施。进入车档作业前，应有调车人员的停车信号防护；按规定做好对停留车辆防溜措施的设置及撤除 ④确认挂妥后，推进运行前，向调车长显示试拉信号，全部起动后显示“好了”信号	

续上表

作业程序			岗位作业		事项要求
程序	项目	内容	作业人员	技术要求	
三、编组作业	1. 联系牵出	(1)联系转线	扳道员 信号员 驼峰作业员 调车区长	①按规定准备进路,确认进路开通正确。需越区作业时,同时按规定办理越区作业手续。需转场作业时,应征得他场值班员同意	调车区长有关作业可由车站调度员办理
		(2)信号联系	调车长	②确认制动员的起动信号,向司机显示起动信号,指挥机车牵出	
	2. 牵出车列	(1)监视走行	调车长	①牵出车列起动后,确认制动员"好了"信号,注意调车人员上车及安全等情况,向司机显示"好了"信号。	—
			扳道员	②进路准备妥当后,立岗监视机车车辆走行	
		(2)指挥停车	调车长	③确认车列牵至所需位置,指示司机停车	
	3. 推进车列	(1)确认进路	连结员 制动员	①非集中区确认扳道员道岔开通信号;集中区确认调车信号开放,按作业要求显示信号	—
		(2)推进运行	调车长 连结员 制动员	②推进车列,车列前部应有人进行瞭望,及时显示信号。当调车长确认停留车位置有困难时,应派人显示停留车位置信号。末端车辆距信号机(警冲标)不足 30 m时,应采取安全措施	
			调车长	③使用手信号作业时,应位于易于瞭望前方,又能使司机看见所显示信号的位置	
			连结员 制动员	④使用手信号作业时,中转信号人员位置适当,正确及时一致地中转信号	
			调车长 连结员 制动员	⑤连挂车辆时,正确及时显示十、五、三车距离信号,并得到司机回示,没有回示,立即显示停车信号 ⑥编组车列,确认车列挂妥后应进行试拉。根据需要,将车列停放在适当地点或企业规定的位置,按规定采取防溜措施后摘钩	
		(3)编成复检	连结员 制动员	⑦对编成车列复检车辆是否连挂妥当、关门车编挂位置及数量是否符合规定、防溜措施以外的人力制动机(人力制动机紧固器)或铁鞋是否撤除(由其他人员负责检查时除外) ⑧车列编成后,向调车领导人报告	

任务实施

任务单：

模拟任务导入中调车作业岗位分组、分工，着装整齐、标准，学习过程中遵章守纪、团结合作，熟悉车站设备和线路情况、调车工作人员工作职责，严格执行安全规定。要了解所编组列车的辆数，检查待编车列中车辆的编组隔离情况和关门车的编挂位置，铁路车站编组列车的作业环境和主要设备，掌握编组列车的关键作业技能，掌握作业程序及规定要求。

实施要点	完成情况记录
1. 掌握调车作业计划，作业人员着装整齐，熟练使用手持台	
2. 布置计划严格执行，熟练使用标准用语，不简化程序	
3. 掌握编组隔离的要求、“关门车”、危险品车辆的编挂位置的规定	
4. 掌握调车区长、调车长、连结员等岗位联系标准内容	
5. 掌握作业准备、连挂车辆、编组作业的作业内容和流程	

任务评价

任务测评	评分标准	本人自评得分（20%）	小组互评得分（20%）	教师评价得分（60%）	综合得分
知识点掌握（30分）	1. 掌握人身安全、作业安全规定 2. 编组隔离的要求，熟悉“关门车”、危险品车辆的编挂位置的规定				
技能点运用（40分）	1. 能规范佩戴安全帽、安全带、安全手套，规范配带信号旗等，保证使用 2. 能够完成规定情况下的编组列车作业				
职业素养（30分）	1. 牢记调车作业人身安全注意事项 2. 遵章守纪，培养良好的职业习惯 3. 展现团队精神，团结互助，按时完成任务				
综合评价					

学生思考反馈

思考总结	
心得分享	

任务四　简易驼峰调车作业

任务描述

在到达场与调车场纵向配置的车站,具有一定数量调车线的区段站和小型编组站上均设有简易驼峰,将完成到达作业的车列分解到调车场内固定使用线路内,调车作业人员应了解铁路车站简易驼峰的作业特点和车站线路固定使用情况,掌握简易驼峰的关键作业环节,掌握作业程序及技术要求。

任务导入

A 站调车场线路固定使用方案为:1～5 道到发线,6 道 F 及其以远;7 道 D 及 D—E;8 道 B 及 B—C;9 道 A—B 间;10 道 C 及 C—D;11 道 E 及 E—F;14 道本站作业车。32××× 次列车上行开来停留于到达场 3 道待解,其编组内容及 A—F 方向车流顺序如图 4-23 所示。

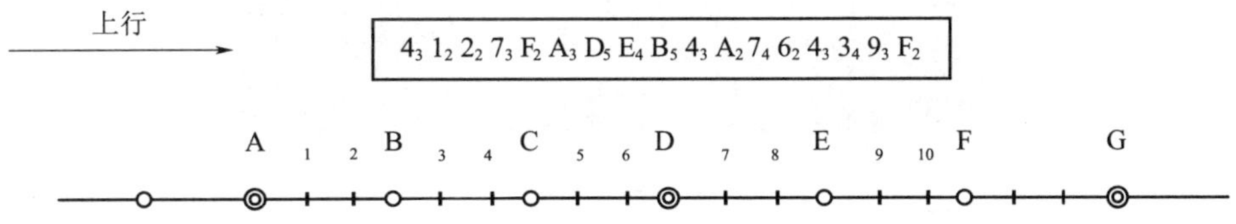

图 4- 23　32×××次列车编组内容及 A—F 方向车流顺序

简易驼峰调车作业人员包括调车长、驼峰作业员、连结员、信号员、扳道员等。在车站调车作业过程中上述岗位要联动协作,遵守作业标准,严格执行作业程序。调车长、连结员是涉及调车安全的重要岗位,解体调车作业时首先应明确列车编组计划中车流的到站情况,掌握解体车列的编组内容,了解驼峰设备情况、调车场线路固定使用方案,采用"对号入座"的方法,将车组分解到指定线路中。

请思考:

简易驼峰调车作业程序是什么?

知识准备

一、简易驼峰

驼峰是专门用来解体车列的一种调车设备，车辆溜放的动力以其本身的重力为主，调车机车的推力为辅。驼峰设在调车场头部，适合车列的解体作业。按照设备条件分为简易驼峰、非机械化驼峰、机械化驼峰、半自动化驼峰、自动化驼峰。

简易驼峰（图 4-24）多数是利用原有调车场头部牵出线，头部平地起峰修建而成，道岔控制一般采用非集中操纵或电器集中操纵，制动工具采用铁鞋。它一般设在调车线大于 5 股的区段站或小型的编组站上，到达场标高高于调车场。非机械化驼峰一般设在调车线少于 15 股的中小型编组站上。机械化驼峰道岔控制采用自动集中，制动设备主要用于人工控制车辆，减速器到达场标高高于调车场，它一般设在调车线多于 15 股的大中型编组站上。半自动化驼峰道岔控制采用自动集中设备，在控制减速器出口速度时，采用自动化设备，如侧长、侧重等。自动化驼峰是在半自动化驼峰的基础上，采用一系列自动化设备，自动控制车辆、减速器、雷达测速，自动控制车组间隔、车辆溜放进度，目的制动，采用计算机处理。

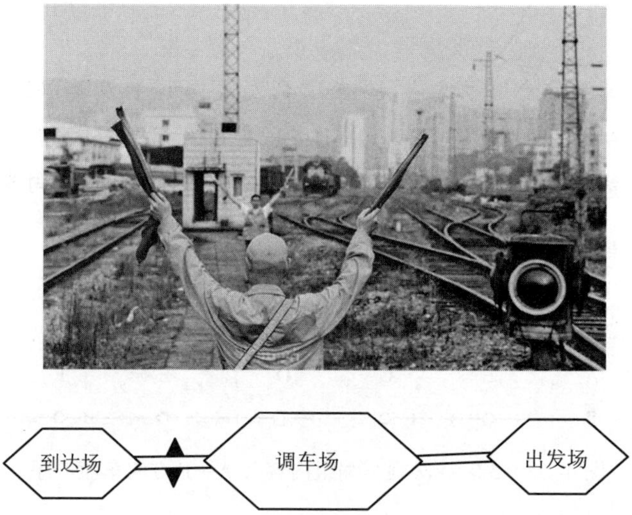

图 4-24　简易驼峰

二、简易驼峰调车作业人员的岗位要求

简易驼峰调车作业人员包括调车长、连结员、制动员、信号员、扳道员、司机等。其中调车长是调车作业的指挥人，是保障调车作业效率和安全的关键人员，负责指挥连挂车列、牵出（推进）车列、解散车列、下峰作业。调车作业人员应做好以下工作：

1. 调车长岗位要求

根据计划要求,负责作业联系,向制动员了解作业准备情况,通知司机开始作业。显示起动信号,指挥司机动车。确认具备挂车条件,显示连结信号,指挥机车连挂,在推进运行前,应进行试拉。

牵出(推进)车列时,调车长确认制动员显示起动信号、停车所需位置,指示司机起动、停车。通知各作业点解体车次、股道、防溜措施及重点注意事项,听取制动员准备好了的报告,掌握溜放速度,保证溜放车组速度均匀,间隔适当。非集中区第一钩确认扳道员道岔开通信号,集中区确认调车信号开放,指挥作业。

与有关人员联系调车机车下峰作业,需越区作业时,同时按规定办理越区作业手续。确认道岔开通信号或调车信号开放(单机或牵引运行时除外),向司机显示起动信号。

调车长按企业规定处理压鞋,交代重点注意事项,发现异常情况,果断处理。

2. 连结员岗位要求

车列牵出时,按计划查对车数,核对提钩处制动软管摘开、无抱闸车及牵出车列最后一辆车号正确。

按调车作业计划准确掌握提钩时机,正确提钩,遇有漏摘制动软管或没有拔出防跳插销、钩链不良的车辆,应正确处理,处理不了时,应停车处理。作业中准确及时完成调车长指令,发现异常情况,及时报告或采取停车措施。

3. 制动员岗位要求

提前到达挂车地点,检查线路、停留车辆,调整好钩位。按规定摘管提钩,核对车号;在推进运行、人力制动机试闸时,按规定显示信号。

推送车辆应先试拉。车列前部应有人进行瞭望,及时显示信号。按规定确认车列连挂状态,遵守推进挂车、连续连挂规定,车组间隔超过 10 车时,应顿钩或试拉;末端车辆距信号机(警冲标)不足 30 m 时,应采取安全措施。使用手信号作业时,中转信号人员位置适当,正确及时一致地中转信号。

按规定使用人力制动机和安全带,进行试闸并汇报,正确观速观距,稳妥连挂;多人制动一车组,以第一位制动员为主,其他制动员听从第一位制动员指挥。

4. 驼峰作业员、扳道员、信号员岗位要求

根据计划或要道信号,提出挂车、牵出请求,在正线、到发线上调车时,应经过车站值班员的准许。按规定准备进路,确认进路开通正确。显示股道号码和道岔开通信号,立岗监视机车车辆走行。连续溜放第一钩执行要道还道制度(集中联锁设备除外),监视溜放车组走行,扳道员做到溜放车组间隔不足规定距离不扳,未过联动道岔不扳,有压标车或有侧面冲突的可能时不扳,发现异常情况,果断采取措施处理。

驼峰作业员使用驼峰集中设备的,提前储存进路,按规定开放允许推峰信号,正确使用减速器,随时确认按钮缓解状态,根据车组情况,正确调速,保证溜放车组间隔距离,掌握好出口速度,发现车辆夹停、途停、堵门、设备故障等情况,及时采取措施,果断处理。

三、铁路调车简易驼峰作业程序

简易驼峰作业程序如图 4-25 所示。

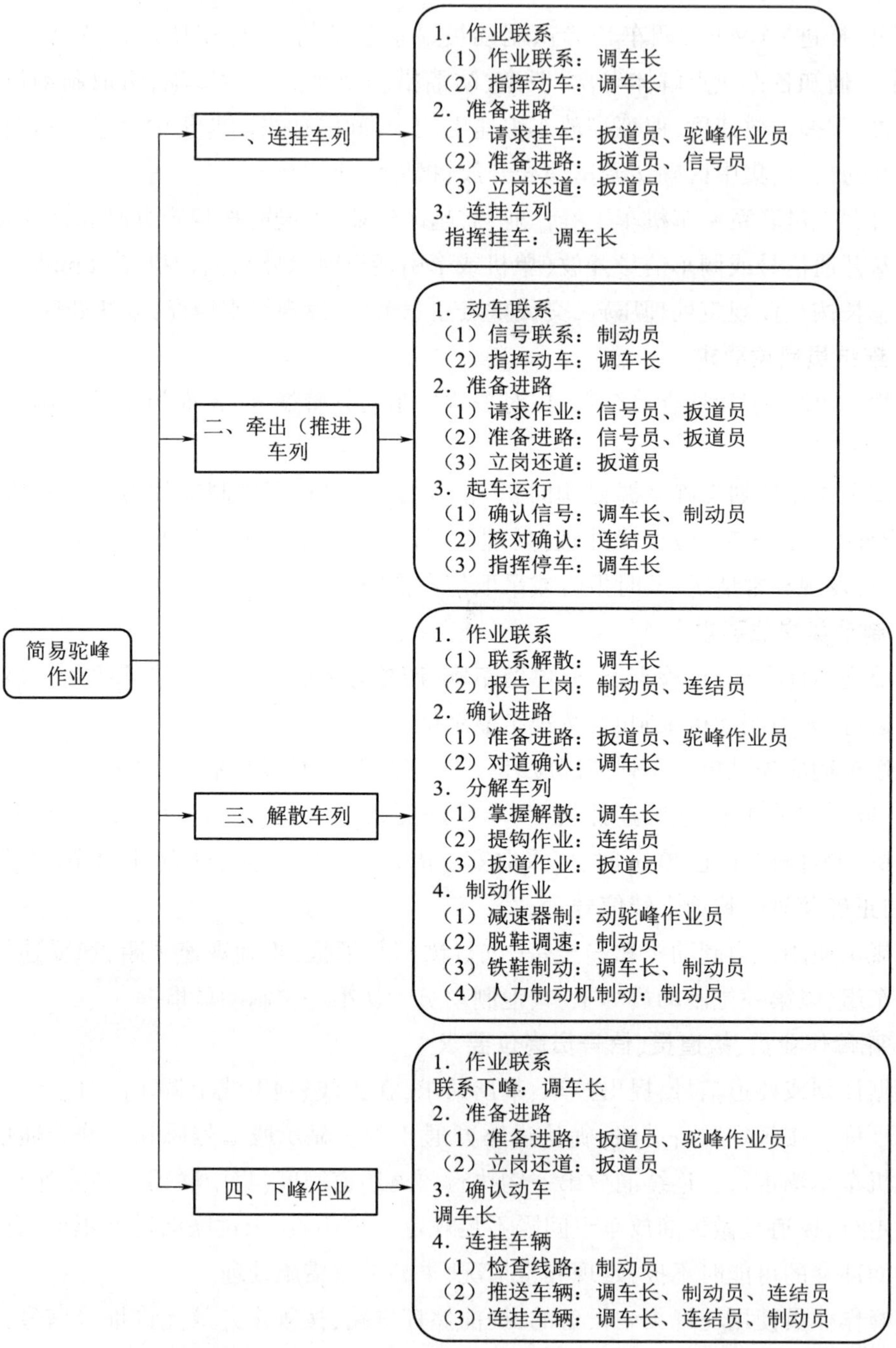

图 4-25　简易驼峰作业程序

四、铁路调车简易驼峰作业规定

铁路调车简易驼峰作业规定见表 4-6。

表 4-6 铁路调车简易驼峰作业规定

作业程序			岗位作业		事项要求
程序	项目	内容	作业人员	技术要求	
一、连挂车列	1. 作业联系	(1)作业联系	调车长	①根据计划要求,向制动员了解作业准备情况,通知司机开始作业	—
		(2)指挥动车	调车长	②显示起动信号,指挥司机动车,司机按信号显示运行	
	2. 准备进路	(1)请求挂车	扳道员 驼峰作业员	①根据计划提出挂车请求,在正线、到发线上调车时,应经过车站值班员的准许	—
		(2)准备进路	扳道员 信号员	②根据计划或要道信号,按规定准备进路,确认进路开通正确	
		(3)立岗还道	扳道员	③显示股道号码和道岔开通信号,立岗监视机车车辆走行	
	3. 连挂车列	指挥挂车	调车长	①接近车列,确认具备挂车条件,显示连结信号,指挥机车连挂 ②推进运行前,应进行试拉	—
二、牵出(推进)车列	1. 动车联系	(1)信号联系	制动员	①提前到达挂车地点,按规定摘管提钩,核对取车末端车号 ②推进运行时,在试拉后,向调车长显示起动信号	—
		(2)指挥动车	调车长	③确认制动员显示起动信号后,向司机显示起动信号	
	2. 准备进路	(1)请求作业	信号员 扳道员	①与车站值班员联系,请求牵出	—
		(2)准备进路	信号员 扳道员	②根据计划或要道信号,按规定准备进路,确认进路开通正确	
		(3)立岗还道	扳道员	③显示股道号码和道岔开通信号,立岗监视机车车辆走行	
	3. 起车运行	(1)确认信号	调车长	①确认信号开放或还道信号显示正确(单机或牵引运行时除外),显示起动信号,指挥司机动车	—
			制动员	②确认车列起动,向调车长显示"好了"信号	
			调车长	③确认制动员的"好了"信号,注意调车人员上车及安全等情况,向司机显示"好了"信号	
		(2)核对确认	连结员	④车列牵出时,按计划查对车数,核对提钩处制动软管摘开、无抱闸车及牵出车列最后一辆车号正确	遇特殊情况,连结员不能确认牵出车列最后一辆车号时,由制动员负责确认
		(3)指挥停车	调车长	⑤根据作业计划确认车列停车所需位置,指示司机停车	—

续上表

作业程序			岗位作业		事项要求
程序	项目	内容	作业人员	技术要求	
三、解散车列	1. 作业联系	(1)联系解散	调车长	①通知各作业点解体车次、股道、防溜措施及重点注意事项,听取制动员准备好了的报告	其他需要注意的事项由车站自定
		(2)报告上岗	制动员	②上岗后,向调车长报告准备好了 ③人力制动机制动,试闸良好后向调车长或连结员显示“好了”信号	—
			连结员	④检查核对车组无误,确认制动员试闸“好了”信号后,向调车长报告或显示“好了”信号	
	2. 确认进路	(1)准备进路	扳道员	①非集中区第一钩应实行要道还道制度,从第二钩起,按调车作业通知单的要求扳动道岔。按计划正确及时准备进路	—
			驼峰作业员	②使用驼峰集中设备的,提前储存进路,复检正确后,开放允许推峰信号	
		(2)对道确认	调车长	③非集中区确认扳道员第一钩道岔开通信号,集中区确认允许推峰信号开放后,开放驼峰信号	
	3. 分解车列	(1)掌握解散	调车长	①根据停留车位置、气候条件、难易行线、车组去向及大小、空重、车组间隔、车辆走行状态等情况,掌握推峰速度,保证溜放车组速度均匀,间隔适当 ②随时交代重点注意事项,发现异常情况,果断处理	—
		(2)提钩作业	连结员	③按调车作业计划准确掌握提钩时机,正确提钩,做到一确认(信号显示、摘钩车数、大组车摘钩车号、推峰速度、车组走行)、二检查(制动软管、提钩杆、抱闸车、禁止溜放和过峰车辆)、三提钩(掌握提钩时机,不错不漏);发现异常情况,及时报告或采取停车措施 ④遇有漏摘制动软管或没有拔出防跳插销、钩链不良的车辆,使用提钩摘管器进行摘管、提钩,处理不了时,应停车处理	
		(3)扳道作业	扳道员	⑤按计划正确及时扳道,立岗监视溜放车组走行 ⑥做到溜放车组间隔不足规定距离不扳,未过联动道岔不扳,有压标车或有侧面冲突的可能时不扳 ⑦发现异常情况,果断采取措施处理	
	4. 制动作业	(1)减速器制动	驼峰作业员	①按规定正确使用减速器,随时确认按钮缓解状态 ②根据解散车组大小、空重、停留车位置、气候条件等情况,监视车组走行,正确调速,保证溜放车组间隔距离 ③按规定掌握好出口速度 ④发现车辆夹停、途停、堵门、设备故障等情况,及时采取措施,果断处理	其他需要注意的事项由车站自定

续上表

<table>
<tr><th colspan="3">作业程序</th><th colspan="2">岗位作业</th><th rowspan="2">事项要求</th></tr>
<tr><th>程序</th><th>项目</th><th>内容</th><th>作业人员</th><th>技术要求</th></tr>
<tr><td rowspan="4">三、解散车列</td><td rowspan="4">4. 制动作业</td><td>(2)脱鞋调速</td><td>制动员</td><td>⑤根据计划,掌握重点车组、重点股道、人员技术、停留车位置、气候条件、安全注意事项等,监视各股道车组走行,认真观速观距,正确调速
⑥发生危及行车安全情况时,及时采取措施或向制动人员报警
⑦一批作业完了,及时将铁鞋归位、摆齐</td><td>其他需要注意的事项由车站自定</td></tr>
<tr><td rowspan="2">(3)铁鞋制动</td><td>制动员</td><td>⑧根据计划钩序、辆数、空重、难易行线、停留车位置、车辆走行、气候条件等,采用相应的下鞋方法;但单个车辆应“一车三鞋单轨双基本”,小组车应下基本鞋
⑨选择适宜地点,准备足够数量且符合标准的铁鞋,遇天气不良或钢轨有油渍、盐、碱、冰、雪、霜等情况时,撒好沙子,正确观速观距,准确安放铁鞋,做到安全连挂或车组间天窗不大于 4 m
⑩一批作业完了,及时撤除铁鞋,归位、摆齐</td><td rowspan="2">—</td></tr>
<tr><td>制动员
调车长</td><td>⑪压鞋时的处理方法,由企业规定。根据作业进度或在一批作业完了及时安排取出</td></tr>
<tr><td>(4)人力制动机制动</td><td>制动员</td><td>⑫使用人力制动机时,抓牢站稳,按规定使用安全带,进行试闸
⑬试好闸后,向调车长或连结员显示(报告)试闸良好信号
⑭正确观速观距,观前顾后,均衡调速,稳妥连挂
⑮多人制动一车组,以第一位制动员为主,其他制动员听从第一位制动员指挥
⑯制动完了,松开人力制动机(按规定防溜时除外)</td><td>—</td></tr>
<tr><td rowspan="5">四、下峰作业</td><td>1. 作业联系</td><td>联系下峰</td><td>调车长</td><td>①根据计划要求,与有关人员联系调车机车下峰作业
②需越区作业时,同时按规定办理越区作业手续</td><td>—</td></tr>
<tr><td rowspan="2">2. 准备进路</td><td>(1)准备进路</td><td>扳道员
驼峰作业员</td><td>①根据计划或要道信号,按规定准备进路,确认进路开通正确</td><td rowspan="2">—</td></tr>
<tr><td>(2)立岗还道</td><td>扳道员</td><td>②显示股道号码和道岔开通信号,立岗监视机车车辆走行</td></tr>
<tr><td>3. 确认动车</td><td>确认动车</td><td>调车长</td><td>确认道岔开通信号或调车信号开放(单机或牵引运行时除外),向司机显示起动信号</td><td>—</td></tr>
<tr><td>4. 连挂车辆</td><td>(1)检查线路</td><td>制动员</td><td>①检查线路、停留车辆,调整好钩位</td><td>—</td></tr>
</table>

续上表

作业程序			岗位作业		事项要求
程序	项目	内容	作业人员	技术要求	
四、下峰作业	4. 连挂车辆	(2)推送车辆	调车长 制动员	②推送车辆应先试拉。车列前部应有人进行瞭望,及时显示信号。当调车长确认停留车位置困难时,应派人显示停留车位置信号。末端车辆距信号机(警冲标)不足 30 m 时,应采取安全措施	—
			调车长	③使用手信号作业时,应位于易于瞭望前方又能使司机看见所显示信号的位置	
			制动员 连结员	④使用手信号作业时,中转信号人员位置适当,正确及时一致地中转信号	
		(3)连挂车辆	调车长 连结员 制动员	⑤推进挂车时,车列前部应有人瞭望,正确及时显示十、五、三车距离信号 ⑥连续连挂时,可不停车连挂,应确认连挂状态,车组间隔超过 10 车时,应顿钩或试拉;末端车辆距信号机(警冲标)不足 30 m 时,应采取安全措施 ⑦推进或牵出车辆前,按规定确认车列挂妥	

任务实施

任务单:

编制调车作业计划,模拟任务导入中调车作业岗位分组、分工,着装整齐、标准,学习过程中遵章守纪、团结合作,熟悉车站设备和线路情况、调车工作人员工作职责,严格执行安全规定。了解简易驼峰设备特点和功能,车站的衔接方向和车流特点,掌握简易驼峰调车作业程序和技术要求,进行模拟演练。

实施要点	完成情况记录
1. 掌握调车作业计划,作业人员着装整齐,熟练使用手持台	
2. 布置计划严格执行,熟练使用标准用语,不简化程序	
3. 掌握简易驼峰设备特点,掌握车站线路固定使用	
4. 掌握简易驼峰作业程序及技术要求	
5. 掌握动车联系、制动作业、下峰连挂车辆等关键作业内容	

任务评价

任务测评	评分标准	本人自评得分（20%）	小组互评得分（20%）	教师评价得分（60%）	综合得分
知识点掌握（30分）	1. 掌握人身安全、作业安全规定 2. 掌握简易驼峰作业程序 3. 掌握调车长、连结员、制动员等岗位职责				
技能点运用（40分）	1. 根据计划要道，显示股道号码和道岔开通信号 2. 检查车辆，调整好钩位 3. 能够观速、观距，并显示十、五、三车信号				
职业素养（30分）	1. 牢记调车作业人身安全注意事项 2. 遵章守纪，能够按标准穿戴工装、备品齐全 3. 团结合作，有序分组，按时完成任务				
综合评价					

学生思考反馈

思考总结	
心得分享	

任务五　半自动化驼峰调车作业

任务描述

半自动化驼峰是技术站的重要调车设备，第一部位减速器实行自动控速，第二部位减速器实行人工调速，第三部位减速器实行人工定速。调车作业人员要掌握不同性质车流的技术作业特点，了解铁路车站半自动化驼峰的作业特点，半自动化驼峰的设备特点，掌握驼峰作业员、驼峰值班员、调车长、连结员的工作内容及作业规定要求。

任务导入

半自动化驼峰调车人员包括调车区长、驼峰值班员、驼峰作业员、调车长、连结员(提钩人员)等。在车站调车作业过程中上述岗位要联动协作,遵守作业标准,严格执行作业程序。半自动化驼峰平面示意如图4-26所示。

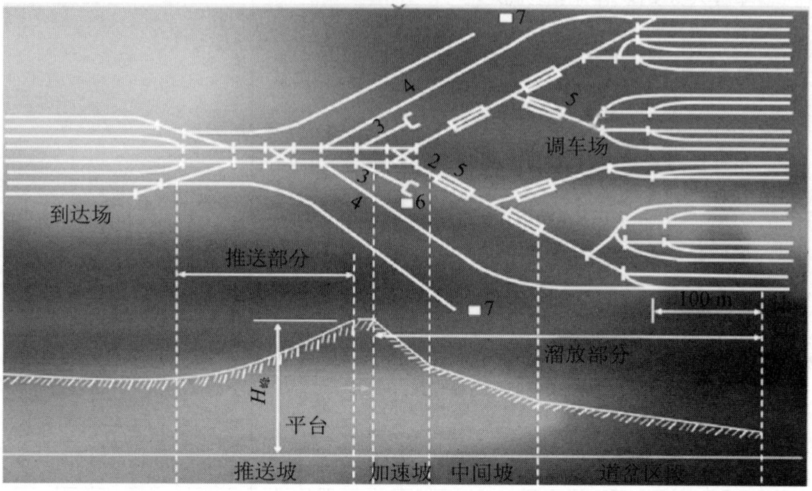

图4-26　半自动化驼峰平面示意

请思考:

半自动化驼峰调车作业的流程是什么?

知识准备

一、半自动化驼峰

1. 驼峰组成

如前所述,驼峰是编组站的主要调车设备,是利用车辆的重力和驼峰的坡度所产生的位能辅以机车推力来解体列车的一种调车设备。在进行驼峰调车作业时,先由调车机车将车列推向驼峰,当最前面的车组(或车辆)接近峰顶时,提开车钩,这时就可以利用车辆自身的重力,顺坡自动溜放到调车场的预定线路上,从而可以大大提高调车作业的效率。驼峰一般设在调车场头部,适合于车列的解体作业。

驼峰的范围是指峰前到达场(在不设峰前到达场时为牵出线)与调车场之间的一部分线段,溜放部分和峰顶平台等,如图4-27所示。

推送部分是指经驼峰解体的车列其第一钩车位于峰顶时车列全长所在的线路范围。设置这一部分的目的是使车辆得到必要的位能,并使车钩压紧,便于摘钩。

溜放部分是指峰顶至调车场头部各股道警冲标后100 m(机械化驼峰)或50 m(非机械化驼峰或简易驼峰)处的线路范围。这个长度叫作驼峰计算长度,计算长度的末端叫

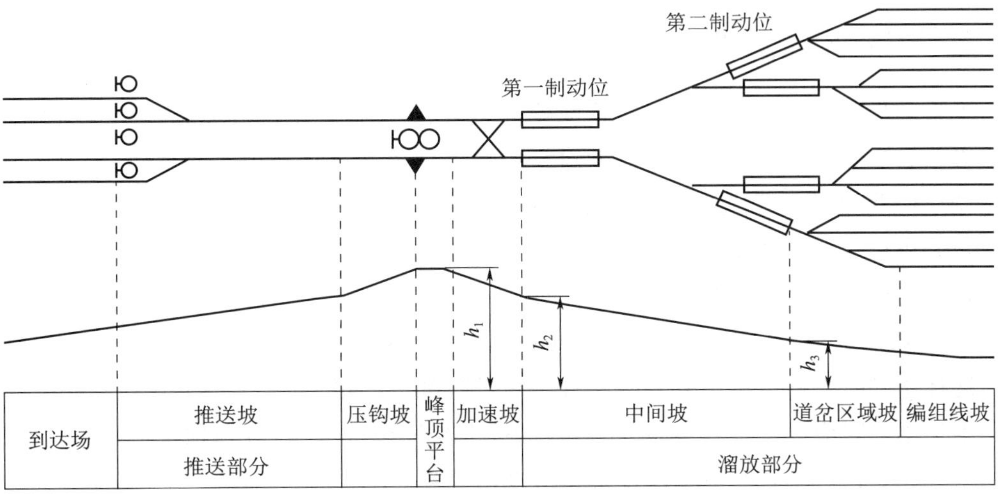

图 4-27　驼峰平纵面线路示意

作驼峰的计算停车点。因为调车线的警冲标不在同一横向位置上,所以每一调车线各有一个计算停车点。该点只是计算的根据,在现场并无任何标志。

峰顶平台是指推送部分与溜放部分的连接处设有的一段平坦地段。

2. 驼峰解体车列的作业过程

驼峰解体车列的作业过程通常由以下四个环节组成:

(1)挂车:机车自峰顶经到达场的一条空线至到达场入口,进入待解车列停留线连挂车列。在到达场与调车场平行配置时,还包括将车列牵引至峰前推送线。

(2)推送:驼峰机车根据驼峰信号机的显示,将车列推送至峰顶驼峰主体信号机前准备解体。在采取双推单溜作业方案的驼峰,还包括将车列预推至驼峰信号机前等待。

(3)溜放:机车继续推送车列,使被摘解的车组脱钩溜向调车场内的指定线路。

(4)整场:机车处理天窗或堵门车。连续分解几个车列之后,机车下峰整理调车场内线路上的车辆,为驼峰继续溜放创造条件。驼峰解体作业过程如图 4-28 所示。

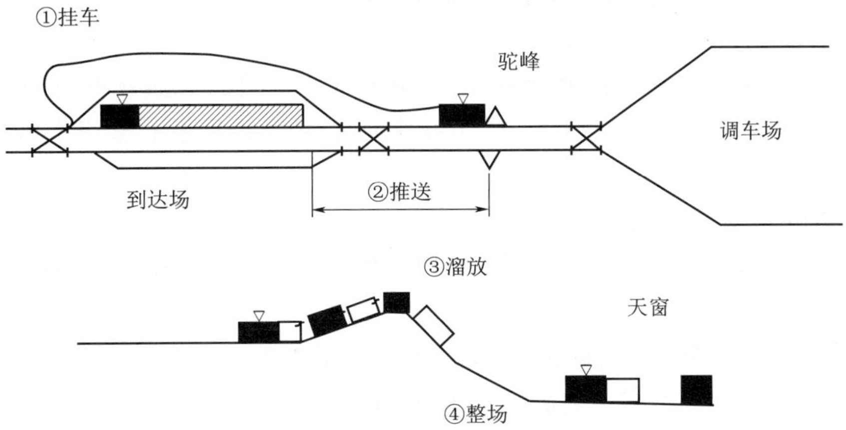

图 4-28　驼峰解体作业过程

二、半自动化驼峰调车作业人员的岗位要求

半自动化驼峰调车作业人员包括驼峰值班员、驼峰作业员、调车长、连结员、制动员、司机等。其中驼峰值班员在调车作业过程中要确认进路、排列进路、开放信号灯等,调车长是调车作业的指挥人,连结员、制动员要服从调车长的指挥,认真执行调车指令,他们是保障调车作业效率和安全的关键人员,作业内容多,环节严谨,应团结一致,严格执行作业程序和标准,安全高效地完成连挂车列、推送车列、解散车列、下峰作业等。

1. 驼峰值班员、驼峰作业员、信号员岗位作业要求

连挂车列时驼峰值班员联系经路并组织进行准备进路。

推送车列时应确认是否具备预推条件,按下允许预推按钮,排列预推进路,开放驼峰辅助信号,从设备上监视预推,发现异常应及时处理。

解散车列是自动化驼峰的关键作业环节,要核对计划,储存自动进路、半自动进路,办理手动进路。完成准备进路,开放驼峰主体信号,指示司机推峰。分解车列时按照调速显示器上报警栏和进路显示器的显示内容,以及停留车位置、气候条件、难易行线、车组去向及大小、峰上作业等情况,正确及时操纵驼峰信号,注意提钩和调速制动情况,及时向有关人员发出指令,危及安全的紧急情况及时处理。按照设备说明进行自动进路、半自动进路、手动进路操作,完成进路处理。制动作业过程中,按规定使用间隔位制动减速器,保证溜放车组间隔距离,掌握好出口速度,发现车辆夹停、途停、堵门、设备故障等情况,及时报告驼峰值班员,危及安全应及时处理。根据调车作业计划和连结员的报告,掌握作业进度,及时关闭驼峰信号,停止推峰,进行禁溜线送车,机车车辆停妥后,待车辆送入禁溜线后,关闭信号。确认送车完了,开放信号,完成禁溜线送车。

下峰作业时驼峰值班员应进行下峰联系、正确排列手动进路,输入整理开始命令,确认减速器已缓解,进路信号正确。返峰作业时准备进路、开放信号、返峰停车,机车带车需越过推峰线进入到达场道岔区时,应得到到达场车站值班员同意后,开放驼峰后退信号。确认机车车辆越过驼峰信号后,关闭驼峰后退信号。

2. 调车长

连挂车列时负责指示动车、指挥挂车、联系试拉;推送车列监视预推;解散车列调车长监督推峰、有禁溜车时指挥送禁溜车;下峰作业时,调车长指示下峰、连挂车辆并确认摘车。

3. 连结员、制动员

在连挂车列过程中应确认车列、联系试拉,确认车列全部起动,及时向调车长回示信号。

推进车列时与调车长同时确认驼峰辅助信号显示状态。

解散车列时连结员按要求完成提钩作业,准确掌握提钩时机,正确提钩,做到一确认、二检查、三提钩,遇特殊情况,或危及安全时,按规定及时正确处理。对送入禁溜线的

车辆,应先防溜后提钩。

提前检查线路、停留车辆,调整好钩位。当调车长确认停留车位置有困难时,应派人显示停留车位置信号,推送车列下峰时,在车列前部瞭望,正确及时显示信号。

三、铁路调车半自动化驼峰作业程序

铁路调车半自动化驼峰作业程序如图 4-29 所示。

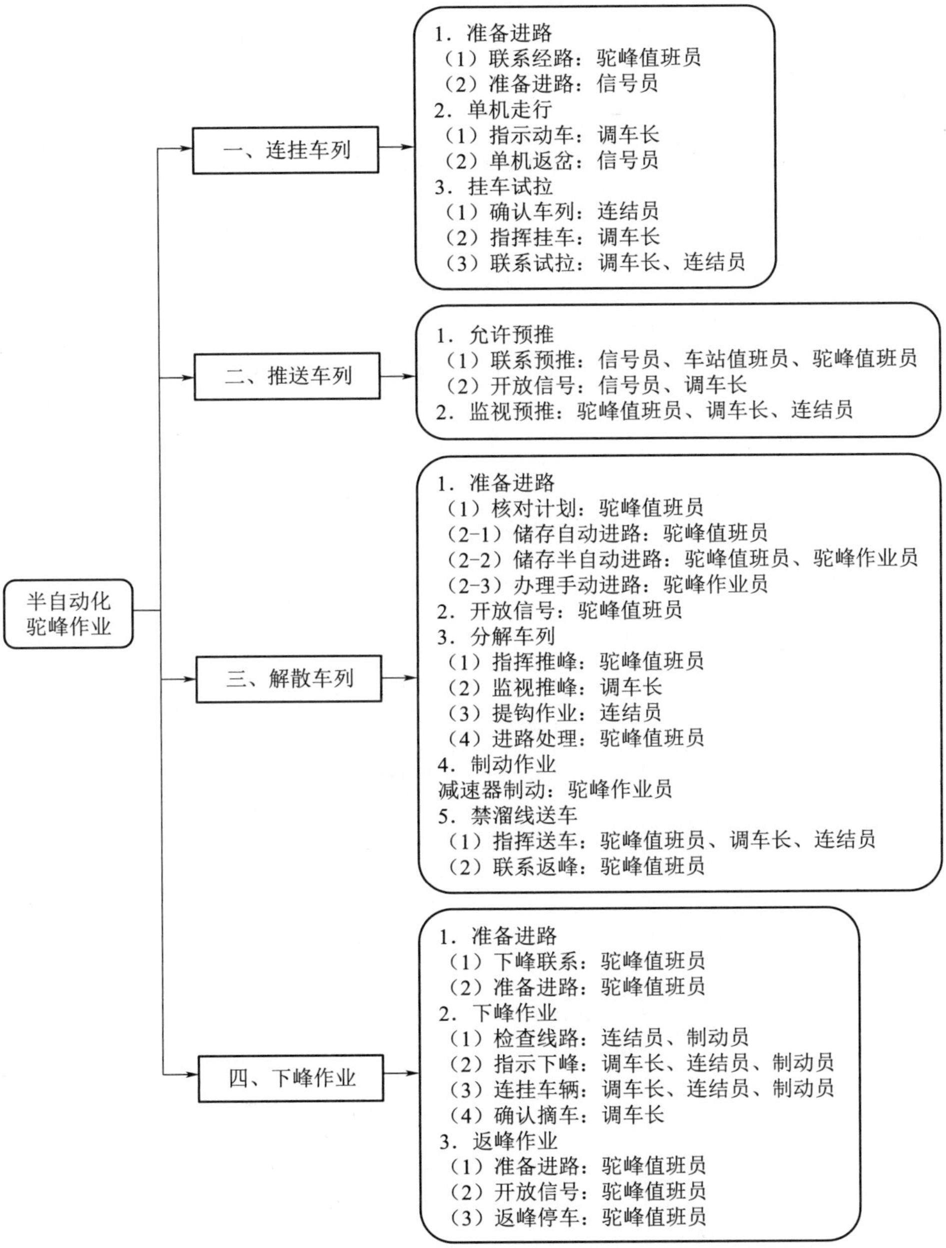

图 4-29 铁路调车半自动化驼峰作业程序

四、铁路调车半自动化驼峰作业规定

铁路调车半自动化驼峰作业规定见表 4-7。

表 4-7　铁路调车半自动化驼峰作业规定

作业程序			岗位作业		事项要求
程序	项目	内容	作业人员	技术要求	
一、连挂车列	1. 准备进路	(1)联系经路	驼峰值班员	①根据计划要求，与有关车站值班员联系挂车股道、车次及经路	设有两条及其以上推峰线车站应讲明推峰线别(能从设备上确认的，联系办法由企业规定)
		(2)准备进路	信号员	②根据计划或车站值班员指示，正确排列进路、开放信号	
	2. 单机走行	(1)指示动车	调车长	①向司机显示起动信号，指示司机动车	—
		(2)单机返岔	信号员	②确认机车动态，正确排列进路，开放信号	
	3. 挂车试拉	(1)确认车列	连结员	①跟随机车至到达场解体车列前下车确认车列(设固定人员时除外)	—
		(2)指挥挂车	调车长	②接近车列，确认具备挂车条件，显示连结信号，指挥机车连挂	
		(3)联系试拉	调车长	③与连结员联系，得到试拉信号回示后，向司机显示试拉信号	
			连结员	④确认车列全部起动，向调车长回示“好了”信号	
			调车长	⑤确认连结员回示“好了”信号，向司机显示停车信号	
二、推送车列	1. 允许预推	(1)联系预推	信号员	①确认机车进入挂车股道，报告车站值班员	—
			车站值班员	②联系驼峰值班员，准备预推	
			驼峰值班员	③确认具备预推条件，按下允许预推按钮	
		(2)开放信号	信号员	④确认允许预推表示灯亮，排列预推进路，开放驼峰辅助信号	
			调车长	⑤确认驼峰辅助信号开放，向司机显示起动信号	
	2. 监视预推	监视预推	驼峰值班员	①从设备上监视预推，发现异常及时处理	—
			调车长 连结员	②确认驼峰辅助信号显示状态	

续上表

作业程序			岗位作业		事项要求
程序	项目	内容	作业人员	技术要求	
三、解散车列	1. 准备进路	(1)核对计划	驼峰值班员	①车列压上接近表示后，与有关人员核对计划，布置峰尾防溜(未设峰尾防溜人员的除外)及重点注意事项	—
		(2-1)储存自动进路	驼峰值班员	②将道岔手柄置于中间位置 ③按下自动按钮，确认自动表示灯点亮 ④根据计划钩序，正确储存进路命令 ⑤按压进路检查按钮，逐钩检查储存进路 ⑥按计划钩序与有关人员核对	根据作业要求确定储存自动进路、半自动进路或办理手动进路的作业方法
		(2-2)储存半自动进路	驼峰值班员 驼峰作业员	②将道岔手柄置于中间位置 ③按下半自动按钮，确认半自动表示灯点亮 ④按下第一钩序股道储存按钮，正确储存进路命令	
		(2-3)办理手动进路	驼峰作业员	②根据驼峰值班员指示，将道岔手柄置于计划第一钩序进路所需位置 ③确认道岔手柄位置正确后，向驼峰值班员汇报	
	2. 开放信号	开放信号	驼峰值班员	①确认计划正确、进路准备妥当 ②开放驼峰主体信号，指示司机推峰	—
	3. 分解车列	(1)指挥推峰	驼峰值班员	①根据调速显示器上报警栏和进路显示器的显示内容，以及停留车位置、气候条件、难易行线、车组去向及大小、空重、车组间隔、车组走行性能、峰上作业等情况，正确及时操纵驼峰信号，掌握好推峰速度，认真监视溜放窗口 ②注意提钩和调速制动情况 ③根据车组溜放情况和有关人员报告，及时向有关人员发出指令；遇危及安全的紧急情况，应立即关闭驼峰信号，先停车后处理，未得到有关人员处理完了的回示，不允许开放信号	其他需要注意的事项由车站自定。“长轴距车”是指四轴车中二三轴距超过企业规定的允许自动溜放的二三轴距长度的车辆
		(2)监视推峰	调车长	④监视驼峰信号的显示，监督司机按信号显示准确掌握推峰速度	
		(3)提钩作业	连结员	⑤按调车作业计划准确掌握提钩时机，正确提钩，做到一确认(信号显示、摘钩车数、大组车摘钩车号、推峰速度、车组走行)、二检查(制动软管、提钩杆、抱闸车、长轴距车及禁止溜放和过峰车辆)、三提钩(掌握提钩时机，不错不漏) ⑥遇有提钩车号不符、危及安全时，应立即报告驼峰值班员处理，来不及时应迅速按下切断器再行报告 ⑦遇有漏摘制动软管或没有拔出防跳插销、钩链不良的车辆，使用提钩摘管器进行摘管、提钩，处理不了时，应停车处理	

续上表

作业程序			岗位作业		事项要求
程序	项目	内容	作业人员	技术要求	
三、解散车列	3. 分解车列	(4)进路处理	驼峰值班员	⑧使用自动储存进路,在溜放过程中,需要拆分、合并、取消以及变更计划重排进路时,严格按照系统操作说明书进行相关操作 ⑨使用半自动储存进路,根据计划钩序,确认前钩命令发出后,按下后一钩进路按钮,正确储存进路命令 ⑩办理手动进路,根据计划钩序,确认前钩车已出清分歧道岔轨道电路后,逐钩操纵道岔手柄	其他需要注意的事项由车站自定。“长轴距车”是指四轴车中二三轴距超过企业规定的允许自动溜放的二三轴距长度的车辆
	4. 制动作业	减速器制动	驼峰作业员	①按规定使用间隔位制动减速器,随时确认按钮缓解状态 ②根据溜放车组大小、空重、停留车位置、气候条件等情况,监视车组走行,正确调速,保证溜放车组间隔距离 ③按规定掌握好出口速度 ④发现车辆夹停、途停、堵门、设备故障等情况,及时报告驼峰值班员,危及安全立即按下切断信号按钮,关闭驼峰信号,停车处理	需人力制动机制动时,按有关规定执行
	5. 禁溜线送车	(1)指挥送车	驼峰值班员	①根据调车作业计划和连结员的报告,掌握作业进度,及时关闭驼峰信号,停止推峰 ②机车车辆停妥后,开通禁溜线的道岔,开放信号,待车辆送入禁溜线后,关闭信号	—
			调车长	③提前检查确认禁溜线线路及车辆。确认信号开放,指挥机车向禁溜线送车	
			连结员	④对送入禁溜线的车辆,先防溜后提钩	
		(2)联系返峰	驼峰值班员	⑤确认送车完了,开放信号,继续解散作业	
四、下峰作业	1. 准备进路	(1)下峰联系	驼峰值班员	①根据计划或作业需要,向有关人员布置下峰作业计划 ②按下手动按钮,正确排列手动进路	—
		(2)准备进路	驼峰值班员	③输入整理开始命令,确认减速器已缓解,进路信号正确	
	2. 下峰作业	(1)检查线路	连结员 制动员	①提前检查线路、停留车辆,调整好钩位。当调车长确认停留车位置有困难时,应派人显示停留车位置信号。末端车辆距信号机(警冲标)不足 30 m 时,应采取安全措施	—

续上表

作业程序			岗位作业		事项要求
程序	项目	内容	作业人员	技术要求	
四、下峰作业	2. 下峰作业	(2)指示下峰	调车长	②确认下峰信号,向司机显示起动信号,指挥机车下峰	—
			连结员 制动员	③推送车列下峰时,在车列前部瞭望,正确及时显示信号	
		(3)连挂车辆	调车长	④单机挂车时,接近车列下车,向司机显示连结信号,指挥机车挂车	
			调车长 连结员 制动员	⑤推进挂车时,车列前部应有人瞭望,正确及时显示十、五、三车距离信号 ⑥连续连挂时,可不停车连挂,应确认连挂状态,车组间隔超过10车时,应顿钩或试拉;末端车辆距信号机(警冲标)不足30 m时,应采取安全措施	
		(4)确认摘车	调车长	⑦将车列送到适当地点停车,确认连结员“好了”信号后,向司机显示起动信号	
	3. 返峰作业	(1)准备进路	驼峰值班员	①确认返峰进路空闲,正确排列进路	—
		(2)开放信号	驼峰值班员	②确认进路表示灯正确,开放调车信号,机车带车需越过推峰线进入到达场道岔区时,应得到到达场车站值班员同意后,开放驼峰后退信号	
		(3)返峰停车	驼峰值班员	③确认机车车辆越过驼峰信号后,关闭驼峰后退信号	

任务实施

任务单:

模拟任务导入中调车作业岗位分组、分工,着装整齐、标准,学习过程中遵章守纪、团结合作,熟悉车站设备和线路情况、调车工作人员工作职责,严格执行安全规定。了解铁路车站半自动化驼峰的作业特点,半自动化驼峰的设备特点,掌握驼峰作业员、驼峰值班员、调车长、连结员的工作内容及作业规定,进行模拟演练。

实施要点	完成情况记录
1. 掌握调车作业计划,作业人员着装整齐,熟练使用手持台	
2. 布置计划严格执行,熟练使用标准用语,不简化程序	
3. 掌握半自动化驼峰设备特点,掌握车站线路固定使用	
4. 掌握驼峰值班员、驼峰作业员、调车长、连结员的主要工作内容	
5. 掌握半自动化驼峰作业程序及技术要求	
6. 掌握允许预推、禁溜线送车、下峰、返峰作业等关键作业内容	

任务评价

任务测评	评分标准	本人自评得分（20%）	小组互评得分（20%）	教师评价得分（60%）	综合得分
知识点掌握（30分）	1. 掌握半自动化驼峰调车作业特点 2. 掌握驼峰值班员、车站值班员、调车长、连结员等工作内容 3. 掌握难易行车、难易行线及车流特点 4. 掌握连挂、推送、解散、下峰作业程序				
技能点运用（40分）	1. 按标准佩戴安全帽、安全带、安全手套，配带手持台等，保证使用 2. 能完成禁溜线送车、分解车列、制动作业 3. 能区分难易行车、难易行线和车流特点 4. 能完成驼峰值班员、车站值班员、调车长、连结员工作				
职业素养（30分）	1. 牢记调车作业人身安全注意事项 2. 遵章守纪，服从领导，听从指挥，按标准操作 3. 展现团队精神，团结互助，按时完成规定任务				
综合评价					

学生思考反馈

思考总结	
心得分享	

任务六　自动化驼峰调车作业

任务描述

自动化编组站设在车流大量会集的地点，是车流的集散地，列车的“加工厂”，每天要进行大量的解体、编组作业，自动化驼峰是自动化编组站的关键调车设备，调车作业人员要掌握其作业特点和相关设备的操作，掌握自动化编组站不同性质车流的作业流程，掌握自动化驼峰调车作业的关键作业环节，掌握调车岗位作业程序及岗位技术要求。

任务导入

自动化驼峰一部位、二部位、三部位减速器均实行自动控速，调车设备先进、作业效率高。调车作业过程中驼峰值班员、调车长、连结员（提钩人员）等相关人员，应熟练掌握作业流程和关键环节。其中驼峰值班员、调车长是调车工作的重要人员，应掌握在连挂车列、推送车列、解散车列、下峰作业的重点工作。

请思考：

如何与信号员、车站值班员、连结员进行联系，确保安全高效完成工作？

知识准备

一、自动化驼峰

自动化驼峰（自动化驼峰平面示意如图 4-30 所示）是在半自动化驼峰的基础上，采用一系列自动化设备及管理系统，自动控制车辆、减速器、雷达测速，自动控制车组间隔、

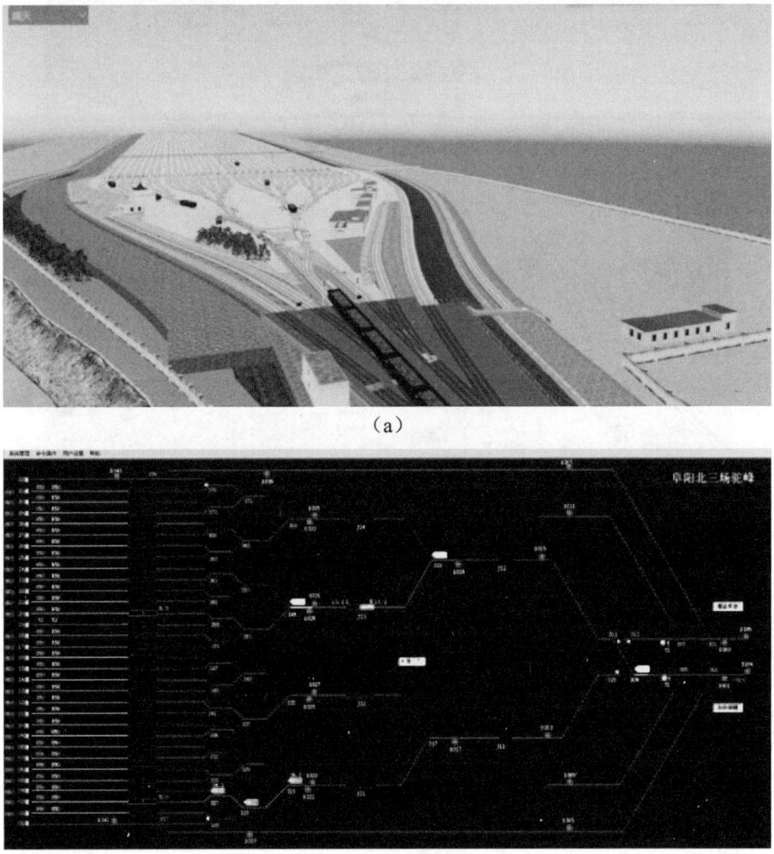

（a）

（b）

图 4-30　自动化驼峰平面示意

车辆溜放进度,目的制动,采用计算机处理。驼峰的解体能力由小到大的顺序为:简易驼峰、非机械化驼峰、机械化驼峰、半自动化驼峰、自动化驼峰。

1. 驼峰溜行车组的速度控制

自动化驼峰设置多部位减速器,能够实现间隔调速。从峰顶溜出的车组,在经过分歧道岔时彼此应保持一定间隔,以保证道岔的安全转换,为这一目的而对车组实施的调速称为间隔调速。

为了提高驼峰解体车列的效率,减少调车机车下峰整理车场的作业,溜出的车组应尽可能与停留车安全连挂(有特殊要求者除外)。使溜出车组能够与停留车安全连挂或在车场内的适当地点停车而对车组实施的调速称为目的调速。

我国铁路编组站多采用点连式调速系统,一般在道岔区设立两个减速器制动位完成间隔调速任务,同时在调车场线路内装设减速器第三制动位和连续调速工具(如减速顶、加减速顶或推送小车)完成目的调速任务,实现与溜行车组与停留车的安全连挂。自动化驼峰峰顶平台如图 4-31 所示。

图 4-31　自动化驼峰峰顶平台

点连式调速系统综合了点式系统溜放速度高和全顶式安全连挂好的优点,比较适合我国铁路的运营条件,因而得到了广泛的应用,并取得了较好的运营效果。

2. 驼峰作业方案

驼峰作业方案是驼峰设备和驼峰调车机车的运用方案。驼峰作业方案所要解决的问题是在驼峰现有设备的条件下,根据从驼峰上解体车列各单项作业的时间标准,确定驼峰调车机车的最佳作业程序和配合方式,以及在使用不同台数的调车机车和采用不同运用方式时驼峰所能达到的作业能力。根据驼峰设备条件、配属机车台数和车流特点,驼峰调车有单推单溜、双推单溜和双推双溜三种作业方案。

(1)单推单溜。

单推单溜方案只需要一条推送线、一条溜放线,由一台机车连续地进行挂车、推峰和溜放,在必要时下峰整理车场。这种方案,驼峰设备的利用率低,解体能力小,但驼峰机车的利用率高,适用于改编作业量不大的编组站。单推单溜驼峰作业方案如图 4-32 所示。

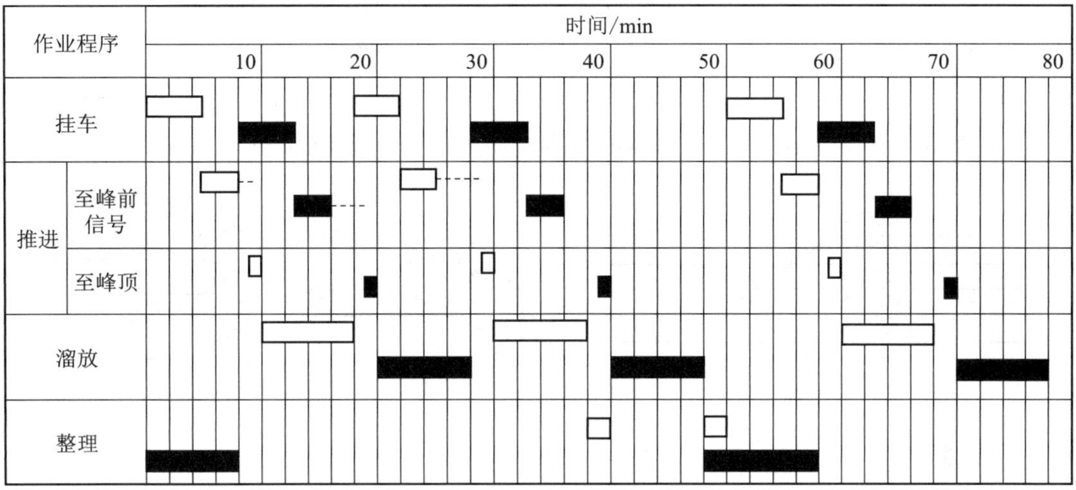

图 4-32 单推单溜驼峰作业方案

(2)双推单溜。

双推单溜作业方案需要两条推送线、一条溜放线,使用两台调车机车。当一台机车在峰顶分解车列时,另一台机车可以去到达场连挂车列、向峰前信号预推,两台机车交替进行车列溜放,从而提高了驼峰设备的利用率。

采用双推单溜方案,驼峰解体能力比单推单溜方案高,同时可以避免双推双溜方案折角车流重复改编的调车作业。调车机车下峰整理车场的作业依据须整理的线路数,可以由一台机车担当,也可以两台机车先后下峰,其中一台完成整场后先去到达场连挂待解车列,待另一台回到峰前信号内方后,开始溜放。双推单溜驼峰作业方案如图 4-33 所示。

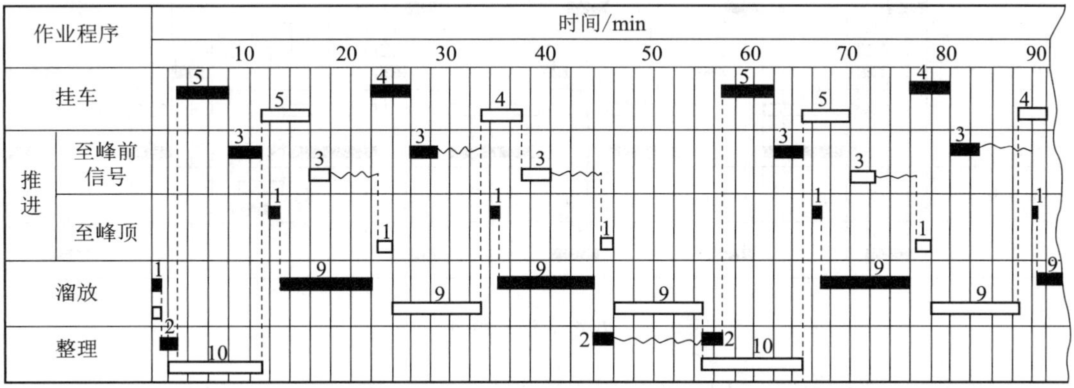

图 4-33 双推单溜驼峰作业方案

该作业方案适用于衔接方向较多、车列的车流构成复杂、改编作业量较大的编组站。

(3)双推双溜。

双推双溜作业方案的特点是到达场和调车场纵向划分为两个作业区,每区各自配备1～2 台驼峰机车,自成一个独立的调车系统,分别进行车列的解体作业。

实现双推双溜驼峰作业方案应具备一定的设备条件和车流条件。

①设备条件:具有两条推送线、两条溜放线、两台及以上调车机车、两套驼峰信号系统,调车场线路在 32 条以上。双推双溜驼峰平面示意如图 4-34 所示。

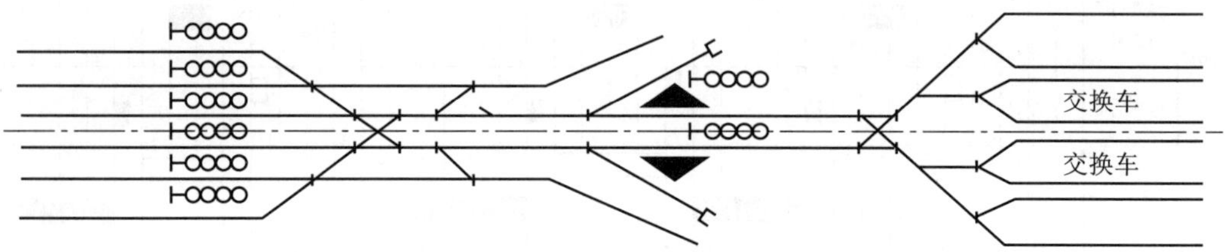

图 4-34　双推双溜驼峰平面示意

②车流条件:到达车流可以分为流量基本相等的两大部分,且每一方向到达改编列车的编组内容基本上都属于同一作业区集结的车流。

双推双溜作业方案与双推单溜作业方案的解体能力相等时,折角车流量在到达车流量中所占的比值称为采用双推双溜方案的临界值。此时,由于双推双溜方案的额外调车支出,已使双溜方案处于不利的位置。因而,在折角车流数量接近临界值时,就不应再采用双推双溜方案,而应改用双推单溜。通常采用 15%～20% 为折角车流的临界值。双推双溜驼峰作业方案如图 4-35 所示。

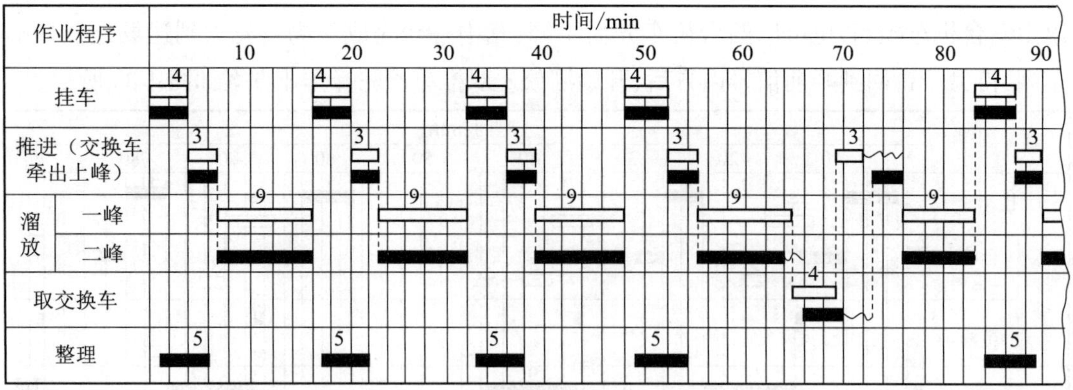

图 4-35　双推双溜驼峰作业方案

双推双溜的作业方案适用于改编作业量很大,但折角车流量不大的编组站。

二、自动化驼峰调车作业人员的岗位要求

自动化驼峰调车作业人员包括驼峰值班员、驼峰作业员、调车长、连结员、制动员、司机等。其中驼峰值班员在调车作业过程中要确认进路、排列进路、开放信号灯等,调车长是调车作业的指挥人,连结员、制动员要服从调车长的指挥,认真执行调车指令,他们是保障调车作业效率和安全的关键人员,作业内容多,环节严谨,应团结一致,严格执行作业程序和标准,安全高效地完成连挂车列、推送车列、解散车列、下峰作业等。

1. 驼峰值班员、驼峰作业员、信号员

连挂车列时驼峰值班员联系经路并组织进行准备进路。

推送车列时应确认是否具备预推条件,按下允许预推按钮,排列预推进路,开放驼峰辅助信号,从设备上监视预推,发现异常应及时处理。

解散车列是自动化驼峰的关键作业环节,要输入、核对计划,办理自动进路。开放驼峰主体信号,指示司机推峰。分解车列时按照调速显示器上报警栏和进路显示器的显示内容等情况,正确及时操纵驼峰信号,掌握好推峰速度,认真监视溜放窗口,及时向有关人员发出指令,危及安全的紧急情况及时处理。按照设备说明进行自动进路、半自动进路、手动进路操作,完成进路处理。制动作业过程中,按规定完成进路处理,当发现设备异常或报警,按规定通知有关部门处理,当车辆在三部位减速器上或三部位前停车时,应注意监视并采取安全措施。根据调车作业计划和连结员的报告,掌握作业进度,及时关闭驼峰信号,停止推峰,向禁溜线送车,机车车辆停妥后,待车辆送入禁溜线后,关闭信号。确认送车完了,开放信号,完成禁溜线送车。

下峰作业时驼峰值班员应进行下峰联系、正确排列手动进路,输入整理开始命令,确认减速器已缓解,进路信号正确。返峰作业时准备进路、开放信号、返峰停车,机车带车需越过推峰线进入到达场道岔区时,应得到到达场车站值班员同意后,开放驼峰后退信号。确认机车车辆越过驼峰信号后,关闭驼峰后退信号。

2. 调车长

连挂车列时负责指示动车、指挥挂车、联系试拉;推送车列监视预推;解散车列调车长监督推峰、有禁溜车时指挥送禁溜车;下峰作业时,调车长指示下峰、连挂车辆并确认摘车。

3. 连结员、制动员

在连挂车列车列过程中应确认车列、联系试拉,确认车列全部起动,及时向调车长回示信号。

推进车列时与调车长同时确认驼峰辅助信号显示状态。

解散车列时连结员按要求完成提钩作业,准确掌握提钩时机,正确提钩,做到一确认、二检查、三提钩,遇特殊情况,或危及安全时,按规定及时正确处理。对送入禁溜线的车辆,应先防溜后提钩。

提前检查线路、停留车辆，调整好钩位。当调车长确认停留车位置有困难时，应派人显示停留车位置信号，推送车列下峰时，在车列前部瞭望，正确及时显示信号。

三、铁路调车自动化驼峰作业程序

铁路调车自动化驼峰作业程序如图4-36所示。

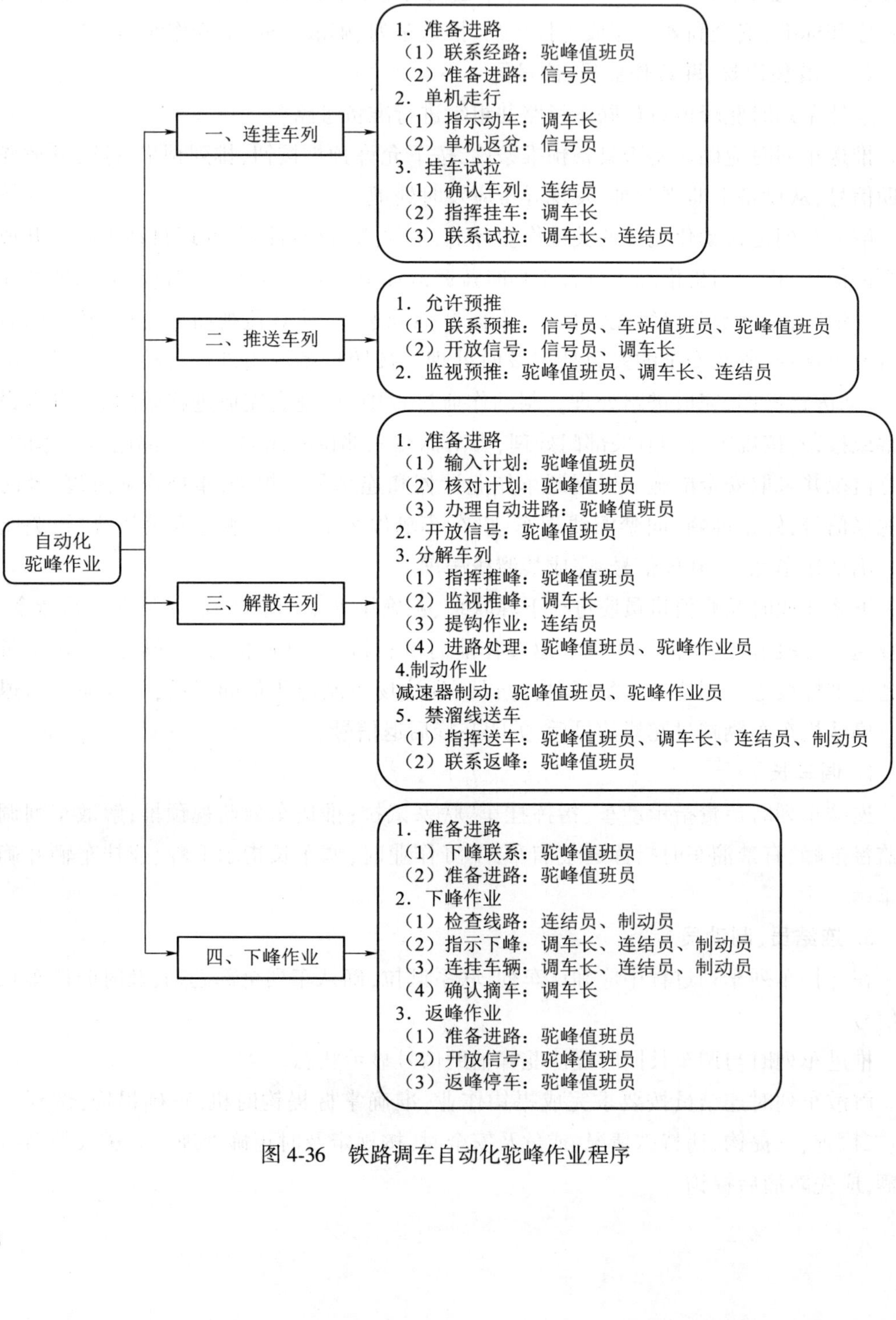

图4-36　铁路调车自动化驼峰作业程序

四、铁路调车自动化驼峰作业规定

铁路调车自动化驼峰作业规定见表 4-8。

表 4-8　铁路调车自动化驼峰作业规定

作业程序			岗位作业		事项要求
程序	项目	内容	作业人员	技术要求	
一、连挂车列	1. 准备进路	(1)联系经路	驼峰值班员	①根据计划要求,与有关车站值班员联系挂车股道、车次及经路	设有两条及以上推峰线的车站应讲明推峰线别(能从设备上确认的,联系办法由企业规定)
		(2)准备进路	信号员	②根据计划或车站值班员指示,正确排列进路,开放信号	
	2. 单机走行	(1)指示动车	调车长	①向司机显示起动信号,指示司机动车	—
		(2)单机返岔	信号员	②确认机车动态,正确排列进路,开放信号	
	3. 挂车试拉	(1)确认车列	连结员	①跟随机车至解体车列前下车确认车列(设固定人员时除外)	—
		(2)指挥挂车	调车长	②接近车列,确认具备挂车条件,显示连结信号,指挥机车连挂	
		(3)联系试拉	调车长	③与连结员联系,得到回示信号后,向司机显示试拉信号	
			连结员	④确认车列全部起动,向调车长回示“好了”信号	
			调车长	⑤确认连结员回示“好了”信号,向司机显示停车信号	
二、推送车列	1. 允许预推	(1)联系预推	信号员	①确认机车进入挂车股道,报告车站值班员	—
			车站值班员	②联系驼峰值班员,准备预推	
			驼峰值班员	③确认具备预推条件,按下允许预推按钮	
		(2)开放信号	信号员	④确认允许预推表示灯亮,排列预推进路,开放驼峰辅助信号	
			调车长	⑤确认驼峰辅助信号开放,向司机显示起动信号	
	2. 监视预推	监视预推	驼峰值班员	①从设备上监视预推,发现异常及时处理	—
			调车长 连结员	②确认驼峰辅助信号显示状态	

续上表

作业程序			岗位作业		事项要求
程序	项目	内容	作业人员	技术要求	
三、解散车列	1. 准备进路	(1)输入计划	驼峰值班员	①通过计算机终端输入调车作业通知单至驼峰自动控制系统并储存	车站运营管理信息系统与驼峰自动控制系统联机时，调车作业通知单可自动导入，具体由企业规定
		(2)核对计划	驼峰值班员	②调出储存的调车作业通知单并进行核对和修正 ③车列压上接近表示后，核对计划 ④布置峰尾防溜(未设峰尾防溜人员的除外)及重点注意事项	—
		(3)办理自动进路	驼峰值班员	⑤应及时封锁因作业需要或设备故障的股道 ⑥将各溜放进路上的道岔置于自动位置(被封锁的道岔除外)，将与迂回线有关的道岔置于安全位置 ⑦确认进路显示器、调速显示器控制台设备表示正常	—
	2. 开放信号	开放信号	驼峰值班员	①通知各作业点准备作业，输入溜放开始命令 ②操作和确认设备进入溜放自动控制状态，开放驼峰信号，司机按驼峰信号显示推峰	—
	3. 分解车列	(1)指挥推峰	驼峰值班员	①根据调速显示器上报警栏和进路显示器的显示内容，以及停留车位置、气候条件、难易行线、车组去向及大小、空重、车组间隔、车组走行性能、峰上作业等情况，正确及时操纵驼峰信号，掌握好推峰速度，认真监视溜放窗口 ②注意提钩和调速制动情况 ③根据车组溜放情况和有关人员报告，及时向有关人员发出指令，遇有危及安全的紧急情况，应立即关闭驼峰信号，先停车后处理，未得到有关人员处理完了的回示，不允许开放信号	其他需要注意的事项由车站自定。本标准所称“长轴距车”是指四轴车中二三轴距超过企业规定的允许自动溜放的二三轴距长度的车辆
		(2)监视推峰	调车长	④监视驼峰信号的显示，监督司机按信号显示准确掌握推峰速度	
		(3)提钩作业	连结员	⑤按调车作业计划准确掌握提钩时机，正确提钩，做到一确认(信号显示、摘钩车数、大组车摘钩车号、推峰速度、车组走行)、二检查(制动软管、提钩杆、抱闸车、长轴距车及禁止溜放和过峰车辆)、三提钩(掌握提钩时机，不错不漏) ⑥遇有提钩车号不符、危及安全时，应立即报告驼峰值班员处理，来不及时应迅速按下切断器再行报告 ⑦遇有漏摘制动软管或没有拔出防跳插销、钩链不良的车辆，使用提钩摘管器进行摘管、提钩，处理不了时，应停车处理	

续上表

作业程序			岗位作业		事项要求
程序	项目	内容	作业人员	技术要求	
三、解散车列	3. 分解车列	(4)进路处理	驼峰值班员 驼峰作业员	⑧当发现进路显示出现命令错误、无命令、多命令时应作相应处理,遇设备异常应关闭驼峰信号并通知有关部门处理 ⑨解体过程中,根据需要可对尚未执行的计划进行修改 ⑩当车辆在三部位减速器上或三部位前停车时,应注意监视并采取安全措施 ⑪遇道岔转换过程中受阻,不能转换到位,道岔中途返回原位锁闭,系统提示"道岔恢复"时,应立即关闭驼峰主体信号,指示司机停车,并通知有关人员进行处理 ⑫当出现报警时,应采取相应处理措施	其他需要注意的事项由车站自定。本标准所称"长轴距车"是指四轴车中二三轴距超过企业规定的允许自动溜放的二三轴距长度的车辆
	4. 制动作业	减速器制动	驼峰值班员 驼峰作业员	①自动溜放时,减速器处于自动控制状态,应按规定正确使用 ②根据停留车位置、气候条件、难易行线、车组去向及大小、走行性能等情况随时监视各部位的入口速度、出口速度;当溜放车组出现危及安全情况时,应立即按下切断信号按钮,关闭驼峰信号 ③解体作业中随时监视控制台、进路显示器、调速显示器上的各种显示状态及溜放车组走行状态,发现车辆夹停、途停、堵门、设备故障等情况,及时报告驼峰值班员,危及安全时立即按下切断信号按钮,关闭驼峰信号,停车处理	—
	5. 禁溜线送车	(1)指挥送车	驼峰值班员	①根据调车作业计划和连结员的报告,掌握作业进度,及时关闭驼峰信号,停止推峰 ②机车车辆停妥后,开通禁溜线的道岔,开放信号,待车辆送入禁溜线后,关闭信号	—
			调车长 连结员 制动员	③提前检查确认禁溜线线路及车辆;确认信号开放,指挥机车向禁溜线送车 ④对送入禁溜线的车辆,先防溜后提钩	
		(2)联系返峰	驼峰值班员	⑤确认送车完了,开放信号,继续解散作业	

续上表

作业程序			岗位作业		事项要求
程序	项目	内容	作业人员	技术要求	
四、下峰作业	1. 准备进路	(1)下峰联系	驼峰值班员	①根据计划或作业需要,向有关人员布置下峰作业计划	—
		(2)准备进路	驼峰值班员	②输入整理开始命令,确认减速器已缓解,进路信号正确	
	2. 下峰作业	(1)检查线路	连结员 制动员	①提前检查线路、停留车辆,调整好钩位。当调车长确认停留车位置有困难时,应派人显示停留车位置信号。末端车辆距信号机(警冲标)不足 30 m 时,应采取安全措施	—
		(2)指示下峰	调车长	②确认下峰信号,向司机显示起动信号,指挥机车下峰	
			连结员 制动员	③推送车列下峰时,在车列前部瞭望,正确及时显示信号	
		(3)连挂车辆	调车长	④单机挂车时,接近车列下车,向司机显示连结信号,指挥机车挂车	
			调车长 连结员 制动员	⑤推进挂车时,车列前部应有人瞭望,正确及时显示十、五、三车距离信号 ⑥连续连挂时,可不停车连挂,应确认连挂状态,车组间隔超过 10 车时,应顿钩或试拉;末端车辆距信号机(警冲标)不足 30 m 时,应采取安全措施	
		(4)确认摘车	调车长	⑦将车列送到适当地点停车,确认连结员"好了"信号后,向司机显示起动信号	
	3. 返峰作业	(1)准备进路	驼峰值班员	①确认返峰进路空闲,正确排列进路	—
		(2)开放信号	驼峰值班员	②确认进路表示灯正确,开放调车信号,机车带车需越过推峰线进入到达场道岔区时,应得到到达场车站值班员同意后,开放驼峰后退信号	
		(3)返峰停车	驼峰值班员	③确认机车车辆越过驼峰信号后,关闭驼峰后退信号	

任务实施

任务单:

模拟任务导入中调车作业岗位分组、分工,着装整齐、标准,学习过程中遵章守纪、团结合作，熟悉车站设备和线路情况、调车工作人员工作职责，严格执行安全规定。要掌握技术站不同性质列车的作业内容和相应作业程序，了解铁路车站自动化驼峰的作业特点，自动化驼峰设备的技术特点，掌握驼峰值班员、调车长、连结员的工作内容及岗位技术要求，掌握自动化驼峰作业程序及规定，进行模拟演练。

实施要点	完成情况记录
1. 掌握调车作业计划，作业人员着装整齐，熟练使用手持台	
2. 布置计划严格执行，熟练使用标准用语，不简化程序	
3. 掌握自动化驼峰设备特点，掌握车流性质和特征	
4. 掌握自动化驼峰作业程序及技术要求	
5. 掌握驼峰值班员、调车长、连结员的主要工作内容	
6. 掌握挂车试拉、禁溜线送车、分解车列、制动作业、返峰作业等关键作业内容	

任务评价

任务测评	评分标准	本人自评得分（20%）	小组互评得分（20%）	教师评价得分（60%）	综合得分
知识点掌握（30分）	1. 掌握人身安全、作业安全规定 2. 掌握驼峰设备特点 3. 掌握驼峰值班员、车站值班员、调车长、连结员工作内容 4. 掌握提钩时机、驼峰值班员、调车长等岗位联系注意事项				
技能点运用（40分）	1. 按标准佩戴安全帽、安全带、安全手套，配带手持台等，保证使用 2. 能完成禁溜线送车、分解车列、制动作业 3. 能区分难易行车、难易行线和车流特点 4. 能完成驼峰值班员、调车长、连结员工作				
职业素养（30分）	1. 牢记调车作业人身安全注意事项 2. 培养良好的职业习惯，遵章守纪 3. 展现团队精神，团结互助，按时完成规定任务				
综合评价					

学生思考反馈

思考总结	
心得分享	

榜样的力量

朴素的家国情怀——春运列车“穿针引线”人

1月13日上午8:30,武昌车站运转车间调车长陈衍怀准时赶到自己的岗位,迎接一天的工作。“作为调车长,在调车作业前,要亲自督促组内人员充分做好准备,按分工认真进行检查。”从早上8:30到晚上19:00,陈衍怀都要在寒冷的户外指挥调车机车在车站和车辆段之间不停地“穿针引线”,负责始发、终到车底的取送和正点入库工作。

铁路运输工作中,离不开一群为列车“穿针引线”的人——调车作业人员。在每天24 h不间断的工作中,他们根据日班阶段计划,在车辆段的段管线上及车站站线进行取送、甩挂作业,确保列车按时进出库,并根据列车出发时刻及客流的变化,对列车车厢进行拆分和重新编组,保障列车安全、准时运送旅客。冬天,在取送作业的路上,洗刷车体的水会流到地面。陈衍怀说:“我们既要忙着手上的活儿,又要注意脚下的水,稍不留神就有滑倒的风险。”“能把旅客安全送回家,就是我们这群‘裁缝’最欣慰的事情。”

头脑风暴

这样的岗位你能胜任吗?

复习思考题

1. 平面牵出线调车作业特点是什么?作业方法有哪些?
2. 推送法调车和溜放法调车的区别是什么?
3. 调车作业必须做好哪些准备工作?
4. 平面牵出线调车、停留车、编组调车作业程序是什么?
5. 机械化驼峰、半自动化驼峰、自动化驼峰的调车作业程序是什么?
6. 不同调车方法中调车长、连结员岗位职责主要有哪些?
7. 调车作业中调车司机、值班员的职责是什么?

8. 列车编组的基本要求是什么?

9. 客车编入货物列车及机械冷藏车组的编挂规定是什么?

10. 单机挂车的规定是什么?

11. 货物列车中关门车的编挂规定是什么?

12. 根据图 3-2,填写防溜(对位)交接签认登记簿(题表 3-1)。

题表 3-1　防溜(对位)交接签认登记簿

日期	时间	调别	线路名称	停留车辆数	停留车组数	铁鞋/只	手闸/个	调车人员签字	承认方签字

注:1. “线路名称”一栏需写明专用线、货场股道或货物线股道号。
2. “承认方”一栏为专用线、货场或货物线作业人员填记。

13. 根据图 3-2 填写防溜揭示示意表(题表 3-2)。

题表 3-2　防溜揭示示意表

股道号码	方向	停留车数量	方向	备注

项目五　铁路调车安全与综合训练

项目描述

安全是铁路运输的重中之重。通过本项目的学习，应能认识调车作业安全的重要性，了解安全作业的相关规定，掌握铁路动车组调车作业的相关规定，增强安全责任意识，养成遵规守矩的职业习惯。

学习目标

学习遵章守纪、爱岗敬业的职业精神；培育安全责任意识和爱国爱路的家国情怀。了解调车作业人身安全标准、调车作业安全控制与动车组调车相关规定，能够担任各个调车岗位完成中间站平面调车综合训练。

思维导图

本项目思维导图如图 5-1 所示。

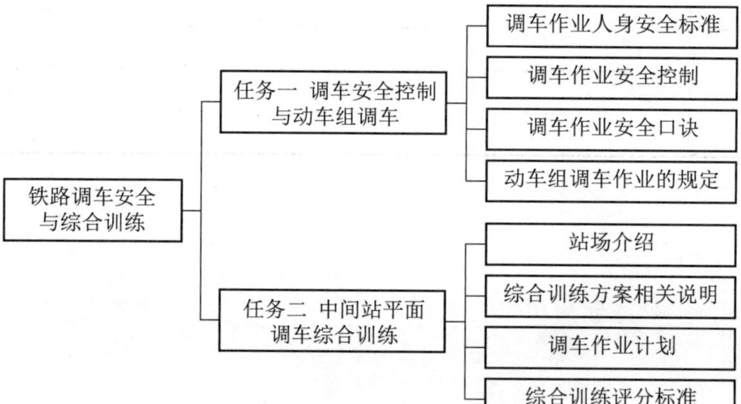

图 5-1　铁路调车安全与综合训练思维导图

任务一　调车安全控制与动车组调车

任务描述

通过本任务，应能够掌握铁路调车人身安全及作业安全的相关规定，掌握动车组调车作业的规定,培养调车作业的安全责任意识,养成规范作业习惯。

任务导入

事故描述:×年×月×日,×站下辖一中间站站务员在10道送完待开的32×××次列车编组货票后,横越线路返回值班室时,被8道正在顶送19辆调车列前端第一辆车轧伤左脚。

请思考:

调车过程中应遵守哪些调车作业安全标准?

知识准备

由于调车作业人员要在室外环境下作业,而且会经常面临风霜雨雪等恶劣天气影响,因而必须充分了解自身和作业环境,认真掌握并执行人身安全通用标准和作业安全有关内容,才能保障调车作业的安全。

调车人员应保证班前充分休息(图5-2),班中按规定着装,班前、班中严禁饮酒(图5-3)。按时参加班前点名,开展安全预想。交接班时,由调车长组织调车组按作业分工实行对号交接,交接内容为股道占用、车组数、连挂状态、停留车位置、防溜措施、防溜器具使用、重点车辆停留、工具备品及环境卫生等。交接班完毕后,由调车长(调车区长)组织调车组开展班前预想,根据接班重点事项、天气情况、上一班工作中存在问题,对本班工作中的安全关键及生产进行预想,布置完成生产任务,保证作业安全措施。

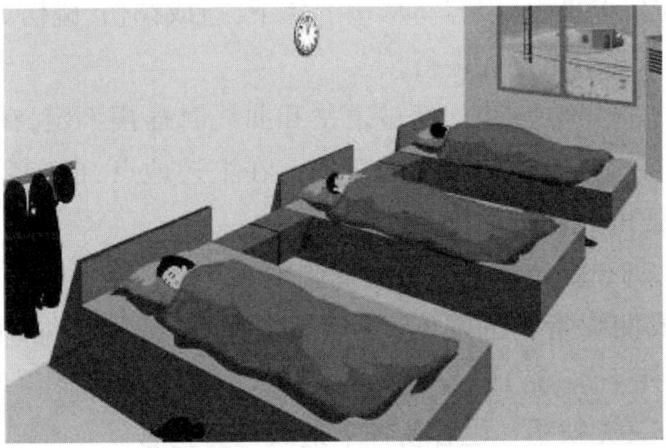

图5-2 班前应充分休息

图5-3 班前、班中严禁饮酒

调车作业开始前,由调车长检查工具备品,检查穿戴着装、安全带佩戴、口笛、调车灯显手持台、作业记录仪及照明灯具等,并组织无线调车灯显设备试验(试机)。使用安全带前应检查有无裂纹,安全挂钩是否灵活,是否闭合,连结带有无折断等现象,发现有任何不正常的现象时,应停止使用,立即更换。按分工执行作业前检查时,人员出务须携带相关工具备品,并将检查情况汇报调车指挥人。实现规定的交班条件,做好班后工作总结。

一、调车作业人身安全标准

(1)调车作业人员必须熟知调车作业区的技术设备和作业方法,以及接近线路的一切建筑物的形态和距离。

(2)上下车时必须遵守以下规定:

①上车时,车速不得超过15 km/h;下车时,车速不得超过20 km/h。

②在站台上上下车时,车速不得超过10 km/h。

③在路肩窄、路基高的线路上和高度超过1.1 m的站台上作业时,必须停车上下。

④登乘内燃、电力机车作业时,必须在机车停稳时再上下车(设有便于上下车脚蹬的调车机车除外)。

⑤上车前应注意脚蹬、车梯、扶手,平车、砂石车的侧板和机车脚踏板的牢固状态。

⑥不准运行中迎面上车。

⑦不准运行中反面上下车(牵出时最后一辆除外)。

⑧上车时要选好地点,注意地面障碍物。

(3)车列车辆在行动中,作业人员违反作业规定,不注意自己的作业行为,很可能造成人身伤害。因此,在车列车辆走行中,禁止下列行为:

①在车钩上,在平车、砂石车的边端或端板支架上坐立。

在车列、车辆走行中,随时有加减速的可能。经过道岔时,车辆左右摇动剧烈,人在车钩上及平车、砂石车边端或端板支架上坐立,很容易从车上摔下,造成摔伤、碰伤等。

②在棚车顶或装载超出车帮的货物上站立或走行。

在车列、车辆走行中,随时可能加减、速或停车,经过道岔和曲线时摇摆不定,在棚车顶或装载超出车帮的货物上站立或行走随时有被摔下的可能。在上述地点,也有会被超出机车车辆限界的上部建筑物碰伤或电线刮下的危险。

③手抓篷布或捆绑货物的绳索,脚登轴箱或平车鱼腹形侧梁。

在车列、车辆运行中手抓篷布或捆绑货物的绳索,一旦篷布撕开,或捆绑绳锁不牢固、折断或开口,作业人员会从车上摔下来,造成人身伤害。脚蹬平车鱼腹形侧梁时,因为平车鱼腹形侧梁平车边很窄,平车又无扶手。也容易摔下造成人身伤害。

④在车梯上探身过远,或经站台时站在低于站台的车梯上。

禁止在车梯上探身过远,经站台时应站在高于站台的车梯上,注意靠近线路的设备、建筑物等。我国铁路信号机设置与车辆间一般只有450~740 mm的安全空间,人在车梯上探身过远的话,经过信号机时容易被刮下,另外探身过远经过道岔表示器或其他接近线路的建筑物、装卸机具等,都有可能造成作业人员被刮下或碰伤。站台与车辆间只有50~150 mm的安全空间,如果调车人员站在低于站台的车梯上会被挤伤。

⑤在装载易于窜动货物的车辆间和货物空隙间站立或坐卧。

在装载易于窜动货物的车辆间和货物空隙间站立或坐卧时,如果车列、车辆减速、加速或连挂车辆时发生冲撞，容易使货物窜动，将人挤伤或被货物砸伤。

⑥骑坐车帮。

人骑坐在车帮上，在车列运行中，机车加减速、停车或经过道岔处，车辆左右摇摆，因为没有扶手抓牢容易摔下。

⑦跨越车辆。

车列、车辆在运行中，跨越车辆，一旦蹬滑、蹬不牢失足，人将从两车辆间摔下。

⑧两人及以上站在同一制动机脚踏板台、车梯及机车一侧踏板上。

禁止两人及以上站在同一人力制动机踏板台，禁止两人及以上站在同一车梯，禁止两人及以上站在同一机车一侧踏板上。两人同时站在同一闸台上，既不好用力拧闸，又站不稳，也容易因拧闸时动作过大，造成另一名作业人员被挤下闸台，发生人身伤害。两人同上一个车梯、机车一侧踏板时，一旦遇到危险情况，有一人会来不及下车避险。

⑨进入线路提钩、摘结制动软管或调整钩位。

调车作业中遇提钩杆损坏、钩提不开、制动软管未摘开或钩位不对、钩销不良等情况，应停车处理。在列车车列运行中，作业人员走边进行上述作业是很危险的，作业人员在集中精力处理上述情况时，很难顾及脚下是否有障碍物，容易被车辆碰倒或脚被绊住，一旦失足便有生命危险。

⑩在运行中的机车上坐卧。

运行中的机车随时有可能加减速，坐在机车上会导致抓不牢而摔落，遇突发状况，也会因为来不及躲避而造成不必要的人身伤害。

⑪作业中吸烟。

暂存车辆中装载的货物经常有易燃易爆物品，作业中吸烟很容易造成火灾、爆炸事故的发生，作业中吸烟也容易迷眼、烧嘴，会中断信号的瞭望，也会有错提钩、撞车等不安全因素的发生；作业中吸烟一旦烟火吹入眼睛，人就会本能地用手抚摸，此时如果作业人员在行动的车辆上，就很容易摔下而造成人身伤害事故。

(4)手推调车时，必须在车辆两侧进行，并注意脚下有无障碍物。

(5)在电化区段，接触网未停电、未接地的情况下，禁止到车顶上进行调车作业。

(6)去专用线、段管线或货物线调车作业，须事先指派专人检查线路有无障碍物、大门开启状态及线路两侧货物堆放情况。

(7)带风作业时，必须执行一关(关折角塞门)、二摘(摘软管)、三提钩的作业程序。

(8)摘结软管、调整钩位、处理钩销时，必须等列车、车列停妥，并得到调车长的指示。昼间由调车长防护，夜间必须向调车长显示停车信号。

(9)调整钩位、处理钩销时不要探身到两钩之间。对平车、砂石车、罐车、客车及特种车辆，应特别注意端板支架、缓冲器、风挡及货物装载状态。

(10)溜放调车作业应站在车梯上，一手抓牢车梯，一手提钩，不准用脚提钩或跟车边跑边提钩(驼峰调车作业除外),严禁在车列走行中抢越线路(车辆),去反面提钩。

(11)车辆运行中,使用人力制动机时,必须使用安全带,要做到上车先挂钩,下车先摘钩。

(12)严禁使用折角塞门放风制动。

(13)使用铁鞋制动时,应背向来车方向,严禁徒手使用铁鞋,并注意车辆、货物状况和邻线机车、车辆的动态。严禁带铁鞋叉子上车。

(14)单机或牵引运行时,严禁在机车前后端坐卧。

(15)使用折叠式人力制动机,须在停车时竖起闸杆,确认方套落下,月牙板关好,插销插上后方可使用。

(16)作业中严禁吸烟。

二、调车作业安全控制

调车作业安全是运输生产的关键,会受到环境变化、人员素质、心理情绪等多种因素的影响,调车作业人员要严格按照车站的具体规定执行,排除事故隐患,杜绝事故的发生。

(1)调车长是调车组的指挥者,负责全组的人身和技术安全。

(2)调车长在制定调车作业方法时,应充分考虑技术安全。

(3)在接近停留车时,应将速度降低到 5 km/h 及其以下。

(4)调车作业显示信号不准侵入机车车辆限界,严禁站在邻线道心或轨枕头上显示信号。

(5)溜放作业前,制动员必须按计划做好排风、摘管和试闸工作,检查人力制动机部件,对制动作用不良的人力制动机绝对禁止使用。

(6)施行接闸制动时,应于开始工作前做好计划,认真显示接递闸信号,严禁超速递闸或抢越线路接闸。

(7)上车前应注意车梯、手把杆、低边车的侧板和机车脚踏板的牢固状态,对杂型车尤须注意。不准别腿上车和迎面上车。上车及在运行中必须抓紧、站稳。上下车时必须注意地面是否平坦,有无障碍,雨雪天气时应注意防止滑倒。上下平车时,因把手过低,注意身体不要被警冲标或其他障碍物打伤。

三、调车作业安全口诀

调车作业有特点,天地人车货聚全;
点多线长面又广,安全系着你我他;
班前充分休息好,心明眼亮有精神;
规定着装备品全,安全预想要周到;
作业计划要吃透,钩钩核对不可少;

列队出务不慌乱，联防协作保安全；
单一指挥按信号，测机状态莫发言；
进入线路要细心，一站二看三通过；
数车溜钩莫简化，呼唤跑位要协商；
扒乘位置要适当，上车下车莫要急；
连挂车辆要注意，车况防溜要看清；
推进运行先试拉，确认信号要牢记；
摘车之前要注意，防溜妥当再提钩；
选闸试闸不可少，稳妥全靠基本功；
进入钩档作业前，先把防护信号按；
调整钩位莫大意，车辆静止再去移；
计划变更须复通，停轮传达要记清；
作业用语有规范，呼唤应答不闲谈；
车组间隔够距离，防止追尾和钓鱼；
边修线与装车点，岔前停车最重要；
双人双岗不偷懒，扳道程序要熟知；
动轮先把信号看，重点把好进路关；
货物堆放不侵限，双面检查仔细看；
原路返回要小心，领车之前先确认；
对位途中细瞭望，十五三车要准确；
车辆停留防溜逸，恶劣天气更注意；
取车之前要牢记，车辆货物看仔细；
手闸铁鞋止轮器，采取撤除必登记；
发现异状快上报，消除隐患不犹豫；
作业完毕互等待，列队出务列队归；
安全时刻记心间，四人同守安全门。

四、动车组调车作业的规定

(1)按调车方式办理动车组出入所作业及站内转线作业时，动车组采用自走行方式进行，可不使用调车作业通知单，动车组司机凭地面调车信号的显示进行作业，作业中严格执行调车联系。

(2)动车组无动力的调车作业：

①调动动车组时，进路应一次性排通，有关道岔单操锁闭。特殊情况进路不能一次排通，需要分段排列时，车站(场)值班员应按由远及近方式办理调车进路，进路排列后及时联系司机，告知司机其作业意图和预告停车位置。

②动车组禁止通过驼峰、溜放调车、手推调车、连挂其他机车车辆调车和跟踪出站调车,禁止向动车组停留线路溜放调车和手推调车。

③调车作业有关人员在登乘动车组上车后不得随意动用动车组客车室内及司机室内设备。

④调动动车组无论牵引或顶送作业,经过平交道口前,必须一度停车,作业人员确定防护好后,方能通过。具体防护卡控制度由各站段制定。

⑤原则上采用牵引方式进行,因条件限制必须顶送作业时,作业人员得到动车组乘务员同意后登乘(限 2 人)运行前端乘务室负责进路及信号确认。

⑥作业中发现危及动车组安全情况时,提前通知调车机车司机及时停车。

⑦调车长在指挥调车机车连挂动车组时,距离动车组 10 m 外必须一度停车,打开调车机车车钩并检查车钩型号、位置情况正确后,再指挥调车机车以不超过 5 km/h 的速度进行连挂,连挂完毕后应进行试拉。当发现调车机车与动车组过渡车钩相互连挂的中心水平线的高度差大于 50 mm 时,由随车机械师调整动车组过渡车钩技术状态。

任务实施

任务单:

利用实训设备,分岗还原任务导入案例中间站站务员及相关调车人员的事故过程,模拟过程中遵守课堂要求,注意人身安全,试分析事故原因,明确调车人身安全标准,养成按章作业的职业习惯。

实施要点	完成情况记录
1. 明确铁路站场横越线路规定	
2. 分析车列车辆走行中禁止的行为	
3. 熟知调车作业分工与时时瞭望的重要性	
4. 明确调车人身安全标准	

任务评价

任务测评	评分标准	本人自评得分(20%)	小组互评得分(20%)	教师评价得分(60%)	综合得分
知识点掌握(30 分)	1. 了解铁路调车作业人身安全标准 2. 了解调车作业安全控制相关规定 3. 掌握动车组调车作业相关规定				

续上表

任务测评	评分标准	本人自评得分（20%）	小组互评得分（20%）	教师评价得分（60%）	综合得分
技能点运用（40分）	1. 能够遵守调车作业人身安全标准 2. 能够根据动车组调车规定，正确进行动车组调车				
职业素养（30分）	1. 通过安全教育，尊重自己和他人生命 2. 严格遵守作业规定，养成按章作业的职业习惯 3. 团结合作，有序分组，按时完成任务				
综合评价					

学生思考反馈

思考总结	
心得分享	

任务二　中间站平面调车综合训练

任务描述

以本任务的综合训练方案为依托，以小组为单位，分岗位配合完成中间站平面调车综合训练。通过一套完整的调车作业流程演练，深化对调车作业规范、调车作业方法及安全注意事项的理解。

任务导入

事故描述：×年×月×日，×站（中间站）调车场内，在完成5+2调车钩后，将机车车辆牵出牵出线，在执行下一钩7−2作业前，调车人员在机车起动前未按规定进行要道还道，将股道开通至6道造成机车车辆进入异线。

请思考：

各调车相关岗位在中间站平面调车中的职责和作业规范是什么？

知识准备

一、站场介绍

本综合训练示例车站为中间站，电气化区段，调车线无接触网，闭塞方式为双线自动闭塞。车站分东西方向（站场左侧为车），设有：正线 4 条，到发线 5 条，调车线 4 条，牵出线 3 条，封闭货场一处线路 2 条，工务线 4 条，材料专用线 4 条，棉专线 1 条，油专线 1 条，车站平面示意图如图 5-4 所示。

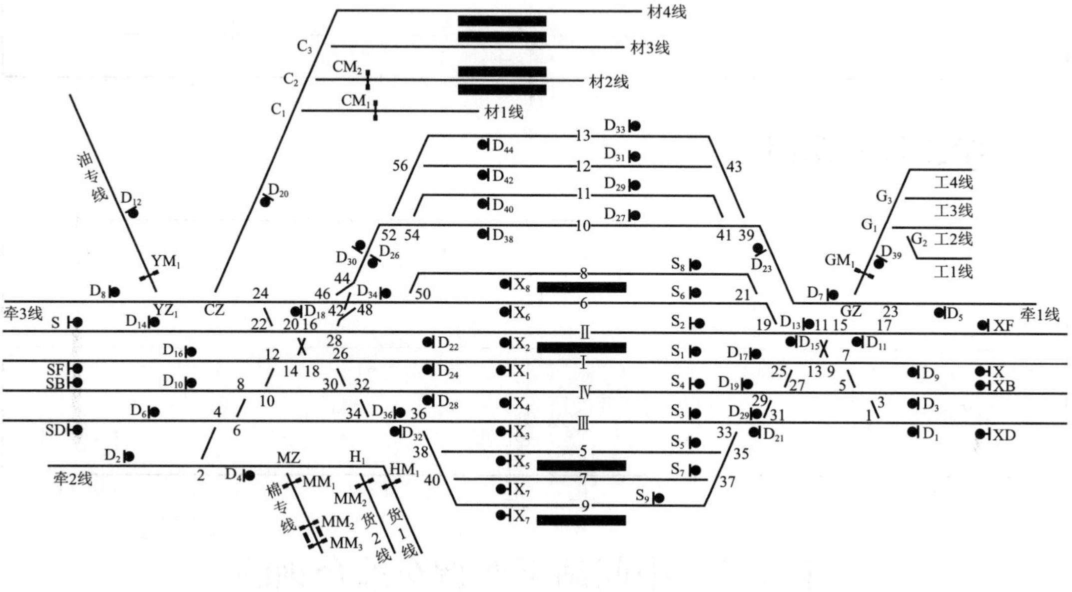

图 5-4　铁路调车作业站场平面示意

二、综合训练方案相关说明

1. 岗位角色代号说明

车站值班员（调车领导人）代号为 0 号；

调车长（调车指挥人）代号为 1 号；

调车机车司机代号为 2 号；

连结员代号为 3 号。

2. 配用服装备品说明

无线调车灯显设备手持台调车长专用 1 个、连结员专用 1 个、调车作业服装 2 套、劳动手套 2 双、作业安全带 2 套、防溜铁鞋 2 个、人力制动机紧固器 2 个。

3. 配合岗位角色说明

本训练中，调车机车司机和车站值班员为系统模拟机器人，可实现语音自动回复、自动排列进路、根据无线调车灯显设备信令控制机车运行,配合作业人员共同完成调车作业。

4. 机车车辆停留位置说明

调车线 10 道:DF 系列调车机车 1 台,停留车辆 5 辆(两端防溜措施良好);机车位于停留车辆前 30 m 处,面向停留车。

调车线 11 道:停留车辆 3 辆(两端防溜措施良好)。

三、调车作业计划

本训练方案中的调车作业计划如下:10 道挂 2 辆,11 道甩 2 辆。调车作业通知单如图 5-5 所示,占线板示意图如图 3-2 所示。

调车作业通知单 第 1 号

机车型号: $DF_{12}/0023$

9 月 25 日第 3 班 D2 调车组

作业内容: 调车机车取送车

自 8 点 20 分起至 8 点 40 分止

顺序	股道	摘-或挂+	车数	作业方法、开口车种车号特殊限制、注意事项
1	10	+	2	东出,4185603
2	11	-	2	连挂:等工,4185914
3				
4				
5				

注意事项:
检查线路、车辆;注意人身安全、控好速度

调车领导人: 王安全
编制时间: 9 月 25 日 8 时 10 分

图 5-5 调车作业通知单

四、综合训练评分标准

训练方案的评分标准见表 5-1。

表 5-1 评分标准

程序	项目	内容	技术要求	评分标准	配分	得分
一、作业前检查	检查确认	开始考核	扫码登录系统,按下计时器按钮,进入作业准备阶段	—	—	—
		(1)检查工具备品	调车长呼:“备品齐全,作用良好。”	未口呼或口呼不正确,每次扣 0.5 分	0.5	
			连结员呼:“备品齐全,作用良好。”		0.5	
		(2)检查线路	连结员汇报:“1 号,我是 3 号,调车线 10 道,调车机车 1 台,存车 1 组,共 5 辆;11 道,存车 1 组,共 3 辆,车辆两端防溜措施良好,与揭示一致,线路无障碍,防护信号已撤除。”	未口呼或口呼不正确,每次扣 0.5 分	0.5	
			调车长汇报:“0 号,我是 1 号,调车线 10 道,调车机车 1 台,存车 1 组,共 5 辆;11 道,存车 1 组,共 3 辆,线路无障碍,防护信号已撤除,可以作业。”		0.5	
		(3)检查车辆	调车长汇报:“车辆连挂状态良好。”	未口呼或口呼不正确,每次扣 0.5 分	0.5	
			连结员汇报:“车辆连挂状态良好,人力制动机已松开。”		0.5	
		(4)检查无线调车灯显设备	1. 试机通话	—	—	—
			(1)调车长呼叫:“调车组试机。”并依次呼叫:“0 号”“2 号”“3 号”	未联控或联控不正确,每次扣 0.5 分	2	
			(2)车站值班员(机器人)答:“试机,0 号明白。”		—	—
			(3)调车机车司机(机器人)答:“试机,2 号明白。”		—	—
			(4)连结员答:“试机,3 号明白。”		0.5	
			2. 信令试验顺序	未进行灯显试验,不得分;漏一项扣 1 分;未口呼或口呼不正确,每次扣 0.5 分	13	
			(1)调车长手持台			
			停车:按下红色按钮			
			起动:按下绿色按钮 2 s			
			停车:按下红色按钮			
			连结:先后按下绿、红按钮			
			推进:2 次按下绿色按键			
			十车:长按黄色按钮 1.5 s			
			五车:再按下黄色按钮 0.5 s,或直接发黄绿			
			三车:依次再按下黄色按钮 0.5 s,或直接发黄红			
			减速:2 次按下黄色按钮			
			停车:按下红色按钮			
			(2)连结员呼:“3 号好。”			
			(3)司机(机器人)答:“信号显示好。”			
			(4)连结员手持台			
			紧急停车:按下红色按钮			
			解锁:长按黄色按钮			
			(5)调车机车司机(机器人)答:“信号显示好。”			
			(6)调车长呼:“试机完毕。”			

续上表

程序	项目	内容	技术要求	评分标准	配分	得分
二、布置调车作业计划	1. 下达计划	领取调车作业通知单	点击“领取调车作业通知单”按钮	—	—	—
	2. 传达计划	(1)传达计划	调车长向连结员传达计划:“3 号,传达计划第 1 号,10 道挂 2 辆,东出牵 3 方向,车号 4815603,11 道摘 2 辆,车号 4815914。”连结员确认无误后回答:“3 号,传达计划第 1 号,10 道挂 2 辆,东出牵 3 方向,车号 4815603,11 道摘 2 辆,车号 4815914,3 号明白。”	未联控或联控不正确,扣 0.5 分	1	
			调车长向调车机车司机(机器人)传达计划:“2 号,传达计划第 1 号,10 道挂 2 辆,东出牵 3 方向,车号 4815603,11 道摘 2 辆,车号 4815914。”司机(机器人)自动回复:“传达计划第 1 号,10 道挂 2 辆,东出牵 3 方向,车号 4815603,11 道摘 2 辆,车号 4815914,2 号明白。”	未联控或联控不正确,每次扣 0.5 分	0.5	
		(2)作业分工	调车长向连结员作业分工:“3 号,检查 10 道、11 道线路,负责领车及采取、撤除防溜措施;作业中加强进路确认、正确及时显示指令,是否明白。”	未联控或联控不正确,每次扣 0.5 分	0.5	
			连结员确认无误后回答:“检查 10 道、11 道线路,负责领车及采取、撤除防溜措施;作业中加强进路确认、正确及时显示指令,3 号明白。”	未联控或联控不正确,每次扣 0.5 分	0.5	
			调车长向司机(机器人)布置注意事项:“2 号,作业中加强信令及进路确认、规范操纵机车,确保运行安全,是否明白。”调车机车司机(机器人)自动回复:“2 号明白。”	未联控或联控不正确,每次扣 0.5 分	0.5	
		(3)进入现场作业阶段	向调车机车司机传达计划完毕后,再次拍下计时器按钮,作业准备阶段结束,现场作业阶段开始	—	—	—
三、送车(去程)	1. 挂车	(1)连挂车辆	1. 连结指令	—	—	—
			(1)连结员对线路车辆进行作业前检查后,向调车长报告:“1 号,我是 3 号,10 道、11 道线路检查好了。”	未联控或联控不正确,每次扣 0.5 分	0.5	
			(2)调车长确认具备连挂条件后,回复:“1 号明白。”发送连结指令:按下绿、红按键,指示挂车	未联控或联控不正确,扣 0.5 分;未发送指令或发送错误,扣 1 分	1.5	

续上表

程序	项目	内容	技术要求	评分标准	配分	得分
三、送车(去程)	1. 挂车	(1)连挂车辆	2. 减速指令	—	—	—
			接近连挂车辆时,调车长发送减速指令	未发送指令或发送错误,扣1分	1	
			3. 停车指令	—	—	—
			(1)调车长确认机车与停留车连挂,发送停车指令:长按红色按键	未发送指令或发送错误,扣1分	1	
			(2)调车长确认连挂状态良好,口呼:"钩销落槽,连挂状态完好。"	未口呼或口呼不正确,扣0.5分	0.5	
			(3)调车长呼:"3号,连挂好了"。连结员复诵:"3号明白。"	未联控或联控不正确,每次扣0.5分	1	
		(2)接管通风	4. 连结制动软管	—	—	—
			(1)确认胶皮圈状态。调车长检查胶皮圈状态并口呼:"胶皮圈状态完好。"	未口呼扣0.5分	0.5	
			(2)调车长连结制动软管:一脚在钢轨内侧,一脚在钢轨外侧,连结制动软管	未连结软管扣2分;违反先连结软管后打开折角塞门原则,扣6分	2	
			(3)打开后(车辆端)折角塞门:调车长将后折角塞门由关闭位置转至打开位置	未打开折角塞门每处扣2分,打开折角塞门顺序不正确扣4分	2	
			(4)打开前(机车端)折角塞门:调车长将前折角塞门由关闭位置转至打开位置		2	
			5. 撤除铁鞋	未执行或动作执行不到位,扣2分,后续步骤不得分	2	
			撤除铁鞋:调车长将铁鞋从轨道上取下			
			6. 松开人力制动机	—	—	—
			调车长松开人力制动机	未执行或动作执行不到位,扣2分,后续步骤不得分	2	
			7. 确认车号	—	—	—
			连结员在行走采集设备上行走,到达取车地点,核对取车末端车号,确认车号口呼:"车号4815603,确认正确。"	未联控或联控不正确,扣0.5分 取车不正确,后续步骤不得分	0.5	
			8. 进入车档间防护	—	—	—
			(1)连结员向调车长报告:"1号,我是3号,进入车档间作业,请求防护。"调车长回复:"1号同意。"	未联控或联控不正确,每次扣0.5分	1	

续上表

程序	项目	内容	技术要求	评分标准	配分	得分
三、送车（去程）	1. 挂车	(2)接管通风	(2)连结员显示紧急停车指令：按下红色按键	未发送指令或发送错误，扣1分	1	
			9. 设置铁鞋	—	—	—
			设置铁鞋：将铁鞋放置钢轨与停留车轮对处	未执行或动作执行不到位，扣2分，若铁鞋和人力制动机均未执行防溜，判为失格项，后续步骤不得分	2	
			10. 设置人力制动机	—	—	—
			将人力制动机拧紧	未执行或动作执行不到位，扣2分，若铁鞋和人力制动机均未执行防溜，判为失格项，后续步骤不得分	2	
			11. 摘管作业	—	—	—
			(1)关闭前（机车端）折角塞门：连结员将前折角塞门由打开位置转至关闭位置	未关闭折角塞门，每处扣2分	2	
			(2)关闭后（车辆端）折角塞门：连结员将后折角塞门由打开位置转至关闭位置		2	
			(3)摘开制动软管：一脚在钢轨内侧，一脚在钢轨外侧，将制动软管摘开	1. 违反“一关前，二关后，三摘软管”扣6分 2. 未摘开软管，扣2分，后续步骤不得分	2	
			12. 提钩：连结员用提钩杆将车钩摘开	未提钩扣0.5分，后续步骤不得分	0.5	
			13. 解锁	—	—	—
			(1)作业完毕连结员向调车长报告：“1号，我是3号，车档间作业完毕，撤除防护。”调车长回复：“1号同意。”	未联控或联控不正确，每次扣0.5分	1	
			(2)解锁指令：连结员按下黄色按钮	未发送指令或发送错误，扣1分	1	

续上表

程序	项目	内容	技术要求	评分标准	配分	得分
三、送车(去程)	2. 运行	(1)要道动车	1. 指挥动车	—	—	—
			(1)连结员呼叫:“10 道牵出。”调车长回复:“1 号明白。”	未联控或联控不正确,每次扣 0.5 分	1	
			(2)调车长呼叫车站值班员:“0 号,我是 1 号,请开通 10 道进路。”车站值班员排列 10 道至牵 3 线调车进路,呼叫:“1 号、2 号,10 道出调车信号好了。”		0.5	
			(3)调车长回复:“10 道出调车信号好了,1 号明白。”调车机车司机(机器人)回复:“10 道出调车信号好了,2 号明白。”		0.5	
			(4)连结员上车梯,连结员呼叫:“1 号,牵出。”调车长回复:“1 号明白。”		1	
			(5)调车长上车梯,确认连结员显示起动信号后,发送起动指令:按下绿色按键 2 s	未发送指令或发送错误,扣 1 分	1	
		(2)起车运行	2. 起车牵出	—	—	—
			(1)确认起动,调车车列起动后,连结员向调车长报告:“起动好了。”	未联控或联控不正确,每次扣 0.5 分;停车位置未在 D30 折返信号内方 200 m 内,扣 1 分	0.5	
			(2)调车长确认连结员的“起动好了”信号并确认连结员上车及安全等情况,向司机呼叫:“好了。”		0.5	
			(3)到达停车位置连结员向调车长报告:“1 号,停车。”调车长回复:“停车,1 号明白。”		1	
			(4)发送停车指令:调车长按下红色按钮,车列停车	未发送指令或发送错误,扣 1 分	1	
	3. 送车	(1)检查确认	1. 确认进路(集中联锁区进路)	—	—	—
			(1)连结员确认车列具备要道条件后呼叫:“0 号,我是 3 号,请开通 11 道进路。”车站值班员排列集中联锁区进路,车站值班员(机器人)自动回复:“1 号、3 号,进 11 道调车信号好了。”	未联控或联控不正确,每次扣 0.5 分	0.5	
			(2)连结员听到车站值班员呼叫后,确认信号开放后回复:“进 11 道调车信号好了,3 号明白。”调车长回复:“进 11 道调车信号好了,1 号明白。”		1	
			(3)连结员呼:“连结。”		0.5	
			(4)向司机发送推进指令:2 次按下绿色按钮,发出“推进”信令,车列运行	未发送指令或发送错误,扣 1 分	1	

续上表

程序	项目	内容	技术要求	评分标准	配分	得分
三、送车(去程)	3. 送车	(1)检查确认	2. 确认十、五、三车距离	—	—	—
			(1)连结员根据场景中位置,到达十车距离时,向调车长报告:"十车。"	未联控或联控时机不正确扣0.5分;未发送指令或发送错误,每次扣1分	0.5	
			(2)调车长发送十车指令:按下黄色按键		1	
			(3)连结员根据场景中位置,到达五车距离时,向调车长报告:"五车。"		0.5	
			(4)调车长发送五车指令:按下黄色按键		1	
			(5)连结员根据场景中的位置,到达三车距离时,向调车长报告:"三车。"		0.5	
			(6)调车长发送三车指令:按下黄色按键		1	
			3. 减速指令	—	—	—
			(1)接近连挂车辆时,连结员向调车长报告:"减速。"	未联控或联控不正确,扣0.5分	0.5	
			(2)调车长发送减速指令	未发送指令或发送错误,扣1分	1	
			4. 停车指令	—	—	—
			(1)连结员向调车长报告:"停车。"	未联控或联控不正确,扣0.5分	0.5	
			(2)调车长发送停车指令:按下红色按键	未发送指令或发送错误,扣1分	1	
		(2)摘车防溜	1. 确认连挂状态	—	—	—
			连结员口呼:"钩销落槽,连挂状态完好。"	未口呼或口呼不正确,扣0.5分	0.5	
			2. 进入车档间防护	—	—	—
			(1)连结员向调车长报告:"1号,我是3号,进入车档间作业,请求防护。"调车长回复:"1号同意。"	未联控或联控不正确,每次扣0.5分	1	
			(2)连结员显示紧急停车指令:按下红色按键	未发送指令或发送错误,扣1分	1	
			3. 连结制动软管	—	—	—
			(1)确认胶皮圈状态:连结员用手检查胶皮圈状态并口呼:"胶皮圈状态完好。"	未口呼或口呼不正确,扣0.5分;未连结软管扣2分;未遵循先连结软管后打开折角塞门原则,扣6分;未打开折角塞门,每处扣2分;打开折角塞门顺序不正确,扣4分	0.5	
			(2)连结制动软管:一脚在钢轨内侧,一脚在钢轨外侧,连结制动软管		2	
			(3)打开折角塞门(11道原停留车辆端):连结员将折角塞门由关闭位置转至打开位置		2	
			(4)打开折角塞门(调车车列端):连结员将折角塞门由关闭位置转至打开位置		2	

续上表

程序	项目	内容	技术要求	评分标准	配分	得分
三、送车(去程)	3. 送车	(2)摘车防溜	4. 撤除铁鞋	—	—	—
			撤除铁鞋:连结员将铁鞋从轨道上取下	未执行或动作执行不到位,扣2分,后续步骤不得分	2	
			5. 松开人力制动机	—	—	—
			连结员松开人力制动机	未执行或动作执行不到位,扣2分,后续步骤不得分	2	
			6. 解锁	—	—	—
			(1)作业完毕连结员向调车长报告:“1号,我是3号,车档间作业完毕,撤除防护。”调车长回复:“1号同意。”	未联控或联控不正确,每次扣0.5分	1	
			(2)解锁指令:连结员按下黄色按键	未发送指令或发送错误,扣1分	1	
			7. 摘车作业	—	—	—
			调车长在行走采集设备上行走,到达机车位置,核对机车后部第一位车辆车号,确认车号,口呼:“车号4815914,确认正确。”	未口呼或口呼不正确,扣0.5分;取车不正确,后续步骤不得分	0.5	
			8. 设置铁鞋	—	—	—
			(1)设置防护信号,显示停车指令:按下红色按键	未发送指令或发送错误,扣1分	1	
			(2)设置铁鞋:调车长将铁鞋放在车轮下轨道上	未执行或动作执行不到位,扣2分,若铁鞋和人力制动机均未执行防溜,判为失格项,后续步骤不得分	2	
			9. 设置人力制动机	—	—	—
			调车长将人力制动机拧紧	未执行或动作执行不到位,扣2分,若铁鞋和人力制动机均未执行防溜,判为失格项,后续步骤不得分	2	

续上表

程序	项目	内容	技术要求	评分标准	配分	得分
三、送车（去程）	3. 送车	(2)摘车防溜	10. 摘管作业	—	—	—
			(1)关闭前端(机车端)折角塞门:将折角塞门由打开位置转至关闭位置	未关闭折角塞门,每处扣2分	2	
			(2)关闭后端(车辆端)折角塞门:将折角塞门由打开位置转至关闭位置		2	
			(3)摘开制动软管:一脚在钢轨内侧,一脚在钢轨外侧,将制动软管摘开	1. 违反“一关前,二关后,三摘软管”原则,扣6分 2. 未摘开软管,扣2分,后续步骤不得分	2	
			11. 提钩:调车长用提钩杆将车钩打开	未提钩扣0.5分,后续步骤不得分	0.5	
四、回程	1. 返回	要道返回	单机返回	—	—	—
			(1)调车长确认具备要道条件后呼:“0号,我是1号,请求开通11道进路。”车站值班员排列集中联锁区进路,车站值班员(机器人)自动回复:“1号、2号,11道出调车信号开放好了。”	未联控或联控不正确,每次扣0.5分	0.5	
			(2)调车长听到车站值班员呼叫后,确认信号开放后呼:“11道出调车信号开放好了,1号明白。”司机(机器人)自动回复:“11道出调车信号好了,2号明白。”		0.5	
			(3)调车长向司机发送起动信令:按下手持台绿色按钮,调车机车起动	未发送指令或发送错误,扣1分	1	
			(4)调车长确认机车与车辆车钩分离及安全等情况,向司机呼叫:“起动好了。”	未联控或联控不正确,每次扣0.5分	0.5	
	2. 交接报告	防溜措施采取、撤除情况报告	(5)到达停车位置,机车停止运行	—	—	
			调车长向车站值班员汇报:“0号,调车线10道东端铁鞋1号、人力制动机,西端2号、人力制动机,11道东端铁鞋3号、人力制动机,西端4号、人力制动机,防溜按规定落实。”	未联控或联控不正确,每次扣0.5分	0.5	
			车站值班员回复:“调车线10道东端铁鞋1号、人力制动机,西端2号、人力制动机,11道东端铁鞋3号、人力制动机,西端4号、人力制动机,防溜按规定落实,0号明白。”		—	—

训练方案的扣分标准见表5-2。

表5-2　扣分标准

序号	作业内容	操作标准	评分标准	配分	得分
1	连挂状态检查	1. 手指钩销位置，确认钩销落槽 2. 手指检查制动软管的胶皮圈，确认完好	1. 未手指钩销确认钩销落槽，每次扣0.5分 2. 未手指胶皮圈确认胶皮圈状态，每次扣0.5分 3. 最多扣1分	1	
2	连结制动软管	一只脚深入道心，另一只脚在钢轨外蹲下，用左手握住右侧的软管接头，弯曲手肘部，再用右手将左方软管接头同左手软管接头套合，二者呈直角，然后双手用力下压，靠软管本身的弹力使两软管的接头紧密结合	1. 连结软管时，双脚进入道心或脚踏钢轨面，每次扣1分 2. 作业碰伤、摔倒一次，每次扣1分 3. 最多扣4分	4	
3	摘开制动软管	1. 反手摘管：一只脚深入道心并稍屈膝，紧靠两制动软管接头，右手用力向上提拉靠近身边的软管接头 2. 正手摘管：一只脚深入道心，左手握住靠近身边的软管，右手正握对面的软管的头部并向上稍提，待余风漏出后，再用力向上提	1. 摘开软管时，双脚进入道心或脚踏钢轨面，每次扣1分 2. 作业碰伤、摔倒一次扣，每次扣1分 3. 最多扣4分	4	
4	人力制动机的制动	人力制动机制动时，将调速手柄调整至“常用”位	1. 人力制动机制动时，未将调速手柄调整至“常用”位，扣0.5分 2. 最多扣0.5分	0.5	
5	人力制动机的缓解	人力制动机缓解时，将调速手柄调整至“力调”位	1. 人力制动机缓解时，未将调速手柄调整至“力调”位，扣0.5分 2. 最多扣0.5分	0.5	

评分说明：

(1)在作业过程中呼唤应答应使用标准调车联控用语，须使用普通话。

(2)以下操作为失格项，如操作错误，后续步骤不得分：

①未按照调车作业通知单要求，取送车辆。

②起车运行前，未提钩或未摘开制动软管。

③起车运行前，未撤除防溜措施。

④起车运行前，未采取防溜措施。

⑤车列未停妥，调车人员进入车档或车下作业。

⑥调车人员进入车档或车下作业前未设置防护信号。

⑦调车人员车档或车下作业完毕后未撤除防护信号。

典型案例学习分析

×局集团公司×站调车人身伤害事故

×年×月×日，×局集团公司×站调车机车向8道顶送49辆时(计划8道-15)，以7 km/h的速度撞上尽头土挡，前端第一辆重车脱轨并侧翻侵入Ⅱ道正线，领车连结员被压死亡。原因是连结员领车中观距错误，直至距离土挡约30 m时才呼叫“十车”，且未立即发出“紧急停车”信令，导致事故发生。

案例分析：

一是车挡表示器夜间无红色灯光，且土挡前插的红色方牌反光漆老化，反光显示距离仅40 m。二是×站调车组人员不固定，事故中领车连结员第一天从其他站轮换到本站，不熟悉站场。三是调车计划存在安全隐患，8道有效长度仅为150 m，却计划甩车15辆。

任务实施

任务单：

利用实训设备，分岗还原任务导入中中间站股道开通错误的事故过程，模拟过程中遵守课堂要求，明确调车认真执行要道还道规定，养成按章作业的职业习惯。

实施要点	完成情况记录
1. 掌握各岗位职责与作业规范	
2. 明确调车要道还道要求	
3. 掌握机车车辆进入异线的解决措施	

任务评价

任务测评	评分标准	本人自评得分（20%）	小组互评得分（20%）	教师评价得分（60%）	综合得分
知识点掌握（30%）	1. 掌握各岗位角色在中间站平面调车训练中的职责与作业规范 2. 掌握平面调车的准备作业、传达计划、摘挂车辆、要道还道等作业要求				
技能点运用（40%）	1. 能够胜任各岗位角色，完成中间站平面调车训练 2. 能够正确熟练进行平面调车的准备作业、传达计划、摘挂车辆、要道还道等作业				

续上表

任务测评	评分标准	本人自评得分（20%）	小组互评得分（20%）	教师评价得分（60%）	综合得分
职业素养（30%）	1. 遵守作业安全、人身安全规定 2. 遵章守纪，能够按标准穿戴工装、备品齐全 3. 团结合作，有序分组，按时完成任务				
综合评价					

学生思考反馈

思考总结	
心得分享	

小东精神

小东站是中国铁路沈阳局集团有限公司高新线上的一个四等站，小东精神形成于20世纪50年代，源于小东站第一代扳道员刘国全对铁路安全的心得体会，其内涵就是“一点不差，差一点也不行”（图5-6）。

图5-6　小东精神

1948年12月1日，小东站恢复运营。当时的铁路行车设备十分落后，转换道岔完全靠手扳，转辙器横竖两个拉刀口必须要对准，差一点也落不到位，很容易造成道岔尖轨与基本轨不密贴。扳道员刘国全每个班都要把自己负责的设备擦拭一遍，精心维护。工作多年,他从未出现过任何差错,大家送给他一个实至名归的称号“刘安全”。在一次全站职工大会上,站长让他谈谈多年来的工作体会和经验,他憨厚地一笑,红着脸说:“我有啥说的,就是扳道时一压到底,横竖两个拉刀口对准,保证一点也不能差,差一点也不中呗!”看似随口说出来的,但这个随口并不随意,他说出了对安全作业的体会,道出了安全生产的普遍规律。大家都觉得这句话说得又实在又在理,齐声叫好。后来,经过小东站干部职工的不断领悟和实践,形成了“一点不差,差一点也不行”的小东精神。

在小东站人眼中,安全大如天、责任重于山,他们依靠“严在一点一滴、细在一丝一毫”,把严谨态度与精细标准有机统一,让安全基础实而再实,持续创造着全路中间站安全生产的最高纪录,小东精神在薪火相传的实践中不断丰富发展,成为中国铁路的一面旗帜。

头脑风暴

结合小东精神谈谈你的体会?

复习思考题

1. 调车人员在上、下车时,车速分别不得超过多少?在站台上上下车时,车速分别不得超过多少?
2. 是否可以在棚车顶或装载超出车帮的货物上站立或走行,如果不可以,请说明原因?
3. 请说明调车作业中严禁吸烟的原因。
4. 调车作业中,接近被连挂的车辆时,速度不准超过多少?
5. 调车长在指挥调车机车连挂动车组时,距离动车组多少米外必须一度停车?
6. 在技术站和中间站进行调车时,调车领导人与调车指挥人分别是指谁?
7. 在中间站调车时,停留车辆为什么要进行双防溜?
8. 调车长试验电台时,务必要试验哪些电台信令?
9. 调车作业中,传达调车作业计划有哪些要求?
10. 连结员在什么情况下要按“紧急停车”信令?

参考文献

[1] 中国铁路总公司. 铁路技术管理规程(普速铁路部分)[S]. 北京:中国铁道出版社,2014.
[2] 中国铁路总公司. 铁路技术管理规程(高速铁路部分)[S]北京:中国铁道出版社,2014.
[3] 国家铁路局. 铁路调车作业:TB/T 30002—2020[S]. 北京:中国铁道出版社有限公司,2021.
[4] 车务行车工种应知应会问答丛书编写组. 连结员[M]. 北京:中国铁道出版社,2015.
[5] 王大光,周杰,吴文成,等. 调车长[M]. 北京:中国铁道出版社,2019.
[6] 中国铁路太原局集团有限公司. 铁路调车实作教程[M]. 北京:中国铁道出版社,2018.
[7] 中国国家铁路集团有限公司运输部. 铁路车务工作[M]. 北京. 中国铁道出版社有限公司,2022.
[8] 徐小勇. 车站调车工作[M]. 2 版. 北京:中国铁道出版社,2015.